교육사회학

정철민 · 황청일

창지사

머리말

우리나라에는 선배 동학들께서 집필하신 '교육사회학'의 훌륭한 저서들이 매우 많다. 저자들 역시 대학에서 십 수년간 이러한 책들로 배웠으며, 강의에서는 교재로 사용하였다. 그러나 책마다 일장일단이 있기에 학생들에 따라 학기마다, 학년마다 다양한 교재를 사용하여 수업을 진행해 왔다. 그러다 보니 수업의 일관성은 저자들 개인의 역량에 지나치게 의존하는 경향이 생겼다. 이런 문제의식은 새로운 '교육사회학'을 출간하는 것에 대한 부담에도 불구하고 지금까지 공부하고 가르쳐 온 내용을 하나의 책으로 정리해야겠다는 용단을 내리게 하였다.

이 책은 교육사회학이 교직과목으로 다루어야 할 내용 중 기본적인 것을 위주로 집필하였다. 매 장 끝에는 형성평가 차원의 '풀어보기'를 간단하게 제시하였고, 장의 내용과 관련된 이슈를 중심으로 토의 및 토론을 위한 '생각해보기'를 배치하였다. 본 교재는 크게 12개 장으로 구성되어 있다. 1장은 교육사회학의 이해로 교육사회학의 의미, 발달과정, 연구영역과 방법을 다루고 있다. 2장은 기능주의 교육이론으로 기능주의 사회관과 학교 교육, 주요이론을 다루고 있다. 3장은 갈등주의 교육이론으로 갈등주의 사회관과 학교 교육, 주요이론을 다루고 있다. 4장은 신교육사회학으로 신교육사회학 정의, 주요이론, 구교육사회학과의 비교 등을 다루고 있다. 5장은 사회화와 교육으로 사회화의 개념, 논의, 이론, 교육을 다루고 있다. 6장은 사회계층과 교육으로 계층과 계급의 차이, 사회계층 결정요인, 사회계층 이동을 다루고 있다. 7장은 사회 문제와 교육으로 사회문제의 이해, 개인과 삶, 사회제도, 삶의 질 등과 관련된 사회문제를 다루고 있다. 8장은 교육과 평등으로 평등의 개념, 교육에서의 평등과 불평등에 대해 다루고 있다. 9장은 교육과 시험으로 시험의 배경 역사, 특징을 다루고 있다. 10장은 신자유주의와 교육으로 신자유주의의 의미, 교육, 문제를 다루고 있다. 11장은 다문화사회와 교육으로 다문화 개념, 다문화 교육의 이해와 현황, 해결방안 등을 다루고 있으며, 마지막 12장은 청소년 비행과 교육으로 비행의 개념, 주요이론, 비행 현황, 해결방안을 다루고 있다.

본 교재를 통해 우리나라의 미래를 이끌어갈 예비교사들이 교육사회학에 대한 전문적인 지식과 소양을 함양하는데 도움이 되기를 바란다. 끝으로, 이 책이 나오기까지 격려와 지지를 아끼지 않은 동료 교수들과 책의 출판을 흔쾌히 허락해 주신 창지사 사장님, 최석영 과장님과 편집부 여러분께 감사를 드린다. 학자로서, 교육자로서 삶을 살아갈 수 있는 버팀목이 되어준 가족과 함께하기에도 모자란 시간을 양보해 준 두 아이(인준, 서우)의 응원과 배려에 깊은 감사를 전한다.

2023년 8월

저자 일동

목차

CHAPTER 1

교육사회학의 이해

학습목표

1. 교육사회학의 정의와 성격을 설명할 수 있다.
2. 교육사회학의 발달과정을 기술할 수 있다.
3. 교육사회학의 연구영역과 방법을 제시할 수 있다.

교육은 진공상태 속에서 일어나는 개별적 활동이 아니라 사회적, 정치적, 역사적, 문화적 맥락 속에서 전개되는 활동이다. 즉, 교육과 사회는 상호밀접한 관계를 지니며 서로 영향을 주고받고 있다. 교육사회학은 교육과 사회와의 관계 속에서 나타나는 다양한 교육현상을 사회학 이론과 방법을 가지고 연구하는 학문을 의미한다. 여기서 사회학적으로 연구한다는 것은 사회현상을 과학적으로 기술, 설명 그리고 예측하여 사회과정과 사회적 관계에 대한 이론을 탐구하고 발전시켜 나가는 것을 말한다. 교육사회학 의미, 발달과정, 그리고 연구영역과 방법을 살펴보도록 한다.

1. 교육사회학의 의미

인간은 출생과 동시에 자신의 사회적 테두리 안에서 다양한 지식, 기술, 태도를 배우고 행동양식을 습득하는 사회적 동물이다. 이는 인간이 사회를 떠나서는 생존할 수 없고, 사회의 구성원으로 함께 살아가야만 인간다운 삶을 살 수 있다는 것을 의미한다. 인간은 사회의 구성원으로서 사회적, 문화적 특성 등에 따라 다르게 성장하고 발전해 간다. 이때 교육은 사회나 집단마다 가지고 있는 역사, 문화, 규범, 행동양식 등을 통해 인간을 변화시킨다. 교육은 인간이 성장과 사회의 발전에 중요한 역할을 하고 있으며, 근대 사회로 넘어오면서 공교육 제도가 획립됨에 따라 교육에 대한 사회적 관심은 더욱더 높아지고 있다.

교육사회학은 독립된 학문이기보다는 교육학과 사회학을 접목시킨 학문적 영역이라 할 수 있다(권건일 · 송경애, 2006). 교육사회학을 정의하기 위해서는 교육학과 사회학의 개념 규정이 선행되어야 한다. 교육학(Education)은 개인의 발달 가능성을 전제로 전인적인 인간 형성을 위한 교육의 행위와 현상을 분석하는 학문이다. 그리고 사회학(Sociology)은 인간의 집단이라는 뜻을 가진 라틴어 socius와 연구의 뜻을 지닌 라틴어 logus의 합성어로 사회학의 아버지라 불리는 콩트(A. Comte)에 의해 처음 사용되었으며, 사회현상으로서의 인간행동과 상호작용을 과학적으로 분석하는 학문을 의미한다. 사회학은 개인에 초점을 두고 인간의 행동을 연구하는 심리학과는 다르게 사회 속의 집단에 강조점을 두고 인간행동을 과학적으로 연구하는 것으로 사회 내 제도와 과정, 다른 집단과의 상호관련성에 관심을 갖고 있다(김경식 외 2009).

교육과 사회는 매우 밀접한 관련이 있으며, 크게 보면 교육현상 자체가 하나의 사회현상이라고 할 수 있다. 교육은 사회, 정치, 경제, 문화 등에 영향을 받기도 하고 사회의 다양한 영역에 영향을 주기도 한다. 즉, 교육은 사회 속에서 전개되고 있으며 상호 밀접한 관계 속에서 영향을 주고받고 있다.

교육사회학의 정의를 구체적으로 나누어 살펴보면 다음과 같다. 첫째, 교육(현상)은 사회적 현상이다. 사회 맥락 속에서 전개되고 있는 다양한 교육현상은 하나의 사회현상이라는 것이다. 오늘날 우리나라 교육의 다양한 현상과 문제들, 조기교육, 사교육, 입시정책, 교육양극화, 학력주의, 학벌주의, 학교 폭력과 청소년 비행, 학교통폐합, 교육과정 내 교과 간 갈등, 교과내 교육내용 및 요소 간 갈등 등이 대표적인 예시라 할 수 있다.

둘째, 여러 가지 교육현상을 사회학적인 이론과 방법을 통해 이것을 이해하고 설명하는 것이다. 여기서 사회학적인 이론은 다양하지만 크게 거시적 관점과 미시적 관점이 있으며 〈표 1-1〉과 같다.

〈표 1-1〉 거시적 접근과 미시적 접근의 비교

거시적 접근	미시적 접근
사회제도, 사회구조 등 사회체계에 초점	개인 간의 상호작용이나 개인의 주관적인 세계에 초점
인간은 사회의 영향을 받는 수동적인 존재	인간은 사회 및 환경과 상호작용하는 능동적인 존재
사회실체론	사회명목론
실증주의, 객관주의	실존주의, 주관주의
규범적 패러다임	해석학적 패러다임
기능이론, 갈등이론	신교육사회학, 해석학

거시적 관점은 사회제도, 사회구조 등 사회체계에 초점을 두고 있다. 인간을 사회의 영향을 받는 수동적인 존재로 인식하며 사회를 강조하는 사회실체론의 입장을 취하고 있다. 기능주의(1950년대까지 성행)와 갈등주의(1970년대까지 성행) 이론이 이에 해당된다. 초월적이고 형이상적인 사변을 배격하고 관찰이나 실험 등 경험적으로 검증 가능한 실증주의, 객관주의 입장을 취하고 있다. 또한 개인을 초월하여 존재하는 실체로서의 사회를 움직이는 인과관계인 법칙(사실)을 찾는 규범적 패러다임의 속성을 갖는다. 학교교육의 과정을 투입-산출 모형의 외형에 관심을 가지며, 사회체계를 구성하는 학교교육의 기능과 역할을 파악하려는 관점이다.

다음으로 미시적 관점은 개인 간의 상호작용이나 개인의 주관적인 세계에 초점을 두고 있다. 1970년 중반부터 성행한 신교육사회학, 지식사회학, 교육과정사회학 등이 이에 해당된다. 인간은 사회 및 환경과 상호작용하는 능동적인 존재로 인식하며, 사회는 인간들로 구성된 명목상의 집단이기에 인간을 더 강조하는 사회명목론의 입장을 취하고 있다. 인간의 본질을 규격화된 것으로 이해하려는 사고방식을 배척하며, 학교 내에서 가르치는 교육내용이나 교사와 학생의 관계, 경험 등을 다루며, 주로 학교 및 교실에서 일어나고 있는 교육의 내적인 측면에 초점을 두고 있다. 19세기 합리주의나 실증주의를 반대하고 인간의 주체적 존재성과 자율성, 그리고 개별성을 강조하는 실존주의 입장을 취하고 있다. 또한 사회를 구성하고 그 속에 행동하는 개인과 집단이 가지는 주관적 의미와 동기를 이해하는 해석학적 패러다임의 속성을 갖고 있다.

종합하면, 교육(현상)은 사회적 현상으로, 여러 가지 교육현상을 사회학적인 이론과 방법을 갖고 이해하고 설명하려는 것이다. 즉 교육사회학은 교육을 '사회적 관계' 속에서 연구하는 학문을 의미하여 교육과 사회의 관계를 이해해 보려는 동시에 사회학적 관점에서 교육을 이해하는 학문이다. 다시 말해 교육사회학은 다양한 교육현상을 사회학적 방법을 통해 교육문제를 탐구하고 이해하는 학문이라 할 수 있다.

교육자들에게 있어 교육사회학은 중요한 학문이다. 다양한 문화적 배경을 가진 학생들을 잘 이해하고 지도할 수 있으며, 문화의 다양성에 대한 이해와 균형감각도 갖출 수 있다. 또한 교육정책을 보다 종합적이고 체계적으로 평가할 수 있는 안목을 가지고 바람직한 교육여론을 형성하는 데 기여하며, 교육정책 입안자로서 적극적으로 참여할 수 있다(성낙돈 외, 2015). 이를 위해 교육자들은 교육사회학을 끊임없이 연구해야 하며, 연구의 필요성을 보다 구체적으로 살펴보면 다음과 같다(Prichard & Buxton, 1973).

① 교육사회학은 교사가 다양한 사회계층과 각기 다른 환경을 가진 학생들을 대하고 가르치는데, 개념의 도구와 사회적 기술을 갖추도록 도와준다.

② 교육사회학은 교사가 학교나 지역사회, 그리고 학생을 이해하는 데 있어 교육심리학, 교육철학 등의 단독연구보다는 총괄적인 개념을 제공한다.

③ 교육사회학은 과학적 지식과 연구방법 및 기술을 가지고 집단행동으로 다루고 있는 주요한 과목 중의 하나이다.

④ 교육사회학은 교사가 다양한 문화를 이해함으로써 교수 행위나 태도에 있어 편견을 버릴 수 있도록 도와준다.

⑤ 교사들은 교육사회학 연구를 통해 교육이 영향을 주고 있는 사회적 압력과 사회체제에 영향을 주는 방법에 대한 지식을 학습할 수 있다.

⑥ 교육자들은 교육사회학 연구들 통해서 수행되고 있는 역할들에 대해 다양하고 보다 나은 견해를 얻을 수 있다.

⑦ 교육사회학은 정책수립에 있어 학교와 지역사회가 성취하려는 방향(목적과 목표)을 판단하는 데 도움을 준다.

한준상 외(1996)은 교육사회학자들이 제시한 교육사회학에서의 주요 관심사인 주요 질문은 다음의 네 가지로 제시하였다.

첫째, '교육은 어떠한 사회적 맥락에서 시작되었으며, 어떻게 유지되어 변화되어 왔는가'로 이는 교육과 사회와의 관계에 대한 답을 찾으려는 것으로, 교육이 어떠한 사회적 필요에서 비롯되고, 어떤 사회적 맥락에서 이루어지며, 어떻게 제도화되는 것을 탐구한다.

둘째, '교육을 통한 사회적 개선이 가능한가'로 이는 교육의 사회적 기능을 탐구하는 것으로, 교육을 통해서 사회체제 변화 사회의 개선이 가능한지를 파악한다.

셋째, '교육이 얼마나 공정하게 이루어지고 있는가'로 공정성(equity)은 일반적으로 평등성(equality)과 유사한 개념으로 다루어지며, 허용적 평등, 내용적 평등, 보장적 평등, 결과적 평등 차원에서 교육에 대한 기회는 모든 사람에게 공정하게 보장되어야 한다.

넷째, '교육에 관련된 집단들이 어떤 사회적 관계를 맺고 있는가'로 거시적 측면에서 교육제도와 교육정책, 그리고 미시적 측면에서 학교 또는 교실 상황 등을 탐구한다.

발란틴(Ballantine, 2001)은 교육사회학자들이 제시한 주요 연구문제를 다음과 같이 제시하였다.

첫째, 학교교육에 관여하는 학부모의 자녀가 더 성공적인 학교생활을 하는가?

둘째, 상이한 교수법, 학습유형, 학급은 다양한 특성을 가진 학생들에게 얼마나 효과가 있는가?

셋째, 지역사회가 학교에 미치는 영향은 무엇이며, 이는 학생들의 사회화와 관련하여 학교 의사결정에 어떻게 반영되는가?

넷째, 교사들의 전문성이 학교체제에 미치는 영향력은 무엇이며, 교사 채용 혹은 임용시험이 교사의 질을 높이는가?

다섯째 기회균등과 인종차별과 같은 문제들이 학교에 어떤 영향을 주는가? 인종차별이 없는 학교에서 소수민족 학생들은 더 좋은 교육을 받을 수 있는가?

여섯째, 학생들은 스스로에게 유익한 고용기회를 만들기 위해 더 많은 교육을 받고 있지 않는가?

일곱째, 교육은 잠재적 수입에 얼마나 영향을 주는가?

이러한 질문들은 교육사회학에서 어느 분야가 주요한 연구대상인지를 암시하며, 이러한 물음에 내포된 문제의식이나 주안점은 교육사회학의 성격을 말해주고 있다. 교육사회학은 다양한 집단으로 나누어져 있는 현대 사회의 교육현상을 이해하고 탐구하는 데 매우 유리하다. 또한 교육사회학에서는 학부모의 관심과 자녀의 학교생활, 학생들의 능력에 미치는 요인, 지역사회와 학교와의 관계, 교사의 전문성 제고, 교육기회와 교육평등, 교육과 사회경제적지위, 소수민족과 다문화 등의 주제나 분야가 중요하게 다루어지고 있다.

2. 교육사회학의 발달과정

교육사회학은 기원으로 볼 때 비교적 짧은 역사를 가지고 있다. 교육사회학은 1887년 프랑스 보르도 대학에서 '교육학과 사회학'을 강의한 뒤르켐(E. Durkheim)을 교육사회학의 창시자로 본다. 뒤르켐은 교육의 기능을 사회적으로 간주하면 교육과 사회의 관계를 과학적으로 탐구하였으며, 교육은 아동을 사회화시키며 미성숙한 개인적 존재를 사회적으로 존재로 변화시킨다고 보았다.

교육사회학은 교육학과 사회학 중 특정 학문이 더 우위에 있기보다는 접점에 위치하고 있다고 할 수 있다. 이로 인해 교육사회학은 교육학과 사회학 중 어디에 강조점을 두느냐에 따라 그 성격이 달라진다. 우리나라에서는 교육사회학이 교육학과에서 주로 가르쳐지고 있으나, 미국의 대학에서는 사회학과에서 다루어지고 있는 경우가 많다. 교육학에서 파생되어 나온 것으로 교육학의 응용과학으로 보는 입장과 사회학에서 파생된 것으로 순수과학과 기술과학으로 보는 입장의 두 가지로 나누어 볼 수 있다.

교육사회학의 발달과정에서 교육사회학은 크게 '교육적 사회학(Educational Sociology)'과 '교육의 사회학(Sociology of Education)'으로 나누어 볼 수 있다. 우선 '교육적 사회학'은 1907년 미국 컬럼비아 대학에서 스잘로(H. Suzzalo)는 'Educational Sociology'를 강좌를 개설했고, 1916년에 교육사회학과가 신설되었다. 1920년에는 미국교육사회학회가 창립되고, 1926

년에 이 분야에 대한 학술지 'Educational Sociology'가 창간되었다.

우선 초기의 교육사회학은 교육적 사회학(Educational Sociology)으로 교육학자들이 중심으로 사회학 이론을 교육현장 문제를 해결하기 위하여 다양한 기술 훈련을 강조하고 실제적이고 실천적인 성격을 지녔다. 이 시기의 교육사회학은 사회문제의 해결, 사회 개선과 진보를 추구하였으며, 그 대상은 학교에 한정되지 않고 인간의 사회적 행동과 성격과 관련된 가족, 또래집단, 이웃, 지역사회, 국가, 매스미디어 등 각종 사회집단, 조직 및 생활양식 전반을 망라하였다. 이로 인해 그 내용이 너무 포괄적이고 다양하였기 때문에 전문성이 낮았고, 또 연구방법에서도 치밀하지 못했고, 이론성도 낮았다는 비판을 받았다(이종각, 1994).

이와는 달리 1950년대부터 브루코버(W. Brookover, 1957) 등을 중심으로 교육문제나 현상에 관한 경험적, 과학적 분석을 강조하기 시작하였으며, 이를 교육의 사회학(Sociology of Education)이라 부른다. 교육사회학은 사회학자들이 중심이 되어 규범적 또는 응용적 학문에서 탈피하여 가치중립적인 자연과학적 방법론을 적용한 실증주의적 방법으로 타당한 이론을 수립하고 이론과 지식을 넓혀 나가려는 연구 중심의 학문지향적 성격을 갖는다. 주로 사회학의 연구에서 얻은 지식, 기술, 방법을 교육 체제와 과정 내의 집단관계를 파악하기 위하여 적용하는 데 관심을 갖고 있다(Prichard & Buxton, 1973).

그 이후 오늘날까지 교육사회학은 교육의 사회학이란 용어가 널리 사용되고 있으며, 사회학의 하위영역으로 보는 것이 지배적이며, 우리는 교육적 사회학이나 교육의 사회학이라고 분리하여 부르기보다는 교육사회학이라고 부르고 있다.

〈표 1-2〉 교육적 사회학과 교육의 사회학 비교

교육적 사회학(educational sociology)	교육의 사회학(sociology of education)
1900년~1940년대 후반(1907년 H. Suzzalo에 의해 시작)	1950년대~현재(1957년 W. Brookover등에 의해 시작)
초기 교육사회학(실천지향적 응용학문 · qw 도덕적, 철학적 지향)	오늘날의 교육사회학을 지칭(학문지향적 순수과학, 경험과학적 · 실증주의적)
교육적 문제를 풀 수 있는 유용하고 실용적인 내용을 강조하여, 사회학적 지식을 교육실천에 응용하려는 실천지향적 연구	교육현상에 대한 탐구를 통하여 사회학적 관점에서 이해 · 분석 · 설명하는 지식 이론을 확장 및 학문 지향
주로 교육학자에 의한 연구이며, 교육의 문제를 유용하게 실제적으로 해결하려고 하는 교육체제에 사회적 원리를 적용	주로 사회학자에 의한 연구이며, 세련된 과학적 방법에 의하여 이론적 지식을 습득하며, 교육현상을 통해 사회학의 지식과 이론을 확장

우리나라에서 교육사회학 강의가 처음 시작된 것은 한국전쟁 기간이었던 1952년 9월 서울대학교 사범대학 부산 피난교실에서 선택과목으로 개설되었고, 1954년 서울대학교 전체 학생에게 필수과목으로 지정되었다. 1955년에는 문교부령 제39호로서 공포된 '교육공무원 자격검정 시행세칙'에 의해 교직과목으로 포함되었으며 이후 많은 대학들이 교육사회학 또는 유사과목을 개설하였다. 그러나 1970년대 들어 정부가 추진하고 있는 '새마을 운동'에 보조를 맞추기 위해 1972년 문교부령을 개정하여 교직과정의 필수과목으로 '교육사회학'을 빼고 '학교와 지역사회'라는 과목을 신설하였다. 이는 '학교와 지역사회'가 새로 추가되었기보다는 기존의 '교육사회학'을 대체한 것으로 볼 수 있다. 그 당시에는 교사양성에 있어 '지역사회 개발에 이바지하는 학교의 역할 강화를 위한 원리와 지식'을 갖고 있는 것이 중요하다고 판단했기 때문이다. 그 후 1985년에 '학교와 지역사회' 강좌는 폐지되고 교육사회학이 다시 자리를 잡게 되었다(김신일, 2006). 그러나 이전의 1960년대와는 다르게 실천지향적 성격이 약화되고 학교교육에 대한 사회학적 연구가 강조되어 오늘날까지 이르고 있다.

3. 교육사회학의 연구영역과 방법

1) 교육사회학의 연구영역

교육사회학에 대한 연구주제들은 교육사회학자들의 주요 관심분야나 사회분야에 따라 다양하다. 일반적으로 교육사회학자들은 교육제도와 제도내의 구조, 과정, 상호작용 유형 등에 관심을 두고 있다(Ballantine, 2001).

뱅크스(Banks, 1977)는 교육사회학의 관심 주제를 교육과 경제, 교육과 사회이동, 사회계층과 지적능력, 학교와 행정, 교사, 사회변동 등으로 제시하고 있다. 프리차드와 벅스톤(1973)은 사회계급과 사회계층, 문화와 교육, 교사의 역할과 기능, 교육과 사회변동, 사회화와 교육, 학교와 지역사회 등을 제기하고 있다.

한준상 외(1996)은 교육사회학의 주요 관심사로 ① 사회화, 교육, 학교교육 ② 교육과 사회개선, ③ 교육의 공정성, ④ 교육관련 집단의 사회적 관계 등을 제시하고 있다. 정우현(1994)는 교육사회학의 연구 중 교육불평등이 중심적인 연구과제이며, 교육기회의 문제, 사회이동과 교육, 학교교육과 재생산, 학교교육의 과정 등을 제시하였다.

김경식과 안우환(2003)은 한국교육사회학의 학술지인 '교육사회학연구'에 발표된 논문들이 다룬 주요 개념을 분석하였다. 학업성취(성적, 학력), 교육(사회학)자, 청소년 비행(학교폭력, 중퇴), 교육열(입시경쟁, 교육경쟁), 교육개혁, (여)성, 정보화사회, 페미니스트(젠더갈등), 사회적평등과 (성)불평등, 교실통제(문화), 학교교육의 역할(효과), 가족관계와 구성(사회적 자본), 교육과정(내용, 지식) 등이 주된 연구주제로 다루어졌다.

김경식 외(2005)은 1990~2004년 한국, 일본, 미국, 영국의 대표적인 교육사회학 학술지에 나타난 것을 다음의 〈표1-3〉과같이 제시하고 있다.

지난 15년간 4개국의 교육사회학 학술지에서 가장 많이 다루어진 연구영역은 국가 간의 차이는 다소 존재하지만 교육과 평등/지위획득(11.9%), 교육정책과 제도(11.8%), 교육사회학의 성격/이론(11.7%) 학교와 학업성취(10.6%), 페미니스트 9.3%, 청소년 문제와 문화(8.3%), 교사교육/교직사회(6.4%), 공교육의 문제/교육개혁(6.4%), 진로교육(3.6%), 교육과정사회학(3.2%), 교육열/학력사회(3.1%) 등의 순으로 나타났다. 교육과 평등, 교육정책과 제도, 학교와 학업성취도 등은 현재에도 교육사회학의 연구주제로 많은 비중을 차지하고 있다.

〈표 1-3〉 교육사회학 학술지에 나타난 연구영역

구분	한국	일본	미국	영국	계
교육평등/지위획득	22(7.1)	21(8.1)	46(17.8)	57(13.8)	148(11.9)
교육정책과 제도	51(18.5)	51(19.6)	17(6.6)	28(6.8)	147(11.8)
교육사회학의 성격/이론	31(10.0)	42(16.2)	5(1.9)	67(16.2)	145(11.7)
학교사회와 학업성취	19(6.1)	17(6.5)	61(23.6)	34(8.2)	131(10.6)
페미니스트(여성)	22(7.1)	26(10.0)	19(7.4)	49(11.9)	116(9.3)
청소년문제와 문화	27(8.7)	30(11.5)	25(9.7)	21(5.1)	103(8.3)
교사교육, 교직사회	21(6.8)	6(2.3)	5(1.9)	47(11.4)	79(6.4)
공교육의 문제/교육개혁	19(6.1)	15(5.8)	16(6.2)	29(7.0)	79(6.4)
진로교육	17(5.5)	10(3.8)	13(5.0)	5(1.2)	45(3.6)
교육과정사회학	12(3.9)	6(2.3)	9(3.5)	13(3.2)	40(3.2)
교육열/학력사회	25(8.1)	4(1.5)	10(3.9)	–	39(3.1)
인종문제	–	–	19(7.4)	19(4.6)	38(3.1)
민주시민교육	8(2.6)	7(2.7)	4(1.6)	13(3.1)	32(2.6)
정보화사회/미래사회	7(2.3)	12(4.6)	–	9(2.2)	28(2.3)
평생(사회)교육	8(2.6)	2(0.8)	2(0.8)	10(2.4)	22(1.8)
가족구조/관계	3(1.0)	5(1.9)	4(1.6)	6(1.5)	18(1.5)
통일교육	6(1.9)	–	–	–	–

구분	한국	일본	미국	영국	계
문화/환경교육	5(1.6)	–	–	–	–
기타	7(2.3)	6(2.3)	3(1.2)	6(1.5)	22(1.8)
합계	310(100.0)	260(100.0)	258(100.0)	413(100.0)	1,241(100)

2) 교육사회학의 연구방법

교육사회학은 교육현상을 사회학적 이론과 방법을 가지고 기술 · 분석 · 설명하는 학문이다. 어떠한 관점에서 교육현상을 분석하느냐에 따라 결과는 달라진다. 보통 사회과학 분야에서 많이 쓰이는 연구방법은 양적 연구방법, 질적 연구방법, 혼합 연구방법으로 나누어 볼 수 있다.

양적 연구방법이란 자료를 통계처리하여 수량화하여 분석하는 객관적이고 실증적인 연구방법이다. 수량화하여 통계적으로 검증할 수 있다는 것은 객관적이고 일반화된 결과를 도출할 수 있으며, 연구자의 가치판단이 개입될 여지가 적다. 이러한 양적 연구방법은 조사연구(survey research)와 실험연구(experimental research) 등에서 많이 활용된다. 다만 수량화나 수치화할 수 없는 대상들은 연구에서 제외될 수밖에 없다는 단점을 가지고 있다. 예를 들어 사람들 간의 관계성, 개인의 개별성, 내적과정의 변화 등 인간의 정신적 혹은 주관적 현상은 수량화가 불가능하다.

질적 연구방법이란 자연적 상황에서 질적 자료에 의존하는 연구를 의미한다. 양적연구와 달리 객관적 실재라고 일반화시킬 수 있는 인간의 속성과 본성은 없으므로 총체적 연구를 수행해야 한다. 질적연구는 원인과 결과의 구분이 불가능하며, 어떤 현상에 대한 해석이나 의미의 차이를 이해하는데 목적이 있다. 연구자는 중요한 연구도구이며 연구자와 연구대상은 서로 밀접한 관계를 유지하며 이에 따라 가치개입적인 특징을 갖는다. 대표적으로 관찰연구(observational study), 문화기술적연구(ethnographic study) 등이 있다. 다만 질적연구는 특정현상에 대한 이해를 목적으로 하기에 다른 상황까지 일반화하기에는 어려움이 있다.

마지막으로서 양적 연구방법과 질적 연구방법을 함께 사용하는 혼합 연구방법이 있다. 이는 연구의 성격이나 목적에 따라 연구방법이 가지고 있는 장점을 모두 활용해야 하는 경우이다. 예를 들어 학교폭력의 현황과 대안을 연구할 때, 질문지를 만들어 자료를 수집하는 한편, 일부 학교폭력 가해자와 피해자를 면접하여 심층적인 자료를 수집할 수 있다.

풀어보기

1. 교육사회학에 대한 설명 중 가장 옳지 않은 것은?
   ① 교육사회학은 교육과 사회와의 관계 속에서 나타나는 다양한 교육현상을 사회학 이론과 방법을 가지고 연구하는 학문을 의미한다.
   ② 교육사회학은 독립된 학문이기보다는 교육학과 사회학을 접목시킨 학문적 영역이다.
   ③ 교육학은 개인의 발달 가능성을 전제로 전인적인 인간형성을 위한 학문이다.
   ④ 사회학은 개인에 초점을 두고 인간의 행동을 보다 강조하는 학문이다.

2. 다음의 표는 거시적 관점과 미시적 관점을 비교한 것이다. 빈칸에 알맞은 말을 써넣으시오.

거시적 접근	미시적 접근
사회제도, 사회구조 등 사회체계에 초점	개인 간의 상호작용이나 개인의 주관적인 세계에 초점
인간은 사회의 영향을 받는 [ ] 존재	인간은 사회 및 환경과 상호작용하는 [ ] 존재
[ ]	실존주의, 주관주의
규범적 패러다임	[ ]
[ ]	신교육사회학, 교육과정사회학

3. 다음 교육적 사회학과 교육의 사회학에 대한 설명 중 가장 옳지 않은 것은?

	교육적 사회학	교육의 사회학
①	1900년~1940년대 후반 (1907년 H. Suzzalo에 의해 시작)	1950년대~현재 (1957년 W. Brookover 등에 의해 시작)
②	초기 교육사회학	오늘날의 교육사회학을 지칭
③	실천지향적 응용학문	학문지향적 순수과학, 경험과학
④	주로 사회학자에 의한 연구이며 과학적 방법에 따른 이론적 지식을 습득	주로 교육학자에 의한 연구이며, 교육의 문제를 유용하게 실제적으로 해결

4. 교육사회학의 연구영역 혹은 연구주제 3가지를 기술하시오.

READ 생각해보기

JTBC 마스크에 가려진 3년…언어 발달 멈춘 '코로나 키즈'
입력2022.12.20. 오후 8:32 수정2023.03.07. 오후 9:05 기사원문
성화선 기자, 조보경 기자
https://n.news.naver.com/mnews/article/437/0000325821?sid=102

코로나가 없던 원래의 일상으로 우린 거의 돌아가고 있지만 곳곳에 상처가 남아 있습니다. 특히, 우리 아이들도 마스크 뒤에서 3년을 보냈죠. 말하고 행동하는 데에 어떤 영향이 있었는지 JTBC가 오늘(20일)부터 3일에 걸쳐서 이 문제를 깊이 다뤄보겠습니다. 오늘은 먼저 성화선, 조보경 두 기자가 코로나와 함께한 지 3년이 흐른 지금, 아이들은 어떤 어려움을 겪고 있는지 취재했습니다.

[성화선 기자] : 코로나 때문에 못 한 게 있어요?
[신예서/9살 : 수영장에 갔는데 마스크를 쓰고 해야 돼서 잠수할 때마다 물을 계속 먹어가지고]
[김민준/10살 : 리코더 그런 거 있잖아요. 침이 막 여기 고이고 막 튀잖아요. 그래가지고 못 했어요.]

[성화선 기자] :마스크는 어때요?
[김재현/10살 : 뛰어다니고 그럴 때 살짝 벗는데, 막 땀에 마스크가 젖어가지고 살에 달라붙어가지고]
[전지율/9살 : 친구들 얼굴이 마스크 때문에 잘 안 보이니까 헷갈리고]

[성화선 기자] :코로나가 없어지면 가장 하고 싶은 건?
[김재현/10살 : 코로나 끝나면은 그냥 마스크 계속 안 썼으면 좋겠어요.]

마스크 뒤에서 3년을 보낸 아이들
언어발달부터 멈춰

[캥거루 주머니에 양이 들어가 있어요.]

입학을 앞둔 7살 이 모 군은 두 달 넘게 언어치료를 받고 있습니다.

[사자 {잘하네 저번 시간에 배운 거, 아주 잘하는데요. 사과}]

[이덕주/심리상담센터 대표 (언어재활사) : 또래들이랑 이렇게 막 놀면서 지내는 게 언어발달에 많은 도움이 되는데 그런 기회가 많이 줄어들었고…]

언어만 문제가 아닙니다.

[이 모 군 어머니 : 물건을 뺏거나 밀치거나, 자신감이 좀 떨어지고 자기 생각을 전달하는 데 있어서 아이가 좀 소극적인 것 같아요.]

아이들은 겨우 교실로 돌아왔지만 예전과는 다릅니다.

[이주희/24년 차 초 1 담임 : 대근육 운동을 발달할 수 있는 그 시기를 놓쳤잖아요. 똑바로 앉아 있지 못한 아이들이 많아졌어요. 깜짝 놀랐어요.]

[한희정/23년 차 초5 담임 : 교실을 돌아다니고 애들이랑 막 장난치고 발차기를 하고 이러는 아이들이 한두 명이 아니라 대다수인 상황…]

시간이 지나도, 함께 하는 놀이는 쉽지 않습니다.

[A씨/17년 차 초3 담임 : 보드게임이 있는 수업이었어요. 규칙을 정하고 순서를 정해서 하는 것 자체가 너무 어려워서 다섯 모둠은 끝까지 하지 못했어요. 이 친구들이 너무 잃어버린 시간이 많구나.]

마스크에 가려 발음과 표정을 보지 못하니 언어가 서툰 아이들이 늘었습니다.

[이주희/24년 차 초 1 담임 : 친구의 얼굴 표정을 읽을 수가 없는 거예요. 그래서 친구의 감정을 잘 읽지 못하니까 내 기분에 따라서 친구의 얼굴을 해석을 하는 거예요.]

표현은 거칠어졌고, 다툼은 늘었습니다.

[한희정/23년 차 초5 담임 : 그런 말 하지 말라고 해결을 해야 하는데 손이 먼저 나간다든지…]

더 심한 경우도 있습니다.

[이주희/24년 차 초 1 담임 : 조절 능력이 없는 아이들이 ADHD로 갈 확률이 커지면서 사실은 경계선에 있는 아이들이 확 늘어난 거…]

실제로 최근 연구 결과에 따르면 0~5세 아동 10명 중 5명 가까이 관찰이나 도움이 필요했습니다.

JTBC가 교총과 함께 교사들에게, 코로나19 이후 아이들의 변화를 물어봤습니다.

설문조사 결과를 조보경 기자가 전해드립니다.

[조보경 기자]

유치원과 초등학교 선생님 701명이 응답했습니다.

먼저, 약 80%가 아이들의 언어발달이 지연됐다고 느낀다고 답했습니다.

사회성과 학습 능력은 어떨까요.

떨어졌다고 답한 선생님이 훨씬 더 많았는데요.

두 문항 모두 그렇다고 한 비율이 85%를 넘었습니다.

선생님들은 이렇게 언어발달을 늦추는 가장 큰 원인으로 마스크를 꼽았습니다.

이러다 보니 적어도 교실에서는 마스크를 벗어야 한다는 의견이 절반을 넘겼습니다.

또 아이들의 학력을 떨어뜨리고 친구를 만드는 것도 힘들게 한 건 많은 학교가 문을 닫고 비대면 수업을 했기 때문이라고 했습니다.

(영상디자인 : 최석헌 · 최수진 · 김현주 · 신하림 / 영상그래픽 : 김지혜)

〈설문조사 방식 및 기타 정보〉

조사의뢰자 : JTBC

조사일시 : 2022.11.23~11.27

조사기관 단체명 : 한국교원단체총연합회

조사방법 : 구글설문조사 링크 발송

질문내용 : 코로나19 이후 아이들의 발달 지연됐나

응답자 : 701명 (한국교원단체총연합회 소속 유치원, 초등학교 교원)

▶ 코로나19와 같은 질병으로 인한 사회적 변화가 교육을 포함한 사회 부분에 어떠한 영향을 미치고 있는지 이야기해 봅시다.

CHAPTER 2

기능주의 교육이론

학습목표

1. 기능주의 이론의 사회관을 설명할 수 있다.
2. 기능주의 이론의 교육관을 기술할 수 있다.
3. 기능주의 학자들의 주요이론을 비교할 수 있다.
4. 기능주의 교육이론을 비판할 수 있다.

기능주의 이론(functional theory)은 교육사회학에서 주요한 이론으로 구조기능주의(structure functional theory), 합의이론(consensus theory), 균형이론(equilibrium model), 질서모형(order model) 등으로 부르기도 한다. 대표적인 학자로는 콩트(A. Comte), 뒤르켐(E. Durkheim), 머튼(R. K. Merton), 파슨스(T. Parsons) 등이 있다. 이 이론은 1950년에 절정을 이루며 대부분의 사회학자들의 표준적인 이론이었다. 그러나 1960년대에 들어서서 기능주의는 적합성에 대한 의문이 제기되어 새로운 이론들로부터 도전을 받기 시작하였다.

1. 기능주의 사회관

기능주의 이론은 사회제도나 구조를 파악하는 하나의 방법으로, 사회를 유기체에 비유한다. 예를 들면 인체는 손, 발, 코, 입, 귀, 눈, 폐 등 여러 기관(organs)의 부분으로 구성되어 있으며, 각 부분들은 자신의 역할을 충실히 수행함으로써 인간의 생존과 활동을 가능하게 한다. 각 부분은 전체로부터 떨어져 살 수는 없으며 한 부분이라도 병이 나거나 결핍되면 인간은 완벽하게 삶을 영위하기가 어렵다. 그러므로 인체의 각 기관은 각기 고유한 기능을 제대로 수행하여 유기체를 존속시키고, 이를 통해 생존도 보장받을 수 있는 것이다. 유기체는 항상 생존과 건강을 지향하며, 만약 병을 얻게 되어 유기체의 부분 또는 전체의 기능이 약화되면 이를 회복하기 위한 모든 노력을 기울인다.

다렌도르프(R. Dahrendorf)가 제시하는 기능주의 이론의 기본 가정은 다음과 같다(김경동, 1995).

① 모든 사회는 상대적으로 지속적이고 안정된 부분과 요소들의 구조이다.

② 모든 사회는 부분과 요소들이 잘 통합된 구조이다.

③ 사회의 모든 부분과 요소는 사회가 체계로서 유지되는데 기능과 역할을 수행한다.

④ 모든 기능적인 사회구조는 구성원들 간 가치관의 동의에 바탕을 두고 있다.

다음으로 킨로크(G. C. Kinloch)가 제시하는 기능주의 이론의 기본 가정은 다음과 같다(석태종, 1996).

① 사회는 독립된 존재의 형태를 취한다.

② 사회화 사회구조는 중요한 체제욕구나 체제기능에 기초하고 있다.

③ 사회구조는 체제나 하위체제로 구성한다.

④ 사회는 균형지향적이거나 또는 안정지향적이다.

⑤ 사회는 새로 출현하는 성질을 갖는다.

⑥ 사회는 문화를 통하여 통합된다.

기능주의자들은 생물학적인 영역에서 사회학적인 영역을 인식을 전환하여 사회제도나 구조를 분석하고 설명한다. 유기체와 마찬가지로 사회는 각기 다른 부분으로 구성되어 있으며 각 부분들은 전체 사회의 존속을 위해 각각의 기능을 수행한다. 즉, 사회는 가정, 학교, 기업, 병원, 정당, 기관 등으로 구성되어 있으며 이러한 사회의 각 부분들은 상호의존적이며, 균형, 통합, 안정, 합의를 통해 유지하기 위해 노력한다. 사회는 항상 안정을 유지하려는 속성을 가지고 있으며, 충격과 급격한 변화에 의해 불안정해지면 이를 회복하기 위한 노력을 전개한다(강재태 외, 2008). 사회를 구성하고 있는 각 부분간에 우열은 존재하지 않으며 각자의 수행하는 기능상의 차이만 있다고 본다. 그러나 일부 사람들이 더 많은 보상과 권력을 갖게 되는 것은 다른 사람들보다 더 힘들고 중요한 기능을 맡고 있기 때문이다. 사회적 보상을 더 많이 받고 동시에 그 기능수행에 필요한 권한도 더 많이 부여받아야 한다는 것이다. 이런 의미에서 사회계층 현상은 기능의 차이에 바탕을 둔 '차등적 보상'의 결과이다(김신일, 2006). 따라서 기능주의적 입장에서는 어느 사회에서나 불평등은 보편적 현상이며, 이러한 불평등은 능력 있는 인재들로 하여금 높은 지위를 성취하도록 동기를 불러일으켜 주는 절대적으로 필요한 것이라 주장한다(이종각, 2004).

기능주의 이론의 주요 용어는 구조와 기능, 통합, 안정, 합의이며 구체적으로 살펴보면 다음과 같다(김경식 외, 2009, 성낙돈 외 2015).

첫째, 구조(structure)와 기능(function)이다. 기능주의자들은 사회를 많은 부분으로 구성되며, 각 부분들은 사회의 구조를 형성한다고 본다. 각 부분들은 어느 정도 불일치하는 면이 있으나 전체 사회의 생존에 공헌하는 입장을 취한다. 또한 사회를 유지하고 존속하기 위해서는 부분마다 반드시 수행해야 하는 역할과 활동이 있는데 이를 기능이라고 한다. 이러한 기능은 전체로서 한 사회의 유지 및 존속에 이바지하고 있다.

둘째, 통합(integration)이다. 기능주의자들은 사회의 여러 부분들은 서로 통합되고 연계되어 있다는 것을 강조하며, 사회의 한 부분에 발생하는 변화는 다른 부분에 영향을 미친다. 각 부분들은 서로 동등한 상호의존적이 관계를 이루고 있기 때문에 전체 사회의 존속에 기여한다. 따라서 사회의 각 부분들은 조정되고 보완되며 사회 전체가 원활하게 운영되는 질서 있는 사회가 통합이 잘 이루어진 것이라 볼 수 있다.

셋째 안정(stability)이다. 기능주의자들은 사회변화는 불가피하다는 점을 인정하고 있지만, 급진적이고 갑작스러운 변화보다는 점진적인 변화를 통해 사회의 질서를 유지하고 안정을 유지하도록 한다는 점을 강조한다. 사회질서의 관점에서 사회체제는 사회의 어느 한 부분의 변화가 일어날 때, 다른 부분이 이를 보상(compensate)함으로써 사회의 존속에 위협이 되지 않도록 균형(equilibrium)을 통해 안정을 이룬다는 입장이다.

넷째, 합의(consensus)이다. 기능주의자들은 사회에서 중요한 지각, 감정, 가치 및 신념에 대해 일반적인 합의가 존재한다고 본다. 물론 사회마다 합의에 대한 성격과 범위는 차이는 다양할 수 있다. 사회적 안정과 사회적 질서 유지를 위해서는 구성원들 간의 합의가 필요하며 이를 기반으로 사회는 존속 및 유지될 수 있다. 합의는 보통 사회화를 통해서 이루어지며 현대사회에 있어서 사회화의 기능은 주로 가정과 학교에 의해서 수행되고 있다.

2. 기능주의와 학교교육

교육현상에 대한 기능주의적 이해방식은 사회의 이해방식과 일관성을 갖고 있다. 이종각(2000)은 사회에 대한 기능주의적 이해방식을 ① 질서유지의 관점, ② 체제적응적 관점, ③ 기회균등과 업적주의 사회관, ④ 개인주의, ⑤ 점진적 개량주의로 요약정리하고 있으며, 기능주의 교육관을 다음과 같이 제시하고 있다.

① 학교교육의 목적은 본질적으로 기존사회의 유지와 변화하는 사회에 적응하기 위한 사회화에 있다.

② 학교교육의 기능은 사람들을 선발하고 분류하여 업적주의 사회의 기반을 갖추는데 있다. 학교 교육의 사회적 기능에는 문화전달 기능, 사회통합 기능, 사회충원 기능, 사회이동 기능 등이 있으며, 문화전달과 사회통합적 기능은 사회화와, 사회충원과 관련된 기능은 선발과 관련이 있다.

③ 학교는 지식과 전문적 소양을 중시하는 사회에서 역할에 필요한 지

식, 기술, 태도 등을 함양하도록 도와준다.

④ 학교는 사람들의 능력과 재능에 따라 선발하고 분류하는 합리적인 방안으로 가장 능력 있는 사람이 높은 사회적 지위를 가질 수 있도록 한다.

⑤ 능력별 분류에 의한 교육적 성취는 장래 성인사회의 직업적 분화에 도움을 준다.

⑥ 교육개혁에서 점진적 개량주의 입장을 취하며, 변화하는 사회에의 적응과 기회균등 확보를 기본원리로 삼는다.

교육사회학의 거시적 관점에서 기능주의 이론은 전체로서 사회에 대한 교육 구조의 중요성을 분석하여 교육이 사회안정에 얼마나 이바지하며 사회의 요구를 얼마나 충족시킬 수 있는가에 대한 관심을 갖는다. 기능이론의 관점에서 보면 교육은 사회통합과 질서유지의 기능을 발휘하고 기존 사회의 규범과 가치를 전달하는데 관심을 두고 있다.

뒤르켐(E. Durkeim)은 학교의 교육목적은 도덕교육과 사회체제가 유지되고 존속할 수 있도록 그 사회구성원을 사회화시키는 것을 중요하게 보았다. 사회가 유지되고 존속하기 위해서는 사회 내 규범, 가치, 신념 등의 공동체가 형성되어야 한다는 것이다. 파슨스(T. Parsons)는 학교교육의 사회화 기능을 강조하면서도 산업사회에서 인력배치 기능을 중시하는 교육의 사회 사회적 선발 기능을 강조하였다. 고슬린(D. A. Goslin)은 사회를 위한 교육의 세 가지 기능, 즉 ① 문화(지식, 신념, 가치 등)의 유지와 전달, ② 새로운 지식의 혁신, 발견, 전달, ③ 사회 내 지위에 개개인의 배치 등을 들고 있지만, 전통적으로 교육은 사회화의 기능(교육의 제1차적 기능)과 사회선발 및 배치(교육의 제2차적 기능)의 기능을 수행해 오고 있다(Turner & Mitchell, 1977).

일반적으로 기능주의자들이 주장하는 학교교육에 대한 특징을 제시하면 다음과 같다(성낙돈 외, 2015).

① 학교는 사회의 안정과 질서에 기여하는 제도라고 본다 (목적: 공민성개발).

② 학교는 사회에서 요구하는 기술, 지식 등과 공동체 의식을 전수한다고 본다. 전수하는 교과내용은 사회구성원들의 합의에 의한 보편적 가치라고 본다. 교육목표의 선정과 진술, 교육내용의 선정과 조직, 수업계획 및 방법 등의 개발을 중시한다.

③ 학교교육이 기술훈련을 통하여 국가의 경제성장과 발전 그리고 인간의 자아실현에 결정적인 역할을 한다고 본다.

④ 학교는 사회구조의 모순을 해결하여 주며 사회평등화를 도모한다. 즉 교육기회의 균등화를 통하여 삶의 기회를 공평하게 해줄 수 있다는 의미에서 교육이 사회적 불평등을 해소할 수 있다고 본다.

⑤ 교육내용에 대하여, 교육내용 구성의 과학성과 객관성 및 조직성을 강조하며 교육내용, 교육평가, 교육목표의 보편성 및 학업성취도의 측정을 강조한다.

⑥ 교육결과의 분배에 대하여, 학업 성취정도에 따른 직업분배(능력주의 원칙) 및 학교 졸업장이 노동시장의 신용장이라는 입장이다

⑦ 학교는 개인의 재능과 노력에 따라 공정한 평가를 하며 아울러 정당한 사회적 보상이 주어진다고 본다.

3. 기능주의 주요 학자들의 이론

기능주의 관점에서 학교교육은 사회화의 기능(교육의 제1차적 기능)과 사회선발 및 배치(교육의 제2차적 기능)의 기능을 강조하고 있다. 이에 따른 뒤르켐, 파슨스, 드리븐 학자들의 이론을 구체적으로 살펴보고자 한다.

1) 뒤르켐의 이론

기능이론의 대표적인 학자인 뒤르켐(E. Durkeim, 1925)의 「교육과 사회학」에서 "교육은 아직 사회생활의 준비가 되지 않은 어린 세대에 대한 성인 세대의 영향력이다. 그 목적은 아동들에게 정치적 사회일반과 아동이 지향하고 있는 특수한 환경이 요구되는 지적, 육체적, 도덕적 상태를 발전시키는 것이다" 라고 함으로써 교육의 사회적 필요성과 도덕적 성격을 강조하였다. 교육을 통해 비사회적 존재로 태어난 개인을 사회적 존재로 성장시키고 이를 통해 사회의 동질성을 강화할 수 있다.

사회화를 위한 교육의 기능은 두 가지로 구성된다(김신일, 2006). 하나는 '보편적 사회화'이고 다른 하나는 '특수적 사회화'이다. 보편적 사회화는 전체로서의 사회가 요구하는 신체적, 지적, 도덕 특성을 함양하는 것이다. 한 사회의 공통적 감성과 신념 즉, 집합의식(集合意識)을 새로운 세대에 내면화시킴으로써, 사회가 유지되고 존속되는데 기여한다. 특수적 사회화는 개인이 속하게 되는 특수 환경이 요구하는 신체적, 지적, 도덕적 특성을 함양하는 것을 의미한다. 한 사회가 유지되기 위해서는 다양한 직업집단이 필요하며 산업화가 진행됨에 따라 사회의 분업화도 이루어진다. 분업화된 사회집단 혹은 하위집단은 집단 내에서 요구하는 신체적, 지적, 도덕적 특성이 있기에, 개인이 속한 직업진단의 규범과 전문지식이 필요하다. 보편적 사회화와 특수적 사회화 모두 중요하지만, 사회가 분화되고 전문화될수록 사회 전체의 동질성 확보가 더욱 요구되기에 보편적 사회화는 교육의 핵심을 이루고 있다.

2) 파슨스의 이론

파슨스(T. Parsons, 1902~1979)는 미국의 사회학자로 기능이론을 체계화시켰다. 파슨스는 교육의 두 가지 본질적 기능을 사회화 기능과 사회선발의 기능으로 정의하며, 보다 중요한 기능은 사회화 기능이론이라고 강조한다. 우선 사회화란 사람들이 장차 성인이 되어 담당하게 될 역할수행에 필요한 정신적 자세와 자질을 갖추는 것이라 정의하였다. 사람들이 사회에서 담당하는 역할은 서로 다르기 때문에 어느 역할을 담당할 것인지 결정하는 것은 매우 중요하다. 이때 교육은 사회적 역할수행을 위해 필요한 개인의 능력을 도야하는 중요한 사회화 과정인 것이다. 다음으로 학교의 사회적 선발 기능이다. 개인이 입장에서 볼 때, 존경과 경제적 소득을 얻을 수 있는 지위를 갖는다는 것은 누구나 원하는 것이다. 학교는 개인이 갖고 있는 능력과 소질을 정확히 파악하여 적절히 선발하고 배치하는 것은 매우 중요한 일이다. 교육기회의 접근이 공정하다면, 성취수준과 학력수준에 따른 사회적 지위는 달라진다. 학교는 교육선발을 공정하게 하고 있으며, 산업사회에서 이러한 기능을 잘 수행하고 있다고 본다. 그러나 일부 학자들은 학교에서의 선발과정이 실제로 공정하게 이루어지지 않는다는 비판을 제기하고 있다. 많은 연구에서 상급학교 진학에 개인에 능력과 함께 부모의 사회경제적 배경이 영향을 미치고 있는데, 이에 대한 자세한 내용은 제3장 갈등주의 교육이론에서 다루기로 한다.

3) 드리븐의 이론

드리븐(R. Dreeben, 1977)은 뒤르켐과 파슨스의 사회화에 대한 주장을 보다 구체적으로 제시하고 있다. 산업사회에서 요청되는 규범을 미국의 학교가 어떻게 효과적으로 가르치고 있는지를 설명하고 있다. 학교는 무엇보다 학생들을 사회인으로 만들어야 하며, 학생들은 학교의 구조 안에서 생활하는 동안 산업사회의 일원으로 살아가는 데 필요한 네 가지의 주요 규범인 독립성(independence), 성취지향성(achievement), 보편성(universalism), 특정성(specificity)을 가르쳐야 한다는 것이다. 이는 단순히 가정이나 지역사회를 통해 습득할 수는 있지만, 학교가 학생들에게 산업사회 존속을 위해서 보다 효과적으로 규범교육을 수행하고 내면화시켜 사회유지를 위해 많은 기능을 하고 있다(김경식 외, 2009, 성낙돈 외 2015). 위에서 언급한 네 가지 주요 규범을 구체적으로 제시하면 다음과 같다.

첫째, 독립성은 학문적 학습활동과 관련이 있으며 학교에서 과제를 스스로 처리하며 자신의 행동에 대한 책임을 갖는 규범이다.

둘째, 성취지향성은 학생들이 최선을 다해 과제를 수행해야 한다는 전제를 받아들이고 이에 따라 행동하는 규범이다.

셋째, 보편성은 학교에서의 동질성 확보를 위한 것으로 주로 동일연령의 학생들이 같은 학습내용과 과제를 공유함으로써 형성되는 규범이다.

넷째, 특정성(특별성)은 일반적으로 인정될 수 있는 개인의 특수한 사정에 따라 예외가 인정되는 것을 이해하는 규범이다.

4. 기능주의 교육이론의 비판

거시적 관점의 기능주의에 따르면 사회는 각기 다른 부분으로 구성되어 있으며 각 부분들은 전체 사회의 존속을 위해 기능을 수행한다. 즉, 사회는 가정, 학교, 기업, 병원, 정당, 기관 등으로 구성되어 있으며 이러한 사회의 각 부분들은 상호의존적이며, 균형, 통합, 안정, 합의를 통해 전체 사회를 유지하기 위해 노력한다. 기능주의 관점에서 볼 때, 학교교육은 학생들을 사회화하여 사회를 통합하고 유지시키며, 선발 및 배치를 통해 다른 제도들과 상호관계를 맺고 있다. 그러나 기능주의 사회관과 교육관은 다음과 같은 비판을 받고 있다.

첫째, 기능주의는 사회 내의 통합과 합의를 지나치게 강조한 나머지 다양한 집단 간의 갈등을 경시하는 경향이 있다.

둘째, 기능주의는 거시적 접근으로 인해 인간을 사회화의 주체가 아닌 객체로 인식하며, 학교 내의 교육과정은 블랙박스(투입–결과)로 처리되어 학급내의 역동성(교수자와 학생 간, 학생과 학생 간의 상호작용과 관계성)을 파악하는 데는 어려움이 있다. 또한 교육내용을 사회구성원들의 합의에 의한 보편적 가치라고 믿고 있는데, 반드시 그렇지는 않다는 것이다.

셋째, 사회변화가 일어날 때, 그 변화는 천천히 계획적이며, 기존체제의 균형을 전복하지 못한다고 가정하며 기존체제의 존속, 현상유지를 옹호하는데 이는 모든 상황에 해당되는 것은 아니다.

넷째, 기능주의에서 교육선발이 능력본위로 이루어진다는 가정은 선발과정의 귀속적 측면에 대한 관심을 소홀히 다루고 있다. 또한 학생들의 능력과 성취를 강조하여 학력과 학벌 경쟁을 가열화하여 학교교육의 인간소외 현상, 전인교육 부재 등을 유발하고 있다.

그뿐만 아니라, 기능이론은 사회 내 다양한 개인 간 및 집단 간의 대립과 갈등을 과소평가하고 사회의 역사적 변화과정을 올바르게 설명하기 어려운 반면, 변화나 개혁보다는 사회의 안정과 질서 유지의 입장을 지지한다는 비판을 받는다. 와세이(Warshay)는 기능이론에 대한 비판을 다음과 같이 8가지로 제시하고 있다(김병성 1990). ① 존재하는 모든 사회조직은 기능적인 것으로 본다. ② 보수적이다. ③ 목적론에 빠져 있다. ④ 실증적이지 못하다. ⑤ 변화를 제대로 설명하지 못한다. ⑥ 구조나 성격과 같은 기본변수를 소홀히 취급한다. ⑦ 권력투쟁, 갈등, 일탈행동 등을 제대로 설명하지 못하고 이런 현상은 범법행위 또는 병리현상으로 간주한다. ⑧ 사회적 이념, 목표, 규범 등의 보편성과 합의성을 과장한다.

풀어보기

1. 다음 기능주의와 교육이론에 대한 설명 중 가장 틀린 것은 무엇인가?
   ① 기능주의자들은 사회란 많은 부분들로 구성되어 있는 것으로 간주한다.
   ② 교육은 사회통합과 질서유지의 기능, 기존 사회의 규범과 가치를 전달한다.
   ③ 학생의 학업성취의 차이가 성인의 직업세계의 분화를 저해하는 것으로 본다.
   ④ 학교는 개인의 재능과 노력에 따라 공정한 평가를 하며 아울러 정당한 사회적 보상이 주어진다고 본다.

2. 다음은 뒤르켐이 제시한 사회화에 대한 설명이다. 해당 괄호에 알맞은 용어를 기술하시오.
   ① (　　　) 사회화는 전체로서의 사회가 요구하는 신체적, 지적, 도덕 특성을 함양하는 것을 의미한다.
   ② (　　　)사회화는 개인이 속하게 되는 특수 환경이 요구하는 신체적, 지적, 도덕적 특성을 함양하는 것을 의미한다.

3. 다음 드리븐의 이론에 대한 설명 중 해당 되는 규범을 고르시오.

학문적 학습활동과 관련이 있으며 학교에서 과제를 스스로 처리하며 자신의 행동에 대한 책임을 갖는 규범이다.

① 독립성　　②성취지향성　　③보편성　　④특정성

4. 기능주의 이론의 주요 용어인 구조와 기능, 통합, 안정, 합의에 대한 개념을 기술하시오.

READ 생각해보기

교육부는 19일 정부세종컨벤션센터에서 교육개혁 핵심 정책 및 국가 차원의 인재 양성 전략을 논의하는 '2023 교육 · 인재정책 세미나'를 개최했다고 밝혔다. 이번 세미나는 교육개혁 방향과 인재양성 전략을 수립 · 추진하는 과정에서 다양한 사회변화를 반영하고 전문가들과 함께 국민의 공감과 지지를 얻을 수 있는 정책들을 모색하기 위해 마련됐다.

이주호 사회부총리 겸 교육부 장관은 행사를 통해 정책의 시급성과 국민 공감도를 고려해 교육부가 우선적으로 집중 추진해야 할 과제로서 ▲국가책임 교육 · 돌봄 ▲디지털 교육혁신 ▲대학 개혁 등 3대 정책을 발표했다.

이날 발표된 3대 정책에 따르면, 교육부는 세계 최고 수준의 국가책임 교육 · 돌봄을 추진한다. 영유아 · 학부모 등 수요자를 최우선으로 고려해 유치원과 어린이집을 단계적으로 통합해 질 높은 교육 · 돌봄체계를 구축한다. 늘봄학교를 운영해 희망하는 초등학생들에게 정규수업시간 전후로 다양한 돌봄서비스와 디지털 교육, 예체능 등 학습 수요가 높은 방과 후 프로그램을 확대 · 제공하도록 한다.

세계에서 가장 앞선 디지털 교육혁신으로 모두를 위한 맞춤교육 실현에도 나선다. 코딩, 소프트웨어 등 초 · 중등 정보교육을 확대해 학생들의 알고리즘, 논리력을 신장하고 2025년 인공지능 디지털교과서 도입 등 디지털 교육체제로의 본격 전환을 위해 교원 집중연수, 기반 확충 등도 차질 없이 준비한다.

벽을 허무는 대학 개혁으로 대학을 새로운 사회수요에 부합하는 체계로 대전환한다. 대학 지원의 행정 · 재정적 권한을 지자체에 이양 · 위임해 지역과 대학의 동반성장을 지원하는 지역혁신중심 대학지원체계(RISE)를 구축하고 혁신적 글로컬대학을 육성한다. 대학 내 전공 간, 학과 간 벽을 허물어 유연하고 자율적인 혁신이 이뤄질 수 있도록 규제를 과감히 제거하는 한편, 부실대학의 구조조정을 촉진하기 위한 사립대학구조개선법 제정도 추진한다.

교육개혁 3대 정책은 연두 업무보고에서 밝힌 4대 분야 10대 과제 중에서 인구절벽, 디지털 충격, 지역 소멸이라는 긴급한 사회문제에 대응하며 국민적 공감도와 체감도가 높은 정책으로 선정됐다.

교육부는 교육개혁의 성공적 추진을 위해 교육정책 자문위원회 위원들을 위촉해 전문가 및 현장과 활발히 소통해 나갈 방침이다. 위원회는 3대 교육개혁 분과별로 논의하되 새롭게 제기되는 교육 쟁점들에 유연히 대응할 수 있도록 개방형으로 운영해 논의 주제에 따른 분과 또는 관련 전문가도 지속 발굴 · 추가하기로 했다.

현장 소통 외에도 시범운영을 통해 우수사례를 발굴하는 데 주력하며 내년부터 우수모델을 점차 확산해 2025년에는 교육개혁 3대 정책을 전국적으로 확대해 나간다. 이날 세미나에서는 산업 · 지역 · 대외여건 등 국가 전체적 차원에서 인재 양성 · 활용 전략을 논의하는 시간도 마련됐다. 또 엘리자베스 킹 전 세계은행 부총재의 축사와 이광형 카이스트 총장의 기조강연도 진행됐다. 세계은행 교육 고문을 역임하는 등 글로벌 교육 · 인재양성 전문가인 킹 전 부총재는 "대한민국의 세계적인 교육 시스템으로 성장한 인재들이 세계 무대에서 강력한 목소리와 리더쉽을 발휘하고 있다"며 "정부와 지자체, 민간부문의 협력을 통한 대한민국 교육과 인재양성의 발전을 기대한다"고 밝혔다.

이와 함께 이 총장은 '국가 인적자원 3차원 균형 전략'을 주제로 기조 강연을 진행, 국가 인적자원의 분야 · 지역 · 재능 균형 전략 필요성을 설명했다. 이 밖에 학계 · 연구계 · 기업 등 교육 · 인재양성 전문가들이 참여하는 자유토론도 마련됐다.

이 부총리는 "인구절벽과 디지털 충격, 지역 소멸이라는 사회 난제를 극복하고 세계를 선도할 수 있는 힘은 결국 사람에서 나온다"면서 "교육개혁의 성공적 추진과 범국가 차원의 혁신인재 양성 시스템을 구축하기 위해 다양한 의견을 지속 경청해 나가겠다"고 말했다.

[출처] 대한민국 정책브리핑(www.korea.kr, 23.04.19)

▶ 위 기사를 읽고 다음의 문제에 대해 생각해 봅시다.

1. 공립학교의 사회적 역할은 무엇인가?
2. 공교육 제도의 목적과 성과는 무엇인가?
3. 공교육 제도가 가지고 있는 한계는 무엇인가? 어떤 대안의 제시가 가능한가?

CHAPTER 3

갈등주의 교육이론

학습목표

1. 갈등주의 이론의 사회관을 설명할 수 있다.
2. 갈등주의 이론의 교육관을 기술할 수 있다.
3. 갈등주의 학자들의 주요이론을 비교할 수 있다.
4. 갈등주의 교육이론을 비판할 수 있다.

> 갈등주의 이론(conflict theory)은 교육사회학의 주요한 이론으로 교육 및 교육문제를 설명하는 데 있어 기능주의와는 대조적인 입장을 갖고 있다. 갈등주의 이론은 교육은 지배집단의 문화를 정당화하여 주입하고, 능력이 뛰어난 사람들을의 사회이동을 촉진하기보다는 기존 계층구조를 재생산하고 있다고 본다. 즉, 자본주의 사회체제를 정당화하여 지배집단과 피지배집단의 양극화 현상을 초래했다는 구조기능이론의 허구성과 학교교육의 모순을 비판하며 1970년대에 들어서며 그 세력이 팽창하였다. 대표적인 학자로는 마르크스(K. Marx), 베버(M. Weber), 짐멜(G. Simmel), 보울스와 진티스(S. Bowles & H. Gintis) 등이 있다.

1. 갈등주의 사회관

1960년대에 들어서서 기능주의는 적합성에 대한 의문이 제기되어 새로운 이론들로부터 도전을 받기 시작하였다. 1960년대 중반 콜먼(J. Coleman) 등은 미국 내 주요인종 및 소수인종 간의 학업성취도의 차이를 분석한 연구를 수행하였는데, 학업성취도의 격차는 학교 내 교사의 자질이나 환경이 아니라 학생들의 부모의 사회경제적배경(social economic status)이 가장 큰 원인으로 나타났다. 이로 인해 학교는 학생들의 학업성취도에 별로 공헌하지 못하고 있으며, 학자들은 학업성취도에 영향을 미치는 가정배경과 사회자원의 불평등한 배분에 관심을 갖기 시작하였다.

〈표 3-1〉 1960년대 중반 콜먼(J. Coleman)의 연구

구분	내용
연구목적	• 미국 내 6개의 주요인종 및 소수민족 집단간의 학교 간, 지역 간에 존재하는 교육기회와 효과의 불균등 현상 및 원인을 밝히고자 함
구성변인	• 학생의 가정 배경 변인, 학교환경 변인에 따른 학업성취의 차이
연구결과	• 학생들의 학업성취도 격차는 물리적 학습 환경이나, 교사의 자질이 아니라 부모의 가정 배경(문화, 환경, 언어, 태도 등 배경)에 따라 성취의 차이를 가져옴 • 학교가 학생들의 학업성취에 별로 공헌을 하지 못하고 있으며, 사회적 평등을 위한 기능을 제대로 수행하지 못하고 있음

갈등주의 이론은 사회의 속성을 이해관계를 달리하는 집단 간의 대립과 갈등 그리고 투쟁으로 이해한다. 사회의 속성을 통합과 안정, 그리고 균형으로 바라본 기능주의 이론과는 대조적이다. 인간이 소유하고자 하는 대상이나 재화 등은 유한한 데 반해, 인간의 욕심은 무한하기에 인간은 자신의 이익을 충족시키기 위해 개인 간 집단 간에 끝없는 경쟁과 갈등이 불가피하다고 전제한다. 인간의 사회적 관계는 조화와 질서를 이루고 통합과 균형을 유지하기도 하지만 분열과 대립의 관계로 또는 상반된 의견의 불일치와 적대적 관계로 발전하기도 하며 상황에 따라 구조적 해체의 위협을 받기도 한다.

이종각(2005)이 제시하는 갈등주의 이론의 특징은 다음과 같다.

첫째, 모든 사회는 변화지향적이다.

둘째, 모든 사회는 불일치와 갈등이 일어나고 있다.

셋째, 사회변화는 급진적이고 비약적으로 진행된다.

넷째, 사회의 각 집단은 경쟁적이며, 대립적인 관계를 맺고 있다.

다섯째, 일반적으로 사회가 선호하는 가치는 지배집단과 관련을 맺고 있다.

여섯째, 사회의 각 기관들은 지배집단의 이익에 봉사한다.

일곱째, 상호갈등의 원인은 재화의 희소성과 불평등한 분배에 기인한다.

인간의 갈등과 경쟁의 궁극적 원인은 사회적 불평등이다. 부 · 권력 · 지위 · 명예 등 모든 사회적 가치들은 희소성이 있기 때문에 사회적 가치를 둘러싼 경쟁과 갈등은 지속될 수밖에 없다. 사회체제는 지배집단과 피지배집단으로 나누어지며, 자본주의 경제구조를 재생산하기 위해 지배집단의 이익을 유지하고 강화한다. 지배집단은 높은 사회경제적 지위를 정당화하고 불평등한 계급구조를 더욱 심화시켜 지배계급과 피지배계급 간의 갈등을 불가피하게 한다. 지배집단은 모든 사회 가치에 중심적 역할을 하며 현 상태가 유지되기를 바라는 반면, 피지배집단을 체제의 안정에 위협요소로 본다. 이로 인해 갈등이론은 사회적 가치의 평등분배를 가능하게 하는 사회적 재구조화를 강조하는 입장이다.

2. 갈등주의와 학교교육

갈등주의 학자들은 기능주의적 '자유주의 이데올로기'의 허구성을 지적하면서 학교교육을 통한 평등사회 실현에는 부정적인 입장이다. 학교교육의 기회 확대와 양적 성장에도 불구하고 사회적 불평등은 여전히 존재하고 있다(김경식 외, 2009). 학교는 모든 계급에 평등하게 주어지기보다는 교육을 통해 지배층의 문화를 전수하여 불평등과 불공정을 강화하고 유지시켜 평등사회의 실현에 도움을 주지 못하는 것이다. 송병순 등(2002)은 갈증주의 이론의 특징을 ① 교육의 목표는 인간성 회복, ② 학생선발에 있어 기능주의 능력주의 원칙은 허구, ③ 학교체계의 관료화는 민주적 가치실현에 부적합하고, 인종, 성별, 계급에 근거한 불평등을 영속화함, ④ 교육과정은 특정계층의 문화 내용으로 구성되어 있음, ⑤ 잠재적 교육과정을 통해 학생을 수동적으로 만들고, 상벌체계를 통한 순종과 복종심 강조, ⑥ 교육결과에 있어 사회계층에 따라 교육적 성취가 다르게 나타나 불평등이 재생산화되고 정당화의 여섯 가지로 제시하였다.

갈등주의자들이 주장하는 학교교육에 대한 특징을 정리하여 제시하면 다음과 같다(성낙돈 외, 2015).

① 학교는 기존의 위계질서를 공고히 하고 지배계급의 이익에 종사하는

기구라고 본다(능력주의 허구).

② 학교에서 가르쳐지는 교육내용은 지배계급의 문화와 이익에 밀접히 관련되어 있다고 본다.

③ 학교는 지적 기술보다 지배계층이 선호하는 가치관, 규범, 태도 등을 은밀히 강조한다고 본다(상벌체계에 의한 통제, 복종 등)

④ 학교가 기존의 질서를 재생산함으로써 사회의 불평등을 영속화한다고 본다.

⑤ 학교에서 인간을 강요하고, 억압함으로써 타율적이고 수동적인 존재로 전락시키고 있다고 본다.

⑥ 학교가 피지배층에게 기존의 불평등 위계구조(성별, 인종, 계급 등)에 순응하도록 강요하는 이데올로기적 기관이라고 본다.

갈등론자들은 사회체제 내 권력이나 재화의 분배를 둘러싼 갈등과 경쟁에 따른 변화에 주목하고 있다. 자본가 계급이 학교교육을 통해 경제적 불평등을 정당화하고 합법화함으로써 지배계급의 위치를 재생산한다는 경제적 재생산이론(economic reproduction theory), 학교가 문화적인 전달을 통해 지배집단을 유지하려는 문화적 재생산이론(culture reproduction theory), 학교가 학습자들이 국가권력이 내세우는 지배 이데올로기에 자발적 동의를 창출하는 기능을 하는 헤게모니 이론(hegemonic theory) 등이 갈등이론에 해당된다. 교육현상을 설명하는 갈등주의 이론들에 대해 구체적으로 살펴보고자 한다.

1) 경제적 재생산이론(economic reproduction theory)

경제적 재생산이론은 자본가 계급이 학교교육을 통해 경제적 불평등을 정당화하고 합법화함으로써 지배계급의 위치를 재생산한다는 이론이다.

보울스와 진티스(S. Bowles & H, Gintis)는 마르크스의 상부－하부 구조관계(경제결정론[1])에 관한 명제를 받아들이고 교육의 구조가 생산관계에 대한 사회적 구조를 반영한다고 주장한다.

학교는 보편적 가치를 가르치는 곳도 아니고, 인재를 공정하게 선발하여 사회에 배치하는 것도 아니다. 학교는 자본가계급에게 이로운 태도와 가치관을 가르치고 기존의 계층구조를 정당화하고 있다. 즉, 학교는 자본주의의 불평등한 체계를 심화시켜 경제적 · 사회적 구조를 재생산하고, 억압적 자본주의 사회유지에 필요한 가치관과 성격적 특성을 학생들에게 차별적으로 가르치고 있는 것이다. 예를 들면 노동자의 자녀들에게는 순종하고, 시간을 잘 지키며, 작업방식에 순응하는 것을 강조하는 반면, 회사의 관리자나 전문직의 자녀에게는 자신감, 독립심, 창의적인 사고력, 리더십 등 타율적인 규율보다는 자율적인 규율을 강조하는 것이다(Bowles & Gintis, 1976).

교육의 사회적 관계와 노동의 사회적 관계의 일치성, 즉 대응이론(correspondence theory)은 다음의 네 가지로 살펴볼 수 있다. 첫째, 학생은 노동자처럼 권한이 없다는 점, 둘째 교육은 목적으로서가 아니라 수단으로 가능하다는 점, 셋째, 분업을 통해 노동자의 역할과 단결이 제한되는 것처럼 지식의 전문화 및 경쟁을 통해 학생들의 역할과 단결이 제한된다는 점. 넷째, 교육수준은 직업구조에서의 수준에 그대로 대응한다는 점이다(강상철 외, 1997).

학교는 다음의 세 가지 측면을 통해 자본주의 사회를 재생산하고 있다. 첫째, 학생들은 가정환경에 따라 직업적 위계가 다른 학교로 진학함으로써, 노동계급의 아동은 노동자가 되고 자본가 계급의 아동은 자본가가 된다. 둘째, 학교가 직업적 위계수준에 따라 적합한 기술 및 인성적 특성과

1) 경제결정론(economic determinism): 교육이 경제구조에 의하여 일방적으로 결정됨

태도를 가르친다. (초등: 하위직에 맞는 복종, 순종, 시간 엄수 등, 중등: 중간직에 맞는 지식, 가치, 규범 등, 고등: 최고경영자에 맞는 독립심, 리더십, 창의력 등). 셋째, 학생의 가정환경에 따라 학교를 배분하고 사회화시키면서, 모두의 이익을 위한다는 명분하에 이러한 과정을 정당화하고 합법화한다. 결국 학교는 자본주의가들이 요구하는 기술과 태도를 갖춘 인력을 배출하여 그들의 요구를 충족시켜 사회에 기여하고 있다는 것이다.

경제적 재생산이론은 자본주의 체제에서 학교교육은 불평등한 경제구조를 유지하고 심화시키고 지배계급을 위치를 정당화하고 있다는 것이다. 현 사회에서는 자본주의적 생산양식이 계속되기 때문에 학교의 개혁은 무의미하고 사회의 재구조화를 통한 개혁이 이를 해결할 수 있다고 본다. 그러나 경제적 재생산이론은 교육의 역할을 경제구조에 한정시킴으로써 교육의 다른 측면들을 경시하였고, 학생들을 자본가 계급이 요구를 그대로 받아들이는 수동적인 존재로 이해하였으며, 학교 교실 내 교수-학습장면에서 일어나는 복잡한 관계를 단순화시키거나 간과하였다는 비판을 받는다.

2) 문화적 재생산이론(culture reproduction theory)

문화적 재생산이론은 학교가 문화적인 전달을 통해 지배집단을 재창조하고 정당화하는 역할을 한다는 이론이다. 자본주의 사회가 경제적 모순에도 불구하고 유지되는 이유는 지배계급이 선호하는 문화가 학교교육에 반영되어 이를 정당화하고 있기 때문이다. 문화란 문학 · 과학 · 종교 · 예술 등의 상징체계를 의미하며 문화는 소비, 분배, 생산되는 경제자본의 운동원리와 비슷하여 문화시장을 형성하고, 화폐적 가치를 지니기도 한다.

부르디외(P. Bourdieu)는 학교의 재생산 기능에는 사회적 재생산과 문화적 재생산이 있다고 보았으며, 문화적 재생산 기능을 더 강조하였다. 사회적 재생산은 사회자본 즉 경제력과 권력의 세대적 전수로 부모의 기득권이 자식에게 전수하는 것을 의미한다. 문화적 재생산은 문화자본의 세대 간 전수로 부모세대의 가정의 생활양식과 이를 통해 가정과 학교에서 갖게 되는 제반경험이 자식세대에 전수하는 것을 의미한다. 현 사회에서는 경제력과 권력을 세대에 전수하기가 어렵기 때문에, 문화를 전수함으로써 지배계급 권력과 특권을 유지한다는 것이다. 이런 측면에서 학교의 교육과정은 문화 재생산 도구인 것이다.

또한 자본주의 사회에서 문화가 계급적 특권을 반영하여 발생하는 문화적 불평등 현상과 불평등에 대한 교육의 역할을 분석하기 위해 문화자본의 개념을 통해 문화적 재생산이론을 제시였다. 문화자본(Cultural Capital)은 크게 세 가지로 구분할 수 있다. 첫째, 아비투스(Habitus) 문화자본으로 어렸을 때부터 계급적 배경에서 획득한 지속적인 성향, 주관성 속에 내면화된 상위 계급의 행동양식과 가치체계 등을 포함하는 문화양식이다. 둘째, 객관화된 문화자본으로 그림, 책, 예술품, 골동품 등을 말한다. 셋째, 제도화된 문화자본으로 졸업장, 학위증, 자격증 등이 있다(이종각, 1998). 부르디외는 이 중에서 아비투스(Habitus)를 가장 중요한 문화자본으로 인식하였는데, 아비투스는 각 계급내의 집단들이 그들만의 문화양식이나 지배유형을 발전시켜 아이들을 사회화시키고 세계관을 형성하여 아동들의 습관의 일부를 변화시키는 것을 말한다. 한 사회에서 문화자본의 가치가 높다는 것은 지배계급이 선호하는 문화와 관계가 있다는 것이다(강재태 외, 2008).

부르디외는 학교교육이 학생들을 문화적으로 불평등하게 다루고 그들의 학업성취를 차별화하여 사회에서의 불평등한 대우를 합법화한다고 하는데 이를 상징적 폭력(symbolic violence)이라고 하였다(차경수 외, 1997).

지배계급은 언어, 신분, 지위, 관심과 같은 상징을 가지고 있는데, 이를 중요한 것으로 규정하여 물리적 강제가 아닌, 자연스러운 질서를 가진 것처럼 보이게 하여 지배집단이 불평등한 사회관계를 정당한 것처럼 합리화시켜 주는 폭력을 행사하는 것이다.

결국 학교교육은 지배계층의 문화자본을 주로 교육과정에 반영하고 있기 때문에 피지배계층의 아이들은 학습내용을 이해하는데 상대적으로 어려움을 겪게 되고 학습활동에서 위축되어 결국 낮은 학업성취도를 갖게 된다. 즉, 피지배계층 아이들은 문화자본을 더 많이 상속받은 지배계층 아이들과의 경쟁에서 지게 되는 것이다. 문화적 재생산이론은 경제결정론에 빠지지 않고, 자본주의 사회에서 빈부격차와 사회문화의 차이를 잘 설명하고 있으나, 사회구조적 특징을 지나치게 강조하여 구성원들의 자발적이고 주체적인 문화형성에 대해 간과하고 있고, 문화적 재생산의 개념만으로 복잡한 학교교육을 이해하기에는 한계가 있다는 것이다.

3) 헤게모니 이론(hegemonic theory)

헤게모니 이론은 지배집단이 학교를 통해 일상생활과 사회의식 속에 지배집단의 의미체계와 가치체계인 헤게모니를 주입하여 기존 질서를 정당화하고 유지하고자 한다. 학교가 자본주의적 사회구조에 학교 내의 사회적 관계를 일치시키거나, 자본주의 사회가 요구하는 인력을 양성하여 기존의 사회구조를 유지하고 존속하는 측면도 있다. 그러나 더욱 중요한 것은 학교를 통해 문화를 보존하고 분배하여 사람들의 의식구조를 변화시켜 사회를 통제할 수 있다는 것이다(김신일, 2006).

그람시(A. Gramsci)의 관점과 주장에 기초하며, 대표학자는 애플(M. Apple)이다. 애플은 저서 『교육과정과 이데올로기』에서 학교현장에서 일어나는 일상생활에서의 경험, 즉 잠재적 교육과정에 지배이데올로기가 어떻게 스며들었는가를 분석하였다. 헤게모니와 교육내용의 선정과의 관계를 분석하려는 입장으로 학교 교육의 교육과정 안에는 헤게모니(hegemony)가 깊숙이 잠재되어 있다고 본다. 학교는 문화적 · 이념적 헤게모니 매개자, 보이지 않는 가운데 사회를 통제하고 있다는 것이다. 헤게모니란 일상생활과 사회의식 속에 스며 있는 지배집단의 의미와 가치체계를 의미한다.

학교의 교육과정에서는 헤게모니가 깊숙이 잠재해 있으며, 문화적, 이념적 헤게모니 매개자로 보이지 않게 사회를 통제한다는 것이다. 지식, 가치, 규범 등을 통해 사람들의 의식에 영향력을 행사하여 학습자들이 지배집단의 이데올로기에 자발적 동의를 창출하여 기존의 불평등 구조를 유지한다는 것이다.

학교는 교육과정을 통해 지배집단의 지식, 도덕, 행동, 규칙, 질서 등이 대중의 합의에 따라 보편적인 것으로 보이게 하고, 피지배계층에서 이를 자연스러운 현상으로 믿게함으로써 기존의 질서를 유지하는 지배집단의 헤게모니를 정당화한다. 이는 학생뿐만 아니라 교사도 자신도 모르게 이에 영향을 받을 수 있다. 특히 학교는 공식적 교육과정과 더불어 잠재적 교육과정을 통해서 관료주의적인 위계관계, 상벌체계와 같은 통제, 권위주의적인 억압에 순종하도록 함으로써 지배집단의 이데올로기와 헤게모니를 재생산한다. 예를 들어 사회 내의 학문공동체의 갈등이 사회진보나 과학 발전에 기여할 수 있다는 점을 배제하고, 은연중에 갈등의 부정적인 측면을 강조하는 것이다.

문화적 헤게모니 이론의 특징은 첫째, 학교뿐만 아니라 매스미디어, 대중문화 등도 경제적 재생산이나 문화적 재생산에 연결되어 있다. 둘째, 오늘날 사회를 지배하고 있는 세 가지 이데올로기가 ① 사회의 발전이 과학과 산업에 의존한다는 신념, ② 사회는 경쟁시장을 통해 자신의 능력을 최대한 실현시킬 수 있다는 신념, ③ 마지막으로 훌륭한 삶이란 개인으로서 상품과 서비스를 생산하고 소비한다는 신념으로 교육과정을 통해 재생산되고 있다(성낙돈 외 2015).

헤게모니 이론은 현 사회의 지배적인 이데올로기적 헤게모니와 교육내용의 선정과의 관계를 분석하고자 하였으나, 교육과정에 대해서 올바르게 이해하지 못하고, 여전히 학교를 사회의 하위체제로만 인정하고 있어 비판을 받는다.

3. 갈등주의 주요 학자들의 이론

갈등주의 관점에서 학교교육은 지배집단의 문화를 정당화하고 기존 계층구조를 재생산하여 불평등을 유지하고 있으며, 학생들에게 기존의 불평등 위계구조에 순응을 강요하는 이데올로기적 기관이라고 본다. 마르크스, 베버, 짐멜 등 갈등주의 대표학자들의 이론을 구체적으로 살펴보고자 한다.

1) 마르크스의 계급갈등론

마르크스(K. Marx, 1859)는 자본주의 사회의 교육은 자본주의 생산양식과 소유관계의 산물이며, 계급갈등론을 주장하였다. 계급갈등은 생산의 사회적 관계에서 비롯된다고 하였으며, 생산양식(생산관계, 생산수단)을 누가 가지고 있느냐에 따라 사회를 이분법적으로 구분하였다. 지금까지 인간사회는 두 집단으로 나뉘어 존재했는데 하나는 직접 생산하는 사람, 다른 하나는 생산의 수단을 소유하고 통제하여 생산품을 소유하는 사람이다. 고대 사회는 노예와 노예소유자로, 봉건사회는 농노와 귀족으로, 자본주의 사회는 프롤레타리아와 부르주아로 나누어져 왔다. 계급이란 단순한 경제적 수입과 분배의 차이에서 생기는 불평등을 가리키는 것이 아닌 생산수단의 소유 여부에 따른 것을 의미한다(김경식 외, 2009).

마르크스는 인간의 의지나 의식보다는 사회구조를 강조하고 인간을 사회적 산물로 인식하며 경제적 구조가 정치, 종교, 교육 등을 포함하는 상부구조를 지배하는 경제주의 입장을 취하고 있다. 이런 관점에 따라 사회가 자연적인 사회변동의 과정에서 벗어나기 어려우며 인간의 의지나 노력으로 사회를 변화시키기는 어렵다. 마르크스 이론은 사회현상을 설명하는 이론에서 나아가 자본주의 사회를 붕괴시키고 공산주의 사회를 건설하자는 혁명이론으로 발전하였으며, 무산층인 프롤레타리아가 지배하는 공산주의 사회로 가는 것이 필연적이라 역설하였다(Warshay, 1975)

2) 베버의 권력갈등론

베버(M, Weber, 1947)는 사회적 관계를 권력관계로 보고 권력관계에서 갈등을 찾으려는 권력갈등론을 주장했다. 베버는 갈등의 인식은 권력과 이어져 있으며, 관심 대상으로 삼는 모든 '사회적 관계'는 권력관계라고 인식한다. 이러한 권력관계에는 저항과 반대를 무릅쓰고 강제하는 힘의 움직임이 존재하고 이는 필연적으로 갈등을 만들어 낼 수밖에 없다는 것이다.

베버의 권력갈등은 마르크스의 계급 갈등의 소유관계에 복잡성을 더해주고 있다. 생산수단을 가진 이들과 갖지 못한 사람들과의 대립, 즉 재산 소유 여부에서 비롯하는 갈등을 이해하면서도 베버는 단순한 물질적 생산수단이 아닌 다른 종류의 생산수단도 동원하고 통제하는 데서 비롯되는 조직 내의 갈등에 주목하고 있으며, 사회집단이나 사회적 지위에 기초한 사회분석에 초점을 두고 있다(김경식 외, 2009).

3) 짐멜의 구조갈등론

짐멜(G. Simmel, 2009)은 사회를 다양한 상호작용의 체계라고 보았다. 사회는 사회구성원들 간의 상호관계로 표현되는 객관적 통합체이다. 짐멜은 갈등도 하나의 상호작용으로 집단 구성원들의 접촉으로 발생하는 상호작용의 형식으로 보았으며, 갈등은 서로 대응되는 둘 사이의 관계를 전제로 보았다(성낙돈 외, 2015)

짐멜은 갈등을 부정적으로 보지 않고 긍정적이며 사회통합과 발전에 영향을 주는 데 관심을 가졌다. 갈등은 반드시 폭력적 갈등으로 격렬해지기보다는 사회의 긴장을 해소하는 기능도 있다. 경쟁도 갈등의 한 양식으로 진보의 박차가 되는 능동적이고 긍정적인 효과를 갖는다는 것이다(김경식, 2009). 즉 갈등은 죽음, 상해, 범죄 해체적 효과와 부정적 가치도 있으나 균형, 안정, 통합을 발전시킨다는 것이다(김병성, 1990). 짐멜은 갈등의 사회적 기능을 중시하고 있으며, 갈등의 원인과 결과를 포괄적으로 다루고 있고, 갈등의 사회통합적 측면을 강조하고 있다. 이러한 특징으로 인해 짐멜의 갈등론은 갈등의 기능론이라고 부르기도 한다.

4. 갈등주의 교육이론의 비판

갈등주의 교육이론은 기존에 당연시 되어오던 능력주의 이념에 근본적인 문제를 제기하고 이에 대한 허구성을 지적하여 학교교육에 대한 다양한 이해를 높여 주었다. 또한 학교교육을 통한 사회적 불평등의 재생산, 특정문화와 이념, 이데올로기의 표준화를 다루고 있는 것은 매우 의미가 있다. 다만 학교교육의 본질적인 모습이 왜곡되고 해석의 오류가 존재하는 등 갈등주의 교육관은 다음과 같은 비판을 받고 있다.

첫째, 교육이 경제적 구조에 의해 일방적으로 결정된다는 경제결정론에 빠졌다는 비판을 받는다.

둘째, 학교교육을 통한 개인의 노력과 사회적 상승이동 등에 대한 기여가 분명히 있음에도 이러한 공헌을 부정한다.

셋째, 교육선발의 불평등 요소를 지나치기 강조하여 교육을 통한 능력과 재능의 선발 및 배치에 대해 인정하지 않고 있다.

넷째, 갈등과 경쟁을 지나치게 강조한 나머지 학교교육을 통해 사회적 결속력을 높이고, 공동체 의식을 높이는 데 기여한 점을 과소평가하고 있다.

5. 기능이론과 갈등이론의 비교

기능주의와 갈등주의 사회관, 기능주의와 갈등주의 학교교육 관점에 대해 요약, 정리하면 다음의 〈표 3-2〉와 〈표 3-3〉과 같다(이종각, 2005).

〈표 3-2〉 기능주의와 갈등주의의 사회관

기능주의	갈등주의
① 사회는 안정 지향적임	① 사회는 변화 지향적임
② 사회의 요소들은 상호의존적이며 통합적임	② 사회는 불일치와 갈등이 일어남
③ 사회는 점진적이고, 개량적으로 변화함	③ 사회는 급진적이고 비약적으로 변화
④ 사회구성원들의 공동체 의식 강조(공민성)	④ 사회의 각 집단은 경쟁적이고 대립적인 관계
⑤ 기회평등, 업적주의, 적재적소 배치 강조	⑤ 사회갈등의 원인은 재화의 희소성과 불평등한 분배에 기인(재구조화 강조)
⑥ 사회의 가치, 규범, 관습 등은 합의에 의해 이루어진 것이고 보편적이고 객관적임	⑥ 사회가 선호하는 가치는 지배집단과 관련이 있으며, 각 기관들은 지배집단 이익에 봉사함

〈표 3-3〉 기능주의와 갈등주의의 학교교육에 대한 관점

기능주의	갈등주의
① 학교는 사회의 안정과 질서에 기여	① 학교는 기존의 위계질서를 재생산하며 지배계급의 이익에 종사하는 도구
② 학교의 교육내용은 사회구성원들의 합의에 의한 것임	② 학교의 교육내용은 지배계급의 문화와 이익에 밀접히 관련되어 있음
③ 학교는 사회가 요구하는 지식, 기술, 공동체 의식 등을 전수하며 국가발전과 자아실현에 기여	③ 학교는 지적기술보다 지배계층이 선호하는 가치관, 규범, 태도 등을 은밀히 강조
④ 교육은 독립적이며 자율적이라는 이데올로기에 근거	④ 인간을 강요하고 억압함으로써 타율적이고 수동적인 존재로 전락시킴
⑤ 교육기회의 균등화를 통해 사회구조의 모순을 해결하며 사회적 평등화를 도모	⑤ 기존의 불평등 위계구조에 순응하도록 강요하고 질서를 재생산하여 사회의 불평등을 영속화함
⑥ 개인의 노력과 재능에 따라 공정한 평가와 이에 따른 보상이 주어짐	⑥ 능력주의 이데올로기는 외형상 공정하게 보이나 피지배계층의 아동을 탈락시키고 지배질서의 정당성을 강조할 뿐임

풀어보기

1. 다음 갈등주의와 교육이론에 대한 설명 중 가장 틀린 것은 무엇인가?
   ① 학교는 기존의 위계질서를 공고히 하고 지배계급의 이익에 종사하는 기구라고 본다.
   ② 교육은 사회통합과 질서유지의 기능, 기존 사회의 규범과 가치를 전달한다.
   ③ 학교에서 가르쳐지는 교육내용은 지배계급의 문화와 이익에 밀접히 관련되어 있다고 본다.
   ④ 학교에서 인간을 강요하고, 억압함으로써 타율적이고 수동적인 존재로 전락시키고 있다고 본다.

2. 다음 보기에서 설명하고 있는 이론을 고르시오.

> • 학교에서 인간을 강요하고, 억압함으로써 타율적이고 수동적인 존재로 전락시키고 있다고 본다.
> • 자본주의 사회가 경제적 모순에도 불구하고 유지되는 이유는 지배계급이 선호하는 문화가 학교교육에 반영되어 이를 정당화하고 있기 때문이다.

① 경제적재생산이론 ②문화적재생산이론 ③헤게모니이론 ④권력갈등론

3. 다음 중 갈등주의 교육이론의 비판에 해당되지 않는 것은?
   ① 교육이 경제적 구조에 의해 일방적으로 결정된다는 경제결정론에 빠졌다는 비판을 받는다.
   ② 학교교육을 통한 개인의 노력과 사회적 상승이동 등에 대한 기여도를 인정한다.
   ③ 교육선발의 불평등 요소를 지나치기 강조하여 교육을 통한 능력과 재능의 선발 및 배치에 대해 인정하지 않고 있다.
   ④ 갈등을 지나치게 강조한 나머지 학교교육을 통해 사회적 결속력을 높이고, 공동체 의식을 높이는 데 기여한 점을 과소평가하고 있다.

4. 대응이론(correspondence theory)에서 제시하고 있는 교육의 사회적 관계와 노동의 사회적 관계의 일치성 4가지를 기술하시오.

READ 생각해보기

'개천서 용 난다'는 옛말?..부모 경제력이 학력격차 벌린다(머니투데이 유승목기자, 23.01.17. 17:37)

https://news.mt.co.kr/mtview.php?no=2023011715393499046

부모의 경제력을 비롯한 사회적 배경이 학생들의 학력격차를 키우고 있다는 지적이 나왔다. 부모의 소득이 높을수록 사교육을 비롯한 교육기회가 많아지다 보니 교육 불평등이 공고해지고 있단 우려다.

김성식 서울교육대학교 교수는 17일 서울 여의도 국회의원회관에서 열린 '부모의 배경이 학력격차에 미치는 영향과 해소방안' 토론회에서 "부모 경제력에 따른 학력격차가 광범위하게 지속되고 있고 당연한 현상처럼 인식되고 있다"며 "이런 학력격차를 학생 능력과 노력의 차이로 전환시켜 불평등 대물림을 정당화하는 기재로 작용할 수 있다"고 밝혔다.

김 교수에 따르면 최근 들어 학력격차를 키우는 요소로 부모의 경제력이 크게 작용하고 있다. 한국교육개발원(KEDI)이 발표한 '교육분야 양극화 추이 분석 기초연구"를 보면 2010년보다 2020년의 교육불평등이 더 심화됐다. 소득이 가장 낮은 1분위와 5분위 간 차이를 조사한 결과 고등학교 3학년의 학업성취 역량의 양극화가 두드러진 것이다. 또 가구소득 600만 원 가정의 학생의 학업성취가 200만 원 가정의 학생보다 월등히 높았고, 초・중・고등학교로 갈수록 격차가 커졌다.

부모의 경제력이 클수록 교육기회를 늘렸다는 분석이다. 학교 정규수업과 함께 학업성취에 중요한 비중을 차지하는 사교육이 대표적이다. 실제로 통계청의 '2021년 초중고사교육비조사 결과'에 따르면 가구소득 800만 원 이상인 집단은 200만 원 이하 집단보다 사교육 참여율이 1.85배 높고, 사교육비 지출도 5.1배나 많았다.

READ 생각해보기

특히 경제력이 있는 가정일수록 대학 등 상급학교 진학과정에서 접하는 정보의 질이 높고 학습여건도 잘 갖춰져 있단 설명이다.

김 교수는 "부모 자신의 교육경험과 성취가 자녀 양육과정, 학교참여과정을 통해 가정과 학교에서의 학습태도에 영향을 미칠 수 있다"며 "부모의 사회경제적 배경 수준 높은 가정의 자녀들에게 학교교육이 그 자체로 유리한 면이 있도록 제도화돼 있을 가능성도 있다"고 주장했다.

▶ 위 기사를 읽고 다음의 문제에 대해 생각해 봅시다.

1. 개천에서 용이 날 수 있다고 생각하는가? 그 이유는 무엇인가?
2. 개천에서 용이 날 수 없다면 이를 해결할 수 있는 방법은 무엇인가?

CHAPTER 4

신교육사회학

학습목표

1. 신교육사회학에 대해 설명할 수 있다.
2. 교육과정 사회학의 특징에 대해 기술할 수 있다.
3. 구교육사회학과 신교육사회학을 비교 · 분석할 수 있다.

기능주의 이론에 대한 반발로 갈등이론이 전개되던 1970년대에 비판적 사회학의 영향으로 영국에서는 새로운 형태의 교육사회학이 등장하기 시작하였다. 기존의 교육사회학은 실증주의와 객관주의에 치우친다는 비판이 고조되면서 패러다임, 분석수준, 연구방법 등 새로운 교육사회적 접근의 필요에 따라 신교육사회학(New Sociology of Education)이 출현하였다. 대표적인 학자로는 고버트(D. Gorbutt), 번스타인(B. Bernstein), 영(M.F.D. Young), 케디(N. Keddie) 등이 있다.

1. 신교육사회학

1960년대에 영국에서는 사회평등 구현을 위한 수단으로써 학교교육에 대한 관심이 높았다. 교육불평등이 교육내부에 문제가 있다고 보고, 복선학제를 단선학제로 전환하고 중등교육의 의무교육화, 불우계층 자녀에게 의복과 학용품을 지급하는 등 교육기회를 확대하였다. 그러나 계층에 의한 불평등이 지속되었고, 교육불평등은 단순히 교육제도의 문제가 아니라 전체사회의 구조적 불평등이 교육에 반영되어 있는 것으로 나타났다.

신교육사회학은 갈등이론과 마찬가지로 학교교육의 기능적인 면보다는 역기능적인 면에 관심을 두고 있다. 특히 지식사회학(sociology of knowledge)에 영향을 많이 받았는데 지식사회학이란 지식을 사회적 구성물로 보고 지식이 어떠한 사회적 상황에서 창조되고 분배되는지 살펴보는 것이다. 신교육사회학자들은 학교에서 가르치고 있는 지식은 영원불변하고 보편타당한 진리로 여기는 전통적 교육과정의 관점을 비판한다. 교육이란 특정 시대에 요구되는 지식을 선정하고 조직하는 것으로 간주하고, 지식의 선택 및 제도화 과정을 인간의 상호작용과 역사적 상황 속에서 이해한다(Wexler, 1976).

신교육사회학(New Sociology of Education)이란 용어를 처음 쓴 사람은 고버트(D. Gorbutt, 1974)로 기존의 전통적 교육사회학(Old Sociology of Education)인 기능론과 갈등론에서 바라보던 교육에 대한 접근방식을 새로운 관점으로 변화하였다. 크게 세 가지 측면으로 나눌 수 있으며 구체적으로 다음과 같다.

첫째, 패러다임의 변화이다. 기존 전통적 교육사회학의 패러다임은 개인을 초월하여 존재하는 실체로서의 사회를 움직이는 인과관계 법칙과 사실을 찾으려는 규범적 패러다임을 갖고 있었다. 그러나 인간의 행위는 당연하거나 공유된 규칙을 따르지 않으며 서로의 행위를 의미 있는 행위로 받아들일 때 이루어진다. 즉, 개인과 집단의 관계 속에서 인간행위의 의미를 이해하고 해석을 강조하는 해석적 패러다임으로 변화하였다.

둘째, 접근과 분석수준의 변화이다. 기존에는 기능이론과 갈등이론은 거시적 관점에서 교육과 사회의 직접적인 관계를 강조함으로써 학교 내부에서 교육이 이루어지는 과정들을 블랙박스(Black Box)로 다루었다. 그러나 신교육사회학은 미시적 관점에서 학교의 구체적인 실재(reality)인 학교 내부로 관점을 두고 지식이 만들어지고 전달되는 과정, 교수학습과 평가의 방법, 학급 내의 교수와 학생 간의 상호작용 등 미시적 수준에 관심을 갖는다. 즉, 기존의 교육사회학은 사회이동, 사회화 등 사회제도나 구조 등을 강조하는 투입-산출의 접근에서 신교육사회학은 교육의 내적과정인 교육내용, 교육방법, 그리고 교사-학생 간의 상호작용 등 과정을 강조하는 접근으로 변화하였다.

셋째, 연구방법 변화이다. 기존에는 교육의 현상을 분석하는 데 있어 객관적이고 실증적인 양적 연구방법을 취했다면 신교육사회학에서는 교육의 현상에 대한 의미, 동기 등 현상학적인 질적 연구방법으로 변화하였다.

〈표 4-1〉 패러다임, 접근, 분석수준, 연구방법에 따른 교육사회학의 비교

연대	이론	패러다임	접근	분석수준	연구방법
50-60	기능론	규범적	거시적	사회 제도/구조	객관적이고 실증적인 양적 연구방법
60-70	갈등론				
70-80	신교육사회학	해석적	미시적	소규모집단	현상학적인 질적 연구방법

신교육사회학에서 바라보는 교육의 기본입장은 다음과 같다(성낙돈 외, 2015).

첫째, 교육과정은 사회적 산물이다. 지식은 보편타당하고 객관적인 것이 아니라 사회구조를 반영한 사회적 산물이며, 지식을 체계화한 교육과정 역시 사회의 구조를 반영한 사회적 산물이라는 것이다. 교육과정은 중류계급 문화, 언어 등을 중심으로 구성되며, 이러한 현상은 노동계급의 학생들이 학업에 실패하는 중요한 원인 중의 하나이다.

둘째, 교사와 학생 간의 관계도 사회적 산물이다. 즉 교사와 학생 간의 상호작용도 중립적이 아니라 사회적인 영향을 받는 사회적 구성물로 본다. 교사는 특정 기준(ex.우등생 vs 열등생, 학부형과 학생의 역할 등)에 따라 학생들의 능력과 지능을 분류하고 이에 근거해서 학생들을 대하는데 이러한 교사의 태도는 학생들의 성적에 영향을 줄 수 있다.

셋째, 교육과정과 교육 내적과정의 비판적 분석이다. 기존의 교육과정과 학교 내의 교육과정을 있는 그대로 받아들이지 않고, 그것이 지닌 사회적 의미를 분석하고 해석하고자 한다. 기존의 구교육사회학은 환경을 중시하는 교육의 기회균등, 사회계층이나 가정환경 등 학업성취도에 결정요인으로 보지만, 신교육사회학은 지식의 조직, 교육이념, 가치의 분석, 교육과정 등의 문제가 중요한 관심사이다.

신교육사회학은 기능이론과 갈등이론이 거시적이고 사회구조를 중시하

는 것과는 다르게 행위자를 중시하는 미시적 관점을 갖고 있다. 신교육사회학의 특징을 다음과 같이 정리해 볼 수 있다(이현청, 1994).

첫째 기존의 교육사회학은 사회구조 내의 질서와 갈등을 중심과제로 삼아온 데 반해, 신교육사회학은 교육과정에 대한 관심을 중요시하며, 학교교육의 내적과정에 대한 해석학적 관점을 수용하고 있다. 둘째, 종래의 교육사회학은 사회현상에 대한 객관적 이해를 강조하지만, 신교육사회학은 주관적 이해를 강조한다. 셋째, 신교육사회학은 지식사회학의 관점에 따라 학교지식을 사회적 구성물로 본다. 넷째, 학교 내적 과정을 살펴보면 교사와 학생, 학생과 학생 등 상호작용에 관심을 갖는다. 다섯째 방법론에 있어 과학적 실증주의의 양적 연구방법을 배격하고 해석적 관점의 질적 연구방법을 중시한다.

2. 교육과정 사회학

학교에서 배우는 교육과정은 우리의 지식을 형성하는데 매우 큰 영향을 미친다. 예를 들어 두 아이가 특정 사안에 대해 자신의 의견이 옳다고 논쟁하고 있을 때, 책에 있는 내용을 말하는 친구가 다른 동료한테 들은 내용을 전달하는 친구보다 더 정확하다고 생각할 것이다. 또한 삶의 경험에서 나오는 지식보다는 책이나 교과서에 나오는 지식이 더 신뢰되며, 번역본보다는 원서가 더 믿을만할 것이다(김경식 외, 2009).

신교육사회학은 지식사회학에 영향을 받아 지식을 사회적 구성물로 보고 학교에서 가르치는 지식이 어떠한 사회적 상황에서 창조되고 분배되는지에 초점을 두고 있다. 따라서 학교에서 다루어지는 교육내용으로써의 지식에 관한 논의는 자연히 교육과정과 관련이 있다. 교육과정은 한 사회의 문화로부터 선택되어 학생들에게 가르쳐지는 것이기 때문이다. 교육과정은 한 사회의 문화나 생활방식, 지식, 태도, 기술 등 중 중요하다고 가르칠 만한 것을 모아 학교에서 학생들에게 가르치는 것을 의미한다. 교육과정 사회학이란 학교에서 가르치는 교육내용의 사회성과 역사성을 탐구하여, 교육내용을 둘러싼 이해관계와 그것이 갖는 사회적 영향력을 분석하는 학문이다.

1970년 영국에서 시작된 신교육사회학은 기존에 교육내용에 대한 관심이 단순히 효율적인 전달에만 초점을 두고 있는 것을 비판하였다. 또한 교과중심 교육과정, 경험 중심 교육과정 등 단지 무엇을 가르칠 것인가에 집중되어 있을 뿐, 교육내용이 보편적이고 타당하며 객관적인지에 대한 관심과 교육내용의 사회적 성격, 교사와 학생 간의 관계 등을 고려하지 못했다.

전통적 관점에서 학교 교육내용의 특징은 다음과 같다(이종각, 1998). 첫째, 과학적 지식이 교과과정의 핵심이고 형식적 교육과정을 중시하며, 조직화된 교수전략에 따라 실행된다. 둘째, 지식은 객관적으로 정당화된 것이고, 학교는 지식을 가르치는 곳이다. 셋째, 지식은 인위적인 각 교과들로 분류할 수 있다. 넷째, 학습결과에 대한 측정과 과학적 평가에 큰 비중을 두고 있다. 다섯째, 교육 목표, 내용, 평가의 보편성 등의 원칙을 강조한다.

학교에서 가르치는 교육내용에 대한 접근 방식은 교육내용의 효과적인 전달에 주된 관심을 갖는 기술공학적 접근에 관심이 있다. 지식은 문화 전달, 미래 준비, 직업 준비, 체제 유지 등과 관련이 있는 보편적이고 합리적인 것으로 선정되며 이는 이미 주어진 것으로 이해된다. 전통적 교육내용관은 학교 교육내용에 대하여 이미 주어진 것으로 간주하고, 가장 합리적이며 진리에 가까운 것으로 보며, 절대적인 것으로 취급하고, 보편타당한 것으로 해석하려는 경향이 있다(강상철 외, 1994).

교과서와 교육내용의 구성과 성격을 살펴보면 크게 지배 이데올로기의 문제, 도시적 삶의 표준화, 성차별적 교육내용 등이 있다(안병환, 1990; 김신일, 1994; 구분옥, 1996; 유영미, 2004).

첫째, 지배이데올로기의 문제를 살펴보면, 정권에 따라 다소 다르게 나타날 수 있지만 고등학교 사회교과서에는 반공 이데올로기를 토대로 한 국가안보교육, 국민정신교육 등이 주로 강조되어 있다. 또한 한국 사회의 문제에 대해 긍정적이고 유지적인 관점이 주로 기술되어 있을 뿐, 사회문제의 근원이나 역사적 과오에 대한 부분은 제외되거나 미흡하게 기술되어 있다.

둘째, 도시적 삶의 표준화를 살펴보면 교과서의 내용들은 도시 지향적이고, 도시문화를 표준으로 삼고 있다. 즉, "성공을 위해 큰 뜻을 품고 농촌에서 도시로 나가고, 성공한 사람은 시골의 고향을 되돌아온다"는 것이 하나의 정형화 된 삶으로 기술되어 있다. 또한 대학교, 대학원 등 학교교육을 오래 경험하고 성공한 사람일수록 소도시보다는 대도시, 특히 수도권에서 활동해야 정상적인 삶의 과정으로 기술되어 있다.

셋째, 낮은 성 인지 감수성과 성차별적인 교육내용이 담겨 있다. 교과서 내용에서 남녀 등장인물 중 남자는 직업활동, 신문보기 등의 활동이 보이지만, 여자는 가사활동, 육아 및 자녀교육, 요리 등에 더 많이 등장한다. 또한 남성은 지적인 부분과 신체인 측면에서 여성보다 우월하다는 내용들이 많이 기술되어 있다. 예를 들면 위기 상황에서 대처방식이 남아는 적극적이고 합리적이며 책임있게 행동하는 데 반해서, 여아는 소극적이고 온정주의적이며 쉽게 포기한다고 묘사되어 있다. 또한 남성은 의리와 용감함을 많이 묘사하는 반면, 여성은 감성, 착함, 알뜰함 등을 우위에 두고 묘사하고 있다.

3. 신교육사회학 주요 학자들의 이론

신교육사회학은 기존 교육과정을 새로운 시각으로 바라보고 특정 문화를 누가, 왜 선택하여 학교에서 학생들에게 가르치는가에 대해 초점을 두고, 교육과정을 이미 주어진 것으로 바라보는 기능주의 교육관을 비판하였다. 대표적인 학자로는 영(M. F. D. Young), 번스타인(B, Bernstein), 케디(N. Keddie), 하그리브스(D. Hargreaves) 등이 있다.

영(M. F. D. Young, 1972)은 지식은 절대적이고 불변하는 것이 아니라 사회변화와 구조에 따라서 내용이 선정되고 조직되는 사회적 산물이라고 하였다. 일반적으로 지식은 사회적 계층을 반영하고 있으며 중요한 지식은 상류층이 결정하고 있기에 학교에서 배우는 교육과정은 상류계층 학생들에게 보다 유리하며 높은 학업성취도를 갖는다는 것이다.

1) 번스타인의 언어사회화 연구

번스타인(B, Bernstein, 1975)은 언어사회화 연구를 통해 사회 불평등의 문제는 계급 간 세대를 거쳐 재생산되는 계급 간 언어양식의 차이가 가져 온다고 보았다. 중간계급은 일상적인 언어양식으로 정교화된 어법(elaborated linguistic codes)를 사용한다. 이는 어휘가 다양하고 복잡하며 문법구조에 맞는 인과적이고 논리적인 언어로 보편적인 특성을 갖는다.

그러나 하류계급 가정에서는 제한된 어법(restricted linguistic codes)이 사용되는데, 언어가 즉흥적이고 구체적이며, 상투적인 표현이 많아 의미전달이 많아 소통이 쉽지 않다. 학교에서는 사용되는 언어와 소통방식은 중간계급이 사용하는 정교화된 어법을 따르고 있어, 하류계급 아이들은 언어를 쉽게 이해할 수 없고, 이는 상대적으로 낮은 학업성취도를 가져온다는 것이다.

〈표 4-2〉 번스타인(Bernstein)의 계급간 언어양식의 차이

정교한 어법(elaborated code)	제한된 어법(restrictred code)
중간계급이 주로 사용	하층계급이 주로 사용
문장구성이 복잡	문장구성이 단순
문법과 문장 규칙이 정확	문법과 문장 규칙이 부정확
수준 높은 상징체계	낮은 상징체계
언어의 분위기 및 의미 차이에 민감	비교적 간결
분석적이고 추상적	구체적이고 서술적

2) 케디의 교사에 의한 학생의 범주화

케디(N. Keddie, 1971)는 교사가 학생들을 범주화하고 있으며, 학생들에 대해 갖는 생각이 수업에서 교사와 학생 간의 상호작용에 영향을 미친다고 하였다. 교사는 학생을 '공부 잘하는 아이', '가능성이 있는 아이', '잘 못하는 아이'로 구분하며 이에 따라 교사와 학생 간의 상호작용과 가르치는 내용 및 방법이 달라진다.

학생을 구분하는 기준은 학생이 속한 사회경제적 계급과 능력인데, 계급은 학생의 지식, 행동, 능력을 분류하는 잠재적인 요인으로 이는 자의적이고 계급 재생산적인 측면이 강하다. 이러한 잘못된 방식으로 학생들을 자의적으로 구분하는 것은 상대적으로 낮은 계급의 있는 학생들에게 더 낮은 학업성취도를 유발할 수 있다.

3) 하그리브스 교사의 유형

하그리브스(D. Hargreaves, 1972)는 교사의 유형을 3가지로 구분하였다. 교사의 자아개념에 따라 맹수조련사형(liontamers), 연예인형(entertainers), 낭만주의형(romantics)으로 나누었다. 교사가 자신을 어떻게 규정하고 수업에서 역할을 하느냐에 따라 학생들의 학습행동과 학업성취에 큰 영향을

줄 수 있다.

맹수조련사형은 학생들에게 필요한 지식을 가르치고 윤리적 행동을 훈련시켜 말 잘 듣는 모범생으로 만드는 것이 교사의 역할이라고 보는 유형이다. 이들은 학생들이 교사의 지시에 충실히 따라야 한다고 생각한다.

연예인형은 학생들이 학습에 흥미를 느끼도록 풍부한 교수자료와 시청각 기법을 활용하여 즐겁게 배우도록 하는 것이 교사의 역할이라고 보는 유형이다. 이들은 학생들의 탐구와 자기주도학습을 강조한다. 낭만주의형은 학생은 누구나 학습하기를 좋아하므로 학습여건을 조성하고 학습자가 스스로 선택할 수 있도록 다양한 학습기회를 제공하는 것이 교사의 역할이라고 보는 유형이다. 이들은 학생들과 상의하여 학습을 결정하고 학생들의 능력을 신뢰하고 요구를 존중한다. 학생들은 어떤 유형의 교사로부터 교육을 받는지, 그리고 본인의 학습스타일과 얼마나 잘 맞는지에 따라 학생들의 학업성취도는 달라질 수 있다.

4) 윌리스의 노동에의 학습: 저항이론(resistance theory)

윌리스(P. Willis, 1990)는 영국의 종합화된 고등학교에 다닌 노동자 계급 출신의 백인 남학생 12명을 대상으로 반 학교 문화 연구를 진행하였다. 이 연구는 노동계급의 학생들이 어떻게 부모님과 같은 노동계급의 직업을 선택하게 되는지를 하위문화의 특성에 비추어 기술하였다. 즉, 자본주의 상황에서 노동이 어떻게 문화적 경험으로 구성되고 있는지, 그리고 어떻게 계급구조의 재생산으로 이어지는지를 밝히고 있다.

그의 연구에 따르면 입학 후 학생들은 1년이 지나면서 학교의 권위와 질서, 지적활동의 가치 및 중요성을 거부하고는 반 학교 문화를 형성하였다. 반학교 문화의 가장 기본적이고 두드러진 특징은 '권위'에 대해 집단적, 개인적으로 저항하는 것이다. 반 학교 문화를 지지하는 비공식적인 또래집단들은 그들의 문화 속에서 자신들이 다른 학생들보다 우월하다는 인식과 정체성을 갖고 나름의 세계인식을 공유한다. 학교라는 공식적인 제도에서 가치 있게 여기는 공부, 실력, 올바른 태도, 자격 등을 부질없는 것으로 여기고, 동료들 간의 우정과 의리를 가치 있는 것으로 여겼다. 또한 '사나이'라면 '얌전이 혹은 범생이'들과는 다르게 자신의 정력과 노련함으로 보여줄 수 있는 육체노동을 중요하게 생각했다.

학교를 거부하고 특히 지적활동의 가치와 중요성을 거부하는 것은 이론보다 실천을 중요하게 다루는 노동문화의 특성을 반영하고 있는 것이다. 또한 남자다움에 가치를 두어 육체노동직을 선택하는 것은 노동문화의 남성 우월주의를 반영하고 있다. 결국 해당 학생들은 기존의 사회와 학교체제에 저항을 하면서도 결국에는 기존의 질서로 인정하는 한계를 보이고 있다. 그러나 학교 내 문화는 학교교육에 대한 도전과 반항으로 그치는 것이 아니라, 새로운 사회질서를 창출하는 변화의 출발점이 될 수도 있다. 즉, 학교가 혹은 교육이 사회변화를 위해 무엇인가를 할 수 있다는 가능성과 희망이 있다는 것이다.

4. 구교육사회학과 신교육사회학의 비교

기능주의와 갈등주의의 구교육사회학과 신교육사회학의의 사회관, 접근방식, 교육, 패러다임/연구방법에 대해서 요약, 정리하면 다음의 〈표 3-3〉과 같다.

첫째 사회관의 경우, 구교육사회학은 사회가 유지되고 존속되는 사회구조의 법칙에 관심을 갖고 있으나, 신교육사회학은 사회구성원의 행위와 그 속에 내재한 의미와 동기에 관심을 갖는다. 둘째 접근방식의 경우, 구교육사회학은 교육과 사회관계에 대한 거시적 접근이나, 신교육사회학은 교육의 내적과정에 대한 미시적 접근을 하고 있다. 셋째 교육의 경우, 구교육사회학은 전체 사회 구조 속에서 학교교육의 기능과 역할에 관심을 갖고 있으나, 신교육사회학은 교육이 이루어지는 학교현장 내부에 대한 관심을 주로 갖는다. 넷째 패러다임/연구방법의 경우 기구교육사회학은 규범적 패러다임과 양적연구에 초점을 두고 있으나, 신교육사회학의 경우, 해석적 패러다임과 질적연구에 초점을 두고 있다.

〈표 4-3〉 구교육사회학과과 신교육사회학 비교

구분	구교육사회학	신교육사회학
사회관	사회가 유지되고 존속되는 사회구조의 법칙에 관심(인간은 수동적 존재)	사회구성원의 행위와 그 속에 내재한 의미와 동기에 관심(인간은 능동적 존재)
접근방식	교육과 사회관계에 대한 거시적 접근	교육의 내적과정에 대한 미시적 접근
교육	전체 사회 구조 속에서 학교교육의 기능과 역할에 관심	교육이 이루어지는 학교현장 내부에 대한 관심
패러다임/ 연구방법	규범적 패러다임 양적연구	해석적 패러다임 질적연구

풀어보기

1. 다음 신교육사회학에 대한 설명 중 가장 틀린 것은 무엇인가?
   ① 교육과정은 사회적 산물이다.
   ② 교사와 학생 간의 관계도 사회적 산물이다.
   ③ 교육과정과 교육 내적과정의 비판적 분석이다.
   ④ 거시적 관점에서 교육과 사회의 직접적인 관계를 강조한다.

2. 다음 보기에서 설명하고 있는 학자를 고르시오.

- 언어사회화 연구를 통해 사회불평등의 문제는 계급 간 세대를 거쳐 재생산되는 계급 간 언어양식의 차이가 가져온나.
- 학교에서는 사용되는 언어와 소통방식은 중간계급이 사용하는 정교화된 어법을 따르고 있어, 하류계급 아이들은 언어를 쉽게 이해할 수 없고, 이는 상대적으로 낮은 학업성취도를 가져온다.

① 영(Young) ②번스타인(Bernstein) ③케디(Keddie) ④하그리브스(Hargreaves)

3. 다음 중 구교육사회학과 신교육사회학에 대한 설명 중 가장 옳지 않은 것은?

	구분	구교육사회학	신교육사회학
①	사회관	사회구성원의 행위와/그 속에 내재한 의미와 동기에 관심(인간은 능동적 존재)	사회가 유지되고 존속되는 사회구조의 법칙에 관심(인간은 수동적 존재)
②	접근	교육과 사회관계에 대한 거시적 접근	교육의 내적과정에 대한 미시적 접근
③	교육	전체 사회 구조 속에서 학교교육의 기능과 역할에 관심	교육이 이루어지는 학교현장 내부에 대한 관심
④	패러다임/방법	규범적 패러다임 양적연구	해석적 패러다임 질적연구

4. 교육과정사회학의 정의에 대해 설명하고, 학교 교육과정 내에 해당되는 사례를 하나 제시하고 이에 따른 자신의 생각을 비판적으로 기술하시오.

READ 생각해보기

국정교과서 이후 6년만에…'자유민주주의' 일방 추가된 새 교육과정에 역사교사들 '실명 선언'(경향신문 남지원 기자, 22.11.28. 16:32)

https://m.khan.co.kr/national/education/article/202211281632001#c2b

전국역사교사모임 소속 교사 1,191명은 "교육부는 역사과 교육과정에 대한 일방적 수정을 중단하라"고 촉구하는 실명 선언문을 28일 발표했다. 역사교사들이 교과서 문제로 단체행동에 나선 것은 박근혜 정부 시절인 2016년 역사교과서 국정화 사태 이후 처음이다.

교육부를 향한 역사교육학계의 비판은 계속되고 있다. 지난 24일에도 역사교육연구회 · 역사교육학회 · 역사와교육학회 · 웅진사학회 · 한국역사교육학회 등 5개 학회가 "보편적 민주주의와 구별되는 '자유민주주의'는 이미 반공주의적 이념 편향성이 강한 언어로 이해되고 있다"며 "교육부의 임의 수정은 교육과정 개정이 지녀야 할 절차적 정당성을 훼손한 것"이라고 지적했다.

기존 고등학교 한국사 교육과정의 학습요소와 성취기준 해설에 명시돼 있던 제주 4 · 3 사건이 새 교육과정에서는 빠진 것에 대해서도 유족회와 제주도의회 등이 반발하고 있다. 행정예고대로 교육과정이 개정될 경우 4 · 3 사건을 교과서에서 다뤄야 할 근거가 사라지고, 출판사의 판단에 따라 수록 여부가 결정된다.

총론 노동교육 · 생태전환교육 삭제, 사회과 '성소수자' 용어 삭제 등에 대해서도 반대 목소리가 끊이지 않고 있다. 민주노총은 행정예고 마감일인 이달 29일 기자회견을 열어 교육과정 총론에서 삭제된 노동교육을 되살려야 한다고 주장하기로 했다. 국제앰네스티 한국지부는 28일 "성소수자를 지칭하는 용어를 의도적으로 삭제하는 것은 유엔 아동권리위원회의 권고에 반하는 행위"라고 지적하는 서한을 이주호 교육부 장관에게 보냈다고 밝혔다.

2022 개정 교육과정에 대한 행정예고 기한은 이달 29일이다. 교육부는 행정예고 기간 수렴한 의견 등을 이번 주 중 공개하고, 이를 반영해 다음 달 초까지 국가교육위원회에 상정할 최종안을 만들 예정이다. 국가교육위원회가 새 교육과정을 심의해 의결하면 교육부가 연말까지 확정 · 고시하고, 2024년 초등학교 1 · 2학년을 시작으로 차례대로 학교 현장에 적용된다.

▶ 신교육사회학과 교육과정사회학은 학교에서 가르치는 교육과정 혹은 교육내용이 보편적이거나 객관적이지 않다고 주장한다. 학교에서 가르치는 내용의 객관성이나 진리성에 대해 의문을 가진 적이 있는가? 있다면 어떤 내용인지 이야기해 봅시다.

CHAPTER 5

사회화와 교육

학습목표

1. 사회화의 개념을 설명할 수 있다.
2. 사회화에 대한 다양한 관점을 기술할 수 있다.
3. 다양한 주체에 의한 사회화 과정의 차이를 비교할 수 있다.

개인은 사회 구성원으로서 삶을 영위하며, 그 과정에서 이루어지는 상호작용을 통해 '자기 자신의 모습'을 갖춰나가게 된다. 각 개인은 자신을 둘러싼 환경, 다른 사회 구성원들과의 관계 속에서 성장해 간다. 그렇다고 해서 일방적으로 영향을 받기만 하는 것은 아니며, 누구나 원활하게 그 과정을 거치는 것도 아니다. 이 장에서는 사회화의 개념과 과정을 검토하고, 영향을 미치는 다양한 요소들에 대해 살펴본다.

1. 사회화의 개념

아리스토텔레스의 '인간은 사회적 동물이다'라는 표현은 잘 알려진 문구인 동시에 우리가 개인으로 존재하기는 하지만 사회 구성원으로서 다른 사람들과 상호작용하며 삶을 영위할 수밖에 없음을 짐작할 수 있게 한다. 태초의 상황을 가정해 볼 때, 인간은 생존을 위해 혼자보다는 집단을 이루는 것이 유리했을 것이다. 예컨대, 위협적인 적이나 동물의 위협에 개인보다는 집단을 이루어 대응하는 것이 생존 가능성을 높이는 방식이었을 것이다. 그리고 이런 집단 혹은 공동체는 모든 구성원에게 특정 사회적 기술과 규범의 공유를 요청한다. 사회화란 공동체의 구성원으로서 요청되는 기술이나 지식 등의 습득 과정을 의미한다. 말하자면 사회화는 한 개인이 집단 경험이나 개인적으로 독특한 경험을 통해 문화나 가치 등을 학습하여 선택적으로 습득하는 과정이라 할 수 있다(Sewell, 1963).

현대 사회에서 개인은 사회화 과정을 통해 국가나 민족이 공유해 온 문화, 가치 체계 등을 학습하게 된다. 이 점에서 교육은 다음 세대를 사회화하는 기능을 담당해 왔으며, 각 사회가 제공하는 교육을 받아야만 그 사회가 지향하는 인간다운 인간이 되는 것이 가능하다. 이와 관련하여 한세기전에 발표된 뒤르켐(E. Durkhein, 1923 / Education in Society) 의 이론은 여전히 눈여겨 볼만하다.

[그림 5-1] 에밀 뒤르켐

그는 교육을 아직 사회생활에 대한 준비가 완료되지 않은 어린 세대에 대한 성인 세대의 영향력 행사로 규정하고, 교육을 통한 사회화를 보편적 사회화와 특수 사회화로 구분하고 있다. 보편적 사회화는 사회 구성원 모두가 공유하여 하나의 공동체를 이루는 기반이 되는 것들로 이루어진다. 예를 들어, 1997년 7차 교육과정부터 등장한 국민 공통 기본 교육과정이 여기에 속한다. 국민 공통 기본 교육과정은 모든 국민이 반드시 학습해야 하는 기본 교육과정으로, 2009 개정 이후 공통교육과정으로 초1부터 고1까지 10년 동안 통합 교육과정을 이수하게 된다. 이에 비해 특수 사회화는 사회의 하위 집단이 공유하고 있는 기술이나 지식, 태도 등을 습득하는 것을 의미한다. 이것은 모든 사회 구성원들이 공유하고 있는 것은 아니지만 해당 집단 혹은 공동체의 구성원이라면 누구나 알고 있는 것을 의미한다. 예를 들어 유치원 교사라는 직무 수행을 위해 필요한 지식이나 기술 등은 유치원 교사나 예비 유치원 교사들에게는 특수 사회화의 내용이 된다. 그러나 유치원 교사가 아닌 사회 구성원은 영유아를 대상으로 하는 다양한 교수법과 같은 지식이나 아이들의 발달 단계에 따른 특징과 그것을 이해하고 대처하는 태도 등을 익힐 수도 있고, 그렇지 않을 수도 있다.

사회화의 개념은 성숙이나 발달의 개념과 구분하여 이해될 필요가 있다. 성숙은 대체로 신체의 자연스러운 성장에 따라 발육이 완성 단계에 가까워지는 것을 의미한다. 성숙의 개념은 대체로 신체의 성장에 초점을 맞추어 이해되며, 성장 주체의 자발성, 자연성을 포함하고 있다는 점에서 사회화와 구분된다. 발달은 단순한 구조에서 복합적인 구조로 변화하는 과정을 의미한다. 발달의 개념은 발달 주체의 상황에 따라 혹은 그를 둘러싼 환경 조건에 따른 차이를 인정해야 한다는 점에서 사회화의 개념과 구분된다. 말하자면 사회화는 한 개인이 사회 구성원이 되는 과정으로서 자신을 둘러싼 환경과의 지속적인 상호작용을 통해 공동생활과 문화적 유산의 습득이 이루어지는 것을 의미한다. 특정 국가나 민족이 형성해 온 고유의 문화유산은 사회화의 목적이자 내용이 되는 셈이다.

사회화 과정이나 내용은 지역이나 시대에 따라 다소 차이가 날 수 있지만, 다음 세대를 기존의 사회 체제에 동화시킨다는 점은 공통적인 특징이다. 이런 맥락에서 메이어(Mayer, 1970)는 사회화를 인간이 사회적 존재로서 요구되는 역할 수행 능력을 습득하는 과정으로 설명한 바 있다. 예를 들어 우리는 한국 사회의 구성원으로서 필요한 태도, 가치, 문화 등을 사회화 과정을 통해서 습득하게 된다. 연장자에게는 존댓말을 사용하고, 허리를 굽혀 인사를 하며, 세는 나이와 연 나이를 구분해 사용한다. 한국 사람이라고 해서 선천적으로 한국 사람다움을 갖고 태어나는 것이 아니라 한국 사회에서 삶을 살아가는 과정을 통해 학습 · 습득하게 된 것이다. 말하자면 모든 인간은 사회화의 과정을 통해 인간다운 인간, 완성된 사회 구성원의 한 사람으로 성장하게 되는 것이다.

사회화의 개념을 위와 같이 설명하고 나면, 몇 가지 흥미로운 질문을 던질 수 있다. 하나는 인간의 인간다움이 유전과 같은 생득적인 부분과 사회의 영향과 같은 후천적인 부분 사이의 균형에 대한 것이다. 유전적으로 상당 부분 닮은 일란성 쌍둥이의 삶은 어떠한가? 이런 쌍둥이 연구는 인간 발달에 있어서 유전과 환경의 영향을 비교 논의하는 토대가 되고 있다. 만약 유전이 환경보다 많은 영향력을 행사한다면, 일란성 쌍둥이와 이란성 쌍둥이를 비교할 때 일란성 쌍둥이가 더 많은 부분 닮아 있어야 한다. 왜냐하면 일란성 쌍둥이는 이란성 쌍둥이보다 더 많은 유전적인 요인을 공유하기 때문이다. 일란성 쌍둥이는 같은 성을 가지고 거의 100%에 가까운 유전인자를 공유한 쌍둥이로서 전체 쌍둥이 중 30% 정도를 차지한다. 그러나 환경이 유전보다 많은 영향력을 행사한다면, 일란성 쌍둥이와 이란성 쌍둥이 사이의 유사성은 큰 차이가 없을 것이다. 쌍둥이 연구는 Galton(1869)을 비롯하여 Zacco(1960), Bouchard & McGue(1981)에 이르기까지 이어져 오고 있다. Kamin(1981)은 쌍둥이 연구 결과들을 검토하며, 쌍둥이의 지능 형성에 유전적인 요인이 영향을 주기는 하지만 환경적인 요인도 영향을 미치고 있음을 지적한다. 말하자면 인간의 발달은 생득적인 부분과 후천적인 부분 모두로부터 영향받으며, 각 개인이 처한 상황이나 조건 등에 따라 그 영향의 정도는 차이가 있을 수 있다.

다른 하나는 특정 사회 구성원을 형성하려는 사회화는 항상 긍정적 혹은 성공적인가에 대한 것이다. 모든 사회 구성원들이 사회화 과정에 자발적으로 동의하는가? 사회 규범에 저항하거나 새로운 규범의 필요성을 주장하는 경우는 없는가? 실제로 우리는 사회 규범에 저항하는 사례를 주변에서 쉽게 찾을 수 있다. 2020년 이후 팬데믹 상황에서도 마스크나 백신에 대한 거부, 불신 등을 표하는 사람이 있는가 하면, 각종 비행이나 범죄에 이르는 행위 또한 하루가 다르게 일어나고 있다. 사회화에 대한 저항이나 부적응은 사회가 발전하면 할수록, 복잡해지면 복잡해질수록 더욱 심각해지고 있다. 4차 산업혁명에 이르기까지 산업의 발달은 사회 전반에 걸친 변화를 가져왔으며, 횟수를 거듭할수록 사회의 변화 속도나 발전의 정도를 더해 가고 있다. 그 과정에서 변화에 따라가지 못한 채 단절되거나 혼란에 빠진 개인이나 집단이 생겨나고 있다. 리스먼(Riesman, 1962)이 말한 문화 실조, 즉 환경의 결핍으로 인해 발달 전반에 걸쳐 어려움을 갖게 되는 현상이 나타나게 된다.

[그림 5-2] 사회화에 영향을 미치는 요소

두 가지 질문 외에도 앞서 잠깐 언급했던 사회화의 지속성에 대한 질문의 제기도 가능하다. 사회화는 개인의 삶이 영위되는 내내 이루어지는 것인가, 아니면 특정 기간에만 이루어지는 것인가? 사회화와 관련된 전통적인 이론들은 사회화를 대체로 생애 초기에 이루어지는 것으로 상정해 온 경향이 있다. 예를 들어 피아제(Piaget, 1970)의 인지발달단계 이론이나 프로이트(Freud, 1961) 정신분석학적 이론은 특정 시기에 인간의 발달이 집중적으로 이루어진다고 설명한다. 상대적으로 미드(Mead, 1928)나 에릭슨(Erickson, 1938) 등은 인간의 발달이 성인기에 도달하면 끝나거나 완결되는 것이기보다 이전과 다른 측면에서 어떤 식으로든 발달이 이루어지는 것으로 설명한다.

지금까지 살펴본 바와 같이 사회화는 한 개인으로 하여금 그가 속한 사회의 구성원이 되는 총체적인 과정을 의미한다. 개인은 사회화의 대상인 동시에 사회화의 내용을 선택할 수 있는 주체로서 삶을 영위하게 된다. 사회화의 개념을 이해하는 데에는 복잡한 논쟁점들, 즉 선천적인 것인지 후천적인 것인지, 사회화의 결과는 긍정적인지 부정적인지, 사회화의 기간은 제한된 것인지 삶의 전체를 통해 이루어지는 것인지 등이 포함되어 있다. 다음 장에서는 이와 관련한 다양한 이론들을 살펴봄으로써 사회화 개념을 구체적으로 이해하도록 한다.

2. 사회화에 대한 논의

사회화의 과정에서 사회와 개인의 관계에 대한 관점은 크게 두 가지로 나누어 볼 수 있다. 하나는 사회에 보다 초점을 맞추어 개인이 사회의 가치나 규범 체계에 적응해 가는 과정으로 보는 것이다. 이런 관점에 의하면, 사회화는 무엇보다 집단의 문화전달에 초점을 맞춘 것이라 할 수 있으며, 사회적 영향의 결과로써 한 개인이 체험하고 수행해야 할 발달과 변화의 과정인 셈이다(Gecas, 1979). 다른 하나는 각 개인이 저마다 다른 경험을 통해 사회 구성원으로 성장 및 발달해 가는 과정으로 보는 것이다. 이런 관점에 의하면, 사회화는 성인으로서 개인이 가지고 있는 잠재력을 끄집어내어 사회 내에서 그것을 발휘할 수 있도록 하는 과정이라 할 수 있다. 사회화의 초점을 어디에 맞추든지 간에 기본적으로 사회화는 사회 맥락 속에서 이루어지며, 사회 구성원으로서의 모습을 갖추어 가는 것이라는 점은 공통적이라 할 수 있다.

그렇다면 사회화 과정은 개인의 삶이 이루어지는 전 과정에 걸쳐 이루어지는 것인가 아니면 특정 시기에는 이루어지는 것일까? 대부분의 고전적 사회화 이론은 아동기, 생애 초기에 집중적인 사회화가 이루어진다고 보는 데 비해 조지 미드(G. Mead, 1968)를 비롯한 마거릿 미드(M. Mead, 1928), 베네딕트(Benedict, 1938) 등의 학자들은 성인기까지 사회화가 지속된다고 이야기하기도 한다. 이 외에도 사회화 과정이 모든 개인에게 동일하게 이루어지는 것인지, 사회 체계에 따른 차이는 없는지 등에 대한 논의의 여지도 남아 있다. 결국 개인은 사회화의 대상인 동시에 사회화의 주체로서 사회 구성원들이 공유하고 있는 가치 혹은 규범 체계와 어떤 관계를 형성하는가에 따라 사회화의 모습은 달라질 수 있을 것이다. 실제로 사회화에 대한 이론은 여러 학자들에 의해 다양하게 제시되어 오고 있다.

3. 사회화의 이론

사회화에 대한 초기 연구들은 개인의 자아 형성에 미치는 사회 영향을 규명하는 데 논의의 초점을 맞추어 왔다. 이런 논의들은 크게 심리학적 접근과 사회학적 접근으로 나누어 볼 수 있다. 프로이트와 피아제를 중심으로 한 심리학적 접근은 개인의 심리적 발달 과정에 미치는 사회의 영향을 중심으로 사회화 과정을 설명하며, 쿨리와 미드로 대변되는 사회학적 접근은 사회적 상호작용을 통한 자아의 형성을 사회화 과정으로 설명한다.

1) 프로이트의 이론

프로이트는 원초적 자아(id), 자아(ego), 초자아(superego)의 성격 체제에 기반한 사회화 이론을 제시한다. 원초적 자아는 성격 형성의 가장 근본적인 부분으로 본능의 지배를 받는다. 이에 비해 초자아는 자아의 이상적인 측면으로 원초적 자아의 본능을 억제하고 조절한다. 자아는 원초적 자아와 초자아 사이에서 현실의 원리를 추구한다. 프로이트의 이론에 의하면, 인간은 성숙해질수록 원초적 자아의 욕구를 충족시키는 동시에 초자아가 지향하는 이상적인 모습 사이에서 자아가 균형을 형성하게 된다. 자아가 원초적 자아 혹은 초자아 어느 편에 가까운 선택을 하느냐에 따라 개인의 성격이 달라지게 되는 것이다. 이 과정에서 자아는 이상적인 모습 혹은 모방의 대상을 통해 욕구를 표출하게 된다.

심리성적 발달 단계는 5단계로 나누어 진행된다. 1단계 구순기, 2단계 항문기, 3단계 남근기, 4단계 잠복기, 5단계 생식기이다. 모든 개인은 1~5단계까지의 발달 과정을 거치게 되며, 단계 사이에는 위계가 존재하여 단계별로 주어진 과제를 성공적으로 수행하지 못하는 경우에는 이후의 발달에도 영향을 주는 것으로 설명한다. 예컨대, 항문기 시절 이루어지는 배변 훈련은 지나치게 깨끗하거나 반대로 비위생적인 성격을 형성하는 데 영향을 줄 수 있다. 남근기에 나타나는 특징 중 하나인 오이디푸스/엘렉트라 콤플렉스는 동일시를 통해 극복되며, 사회의 요구를 내면화하고, 한 사람으로 성장하는 과정을 거치게 된다.

2) 피아제의 이론

피아제의 인지발달 이론은 아동의 인지가 단계적으로 발달하게 된다는 것을 보여주는 널리 알려진 이론 중 하나이다. 사회화와 관련하여 피아제의 이론은 사회적 상호작용과 동화와 조절 작용과 관련하여 검토될 필요가 있다. 말하자면 피아제는 개인의 경험과 사회적 상호작용이 인지적 발달 단계에 따라 다르게 작용함을 지적한다. 그에 의하면, 한 단계에서의 숙달은 다음 단계로의 발달로 이어지며, 이런 발달은 점진적으로 확대된다. 아동은 일종의 인지 도식이라 할 수 있는 쉐마(schemas)를 가지고 있다. 여기에 새로운 경험이 더해지게 되면, 기존의 쉐마에 새로운 경험을 동화시키고, 본래 가지고 있던 쉐마를 조절해 나가게 된다. 예컨대, '다리가 4개인 동물은 소'라는 쉐마를 가지고 있는 아이는 다리가 4개이면서도 소와 다른 동물, 개나 고양이 등을 통해 '다리가 4개인 동물 중에 음메라고 우는 건 소, 멍멍이라고 우는 건 개, 야옹이라고 하는 건 고양이'와 같은 형태로 인지 도식을 개발해 나가게 된다. 이와 같은 활동을 통해 개인은 자신이 처한 환경과 상호작용하며, 그 사이에서 균형을 유지하려는 경향이 있다. 피아제는 감각운동기, 전조작기, 구체적 조작기, 형식적 조작기로 구분되는 인지발달 이론과 타율적 도덕성과 자율적 도덕성으로 구분한 도덕성 발달 이론을 제시한 바 있으며, 개인의 생애를 통해 동화와 조절 작용이 지속적으로 이루어지는 것으로 설명한다.

3) 쿨리의 이론

쿨리의 거울 자아 이론은 각 개인의 자아 형성 과정을 거울에 비유한다. 우리는 외출하기 전에 거울을 보면서 내 모습을 살펴본다. 이와 유사하게 다른 사람이 나에 대해 어떻게 생각하고 판단하는가를 통해 자아를 형성하고 성찰할 수 있다. 말하자면 인간은 자신의 모습을 형성해 가는 과정에서 거울과 같이 자신을 비춰주는 타인의 생각이나 판단이 필요한 셈이다. 내가 친절한 사람인지, 유쾌한 사람인지 혹은 냉소적인 사람인지, 타인을 불편하게 하는 사람인지는 주변 사람들의 평가에 달려있는 셈이다. 쿨리는 이렇게 형성된 자아를 '거울의 자아(looking glass self)'라고 설명한다.

그에 의하면, 자아의 형성은 세 단계를 거쳐 형성된다. 1단계는 인식의 단계이다. 이 단계에서 우리는 다른 사람들이 나를 어떻게 보는지를 궁금해하며, 타인이 바라보는 내 모습을 성찰한다. 2단계는 평가의 단계이다. 인식의 단계를 통해 알게 된 내 모습을 다른 사람들이 어떻게 판단하고 평가할지 상상한다. 3단계는 변화의 단계이다. 이 단계에서 우리는 다른 사람들이 바라보는 내 모습 중 변화시키고자 하는 것을 발견하게 되며 자신의 생각을 중심으로 내 모습의 변화를 시도한다. 즉 스스로 생각할 때 타인에게 긍정적으로 비치는 부분은 강화하려고 하고, 부정적으로 비치는 부분은 나아지려고 노력하게 된다. 3단계를 거쳐 각 개인은 다른 사람이 바라보는 객관화 된 '나'를 이해하고 평가하는 자기 성찰을 경험하게 된다. 결국 아이들은 자라면서 타인의 거울에 비친 모습을 통해 자신의 모습을 성찰하게 되고, 이 과정에서 가치나 규범을 내면화하게 되는 사회화 과정을 거치게 된다.

4) 미드의 이론

미드의 상징적 상호작용이론은 사회 심리학 이론을 바탕으로 개인의 자아는 타인의 반응과 타협의 결과로 보는 관점이다. 이런 관점에 따르면, 개인은 일상생활 속에서 언어, 문자, 몸짓과 같은 상징을 주고받게 되며, 이런 상호작용 속에서 상대방의 행위의 의미를 이해하고 상황에 적절한 자신의 행위를 학습하게 된다. 이 과정은 사회적 자아의 획득 과정이라 할 수 있으며 일종의 사회화인 셈이다. 이 과정은 사회에 따라 같은 행동이라도 다른 의미로 해석될 여지를 갖는다. 예컨대, 우리나라에서 엄지손가락을 위로 치켜세운 손짓은 무엇인가를 칭찬하는 등 긍정적인 의미를 가지지만 태국이나 호주, 일부 아프리카 지역에서는 상대방을 모욕하는 부정적인 의미를 갖는 경우도 있다.

미드는 상호작용 과정에 참여하는 개인을 성격에 따라 '의미 있는 타인', '주체로서의 나'와 '객체로서의 나' 개념을 제시한다. 개인이 성장하면서 사회의 규범이나 관습을 배울 때 부모나 교사의 행동을 모방하게 되는데 이런 사람들은 여타의 다른 사회구성원들에 비해 개인의 사회화에 많은 영향력을 행사한다는 점에서 '의미 있는 타인'이라 할 수 있다. 사회화는 '의미 있는 타인'의 행동을 넘어 일반화된 사회적 준거의 학습을 필요로 하며, 자신이 속한 사회 구성원들이 공유하고 있는 관점의 이해를 통해 사회성을 형성하게 된다. 이 과정에서 개인은 사회의 규범 체계를 수동적으로 받아들이기만 하는 것이 아니라 자신의 관점에서 판단하고 변형

하는 등 능동적 부분을 가지고 있다. 미드는 위 두 가지를 '주체로서의 나'와 '객체로서의 나' 개념을 통해 구분한다. 즉 주체로서의 나는 사회의 가치나 규범 체계를 주관적 관점에서 판단하고 창조하는 자율적인 모습인데 비해, 객체로서의 나는 사호의 가치나 규범 체계의 수용하는 소극적인 모습을 의미한다.

5) 근래의 이론

이현청(2003, 2005)과 크로스(Cross, 2003)는 오늘날 인간은 사이버 공간과 물리적 공간의 결합 된 세상 속에서 가상 세계와 현실 세계를 혼동할 수밖에 없는 상황에 처해 있으며, 디지털 세계의 구성원으로서 요구되는 사회화 과제에 직면해 있음을 지적한다. 가상 세계와 현실 세계의 혼돈은 현실에서의 나와 다른 가상 세계의 나, 즉 제2의 자아 등장을 가능하게 한다. 예컨대, 2009년 개봉된 영화 '아바타'의 주인공 제이크 설리는 아바타 프로그램을 통해 나비족의 일원이라는 제2의 자아를 갖게 된다. 현실세계의 자아가 가상 공간에서 많은 시간을 보내다 보면 두 세계를 혼동하거나, 이성적 판단보다는 비이성적 판단이나 감성적 판단을 할 가능성이 높아질 수 있다. 이현청(2019)은 도덕적 무감각증, 과도학 공격성, 가치판단의 혼란 등을 '사이버 자아'와 현실 속 자아가 결합 된 '제2의 자아'의 형성 과정에서 나타나는 현상으로 설명한 바 있다.

4. 사회화와 교육

사회화는 개인이 사회의 구성원이 되어가는 과정과 결과를 의미한다. 개인이 사회의 구성원이 되어간다는 것은 다른 사회 구성원들이 공유하고 있는 문화, 행동 양식, 사고나 감정 등 삶 전반에 걸친 가치의 내면화를 의미한다. 예컨대, 사회의 법이나 질서 체계 등을 받아들이는 것이다. 이 과정은 교육을 통한 개인의 성장 과정과 함께 이루어진다 해도 과언이 아니다.

교육을 통한 사회화에 대해서는 거시적 관점과 미시적 관점에서의 해석이 달라질 수 있다. 거시적 관점에서 보면 사회화는 이전의 사회 체계를 유지 · 발전시키기 위해 필수적인 과정이라 할 수 있다. 사회 구조 및 체계에 대한 학습과 그것의 존속 · 유지는 새로운 사회 구성원들이 종전의 사회 구성원과 가치 체계를 공유할 때 비로소 가능해진다. 교육을 통한 사회화는 각 개인의 욕구 충족과 자아실현을 이전의 사회 체계 안에서 가능하게 한다는 점에서 필수적이다.

이와 달리 사회화를 불평등한 구조의 재생산으로 설명할 수도 있다. 교육을 통해 학습되는 사회 체계가 이미 불평등한 구조를 포함하고 있으며, 특정 계층이나 사람들에게 유리한 내용을 학습시킨다는 관점이다. 이런 관점에서 보면, 사회화는 지배 집단에는 익숙한 이데올로기를 재생산하며, 피지배 집단은 지배받는 상황 자체를 당연하게 여기거나 혹은 지배받고 있다는 사실 자체를 인식하지 못하게 함으로써 불평등한 구조를 고착화하는 기제라 할 수 있다.

미시적 관점에서 보면 사회화는 사회 구성원들 간의 상호작용을 통해 일어나는 것으로서 각 개인이 어떤 사람들과 상호작용하는지에 따라 다양한 양상으로 나타날 수 있다. 개인은 사회화를 통해 타인과 원활한 상호작용 방식을 학습해 나가는 셈이다. 예를 들면, 타인의 특정 반응에 내가 어떻게 생각하고, 행동해야 하는지를 아는 것이 여기에 속한다.

이런 사회화가 이루어지는 대표적인 기관에는 가정, 또래집단, 학교, 대중매체 등이 있다. 각 기관은 고유의 특징을 가지고 있다. 영·유아기 사회화는 가정과 또래 집단, 유아 교육 기관 등 다양한 기관을 통해 이루어지며, 최근에는 가정의 역할이 축소되는 대신 다른 사회화 기관의 역할이 증대되고 있다는 점에서 사회화를 담당하는 기관들의 특징을 눈여겨볼 필요가 있다.

1) 가정

가정은 개인의 출생과 동시에 속하게 되는 공동체이다. 영유아기 아이들은 가정에서의 생활을 통해 생존에 필요한 사회적 기술들을 익히게 되며, 나 이외의 타인과의 관계 맺는 과정을 거치게 된다. 가정은 최초의 사회화 기관이자 사회생활의 기본 단위로서 인격의 형성 과정에 가장 큰 영향을 미치는 사회화 기관이라 할 수 있다.

전통적으로 가정은 성질서 유지 기능, 애정의 교환장소, 사회적 신분과 지위 부여 기능, 보호 기능, 생산과 소비의 공동체, 교육 기능 등을 수행해 왔다(차경수 외, 1995). 현대 사회 들어 가정은 형태와 구조에 있어서 상당한 변화 양상을 드러내고 있다. 예컨대, 일인 가정의 증가, 자녀 수 감소 등은 사회 전반의 구조를 바꾸어야 하는 상황을 야기하고 있다. 가정의 사회화 기능은 무엇보다 가정 구성원 간의 상호작용을 통해 이루어지게 된다. 오늘날 가정에서 형제, 자매를 가진 경우가 줄어들고 있음을 염두해 볼 때, 부부의 역할이 더욱 중요해지고 있다. 부부 사이의 관계는 자녀에게는 사회화에 있어서 가장 중요한 환경이라 할 수 있다. 최근 우리 사회는 맞벌이 가정, 조손가정, 한부모 가정 등 다양한 가정의 유형이 등장하고 있으며, 가정마다 또 성인 구성원들의 역할에 따라 사회화의 차이가 발생하고 있다. 다양한 환경 속에서 아이들에게 적절한 사회화가 이루어지기 위해서는 성인 구성원, 즉 부모의 역할에 대한 인식과 이를 가능하게 하는 부모교육이 필요할 것이다.

2) 또래 집단

또래 집단은 비슷한 연령대의 친구 집단을 의미하는 것으로서 영유아 시기 가정 다음으로 맞이하는 사회화 기관이다. 개인은 친구와의 놀이 및 상호작용 등 수평적인 사교 관계를 맺게 되며, 이를 통해 상호 지켜야 하는 예의, 함께 놀이하기 위한 규칙과 규율, 자기 자신의 욕구에 대한 조절 등을 익혀나가게 된다. 또래 집단은 친구들과의 우정을 통해 형성되며, 상호 대등한 관계를 맺는다는 점에서 다른 사회 집단과 차이를 가지고 있다. 영유아 시기 또래 집단과의 상호작용은 다양한 놀이를 중심으로 이루어진다는 점에서 인성 발달뿐만 아니라 다양한 역할을 습득하는 장이 된다. 또래 집단은 유아들에게 사회적 소속감을 갖게 할 뿐 아니라 다양한 사회적 기술 습득을 가능하게 하는 환경을 제공하는 셈이다(이종각 · 문수백, 2011).

영유아기 또래 집단의 사회화 기능이 갖는 의미에 대한 연구는 능동적인 또래 관계의 형성이 취학 전 유아들에게 사회적 유능성을 갖도록 한다는 것을 밝힌 바 있다(Waters & Sroufe, 1983). 즉 영유아 시기의 성장은 또래 관계의 형성을 통해서도 이루어진다. 또래 관계 형성에 있어서 긍정적인 경험을 갖게 되는 경우는 타인과의 성공적 관계 형성, 자기 조절력이나 자기효능감이 높게 나타나는 데 비해, 그렇지 못한 경우에는 취학 이후에도 사회적 어려움을 겪는 것으로 알려져 있다(이종각 · 문수백, 2011).

3) 학교

학교는 가정이나 또래 집단과 달리 계획적 · 의도적인 사회화 기관이다. 학교는 사회 구성원들이 공유하고 있는 보편적인 가치, 문화 등을 요약 · 정리하여 다음 세대에 전달하는 기관이다. 그러다 보니 사회화의 목적이나 내용 등에 있어서 가정이나 또래 집단과 구분되는 특징을 가지고 있다. 첫째, 학교는 계획적 · 의도적 사회화 기관이다. 학교는 교칙을 중심으로 한 규정 체계를 가지고 있으며, 공식화된 교육과정을 전수하고, 이를 전담하는 교사와 지원하기 위한 인프라를 갖추고 있다. 둘째, 학교는 사회화의 모델로서 교사를 통한 교육이 이루어진다. 이 과정에서 교사는 학생과 수직적 혹은 수평적 관계를 맺게 되며, 교사의 권위나 수업 방법 등 학생들의 삶에 상당한 영향을 미치게 된다. 즉 비공식적인 잠재적 교육과정의 학습이 이루어지게 되는 부분이다.

유치원은 유아기 아이들의 공식적인 사회화 기능을 담당하고 있다. 유치원을 통해 아이들은 나와 다른 아이들과 협동하기도 하고, 경쟁하기도 하며, 성취에 따른 평가를 받기도 한다. 우리나라의 누리과정은 공식화된 유치원 교육과정으로서 아이들에게 전달 · 전수해야 하는 내용을 담고 있다. 우리나라에서 유치원을 통해 이루어지는 사회화는 일반적인 문화의 전달뿐만 아니라 미래의 삶이나 직업 준비, 상급 학교 교육과의 연계 등은 염두에 두고 이루어지고 있다.

4) 대중매체

현대 사회에서 대중매체는 TV, 라디오를 비롯하여 인터넷, 스마트폰, SNS 등 다양한 형태로 현대인들의 삶에 투영되고 있다. 대중매체는 일반적으로 수용자에게 정보제공, 교육, 오락제공, 수용자를 설득하거나 어떤 제안을 하는 기능을 담당해 왔다(Schramm, 1971: 19). 정보통신 기술의 발달은 대중매체가 수행할 수 있는 기능을 다양화하고 그 비중 또한 늘어나 중요한 것으로 만들고 있다. 예를 들어 스마트폰의 대중화와 SNS 등은 사람들로 하여금 익명성을 가진 대중과의 양방향 의사소통을 가능하게 하고 있으며, 엄청난 양의 정보 생산은 정보 검색 능력과 더불어 종합적 · 비판적 사고를 통한 판단력 또한 요청하고 있다.

스마트폰의 대중화는 미디어의 역할이나 접근성을 놀라울 만큼 개선하였고, 누구나 언제 어디서든 미디어를 이용할 수 있게 만들었다. 여기에는 긍정적인 측면도 있지만 미디어의 지나친 활용과 같은 부정적인 측면도 발생하고 있다. 2021년 1월 한국언론진흥 재단이 발표한 〈2020 어린이 미디어 이용 조사 보고서〉에 의하면, 우리나라 어린이들은 하루 평균 4시간 45분 미디어를 접하고 있다. 연령대별로 보면, 만 3~4세 약 4시간 8분을 시작으로 만 7~9세 약 5시간 36분으로 연령이 늘어날수록 하루 사용시간이 늘어나고 있다. 세계보건기구(WHO)의 권고 사항이 만 2~4세 1시간 미만 사용인 점을 고려하면 매우 심각한 상황이다.

풀어보기

1. 다음 중 사회화와 관련이 적은 것은?

① 가정

② 반려동물

③ 또래집단

④ 학교

⑤ 대중매체

2. 사회화를 다음의 보기와 같이 설명한 사람은 누구인가?

- 개인의 자아는 타인의 반응과 타협의 결과
- 개인은 일상생활 속에서 이루어지는 상호작용 속에서 상황에 적절한 자신의 행위를 학습하는 사회화가 이루어짐

①피아제

②쿨리

③미드

④프로이트

⑤크로스

3. 다음 보기의 빈칸에 들어갈 적절한 말은 무엇인가?

사회화의 개념은 (A)이나 (B)의 개념과 구분하여 이해될 필요가 있다. (A)은 대체로 신체의 자연스러운 성장에 따라 발육이 완성 단계에 가까워지는 것을 의미하며, 성장 주체의 자발성, 자연성을 포함하고 있다는 점에서 사회화와 구분된다. (B)은 단순한 구조에서 복합적인 구조로 변화하는 과정을 의미하며, 상황이나 환경 조건에 따른 차이를 인정해야 한다는 점에서 사회화의 개념과 구분된다.

A: (   )

B: (   )

READ 생각해보기

영화 아바타

2150년대 인류는 자원 채취를 위해 판도라 행성을 개발하려 한다. 판도라는 거대 암석이 공중에 부유하고, 커다란 나무들이 밀림을 이루고 있는 신비로운 행성이다. 이 과정에서 인류는 판도라의 원주민인 나비족과 접촉하고, 이들과 더 잘 교류하기 위해 인간과 나비족의 DNA를 섞어 만든 인공육체를 인간이 조종하는, 말 그대로 분신(avatar)을 만들어 낸다. 제이크 설리는 하반신마비 장애인인 전직 해병 출신이지만 본래는 형인 톰 설리가 조종할 예정이었던 아바타를 형의 죽음으로 인해서 그가 대신하여 판도라로 파견되어 물려받아 조종하게 된다.

어느 날 아바타의 몸으로 팀들과 수색 작적을 펼치던 도중 여전사 네이티리를 만나게 되고, 그들과 동화되는 방법을 배우게 된다. 이 때부터 제이크는 스파이로 나비족에 더욱 깊숙히 침투하여 그들의 모든 특성들을 파악하고 상세히 보고하라는 지시를 받게 된다.이후 몇 달동안 제이크는 나비족의 언어와 생활방식, 문화 등을 익히게 되며, 차츰 나비족의 삶의 방식에 적응하게 된다. 제이크와 네이티리는 서로 마음을 열고 사랑에 빠지게되며, 제이크는 정식으로 나비족의 일원이 되는 의식까지 치르게 된다.

이후 제이크는 나비족의 편에 서서 인간과의 전쟁을 선택하게 되며, 그 전쟁을 승리로 이끌게 된다. 영화의 마지막 장면은 제이크가 인간 육체에서 아타바 육체로 정신을 이동시키는 의식을 치르게 되며, 앞으로 나비족으로서 삶을 살게 되었음을 암시한다.

▶ 위 줄거리를 읽고 다음의 문제에 대해 생각해 봅시다.

1. 제이크 설리는 어느 사회의 구성원이라고 할 수 있는가?
2. 제이크 설리는 어떤 과정을 거쳐 해당 사회의 구성원이 되었는가?
3. 가상 세계에서의 자아는 현실 세계에서의 자아와 어떤 관련을 맺고 있는가?

CHAPTER 6

사회 계층과 교육

학습목표

1. 사회계급과 사회계층의 차이를 설명할 수 있다.
2. 사회계층의 다양한 결정요인을 기술할 수 있다.
3. 사회계층에 따른 교육의 차이를 비교할 수 있다.

인간이 하나의 공동체를 이루고 살아가는 사회에는 연령이나 성별뿐만 아니라 직업, 학력, 능력 등에 따른 위계가 있기 마련이다. 이때, 위계가 있다는 말은 수직적·수평적 관계를 포함하는 것으로서 사회적 구분의 일환이라 할 수 있다. 근대 사회 이후 대중화된 교육은 이런 구분을 하는 하나의 기제로 작용하기 시작했다. 이 장에서는 교육이 사회 계층의 형성 과정에 어떤 역할을 수행하는지 등에 대해 살펴본다.

1. 사회계급과 사회계층

사회계급과 사회계층 두 개념은 엄밀하게 말하면 구분될 수 있지만 일상적으로 명확하게 구분하지 않고 혼용하는 편이다. 왜냐하면 두 개념 모두 특정 준거를 중심으로 특징지어지는 사회적 신분을 구분하기 때문이다.

1) 사회계급

사회계급이란 용어는 애덤 스미스(A. Smith)나 매디슨(Madison) 그리고 그 밖의 18세기 학자들에 의해 집단이나 신분과 같은 동의어로 사용되었다(Ossowski, 1963). 콜먼에 의하면, 사회계급은 한 사회 내에서 재산, 교육, 직업, 사회적 지위 등이 비슷해서 유사한 배경, 생활 습관, 태도, 행동, 가치관을 가지고 있는 집단을 의미한다(Coleman, 1990). 워너는 사회계급을 평정 참여도와 지위특성지표에 따라 구분할 수 있다고 설명한다. 평정 참여도는 지역 주민과의 친숙도, 교회 활동 등 활동 범위를 중심으로 서열화한 것이며, 지위특성지표는 직업이나 가옥의 형태, 거주지역, 수입, 소득원, 교육수준이 포함된다.

사회계급에 대한 논의를 정리해 보면, 사회계급은 크게 두 가지, 경제적 속성이나 특정 공동체의 소속감 등에 따른 구분이라 할 수 있다. 경제적 속성에 따른 구분은 마르크스주의자들에 의해 견지되어 왔으며, 생산수단의 소유 여부 등에 따른 구분을 의미한다. 예컨대, 이들은 생산수단을 소유했는지, 소득 수준은 어느 정도인지에 따라 사회계급을 구분한다. 우리나라의 소위 '수저 계급론'(금수저와 흙수저)도 여기에 속한다. 수저 계급론은 부모의 재산이나 사회적 지위에 따른 구분으로서 흙수저부터 동수저, 은수저, 금수저를 구분하고, 그 경계를 자산이나 연 수입을 기준으로 한다는 점에서 경제적 속성에 따른 구분의 전형이라 할만하다.

이와 다른 기준으로 사회계급을 구분하는 것은 특정 계급에 대한 소속감이나 귀속감 등에 의한 구분이다. 특정 계급에 속한다는 것은 다른 계급과 다른 고유의 의식이나 문화를 향유하는 것을 의미한다. 말하자면 일종의 심리적 연대 의식을 공유하고 있는 셈이다. 미국 사회의 계층에 따른 문화적 특징을 연구한 내용을 살펴보면, 상류계급은 가문과 전통을 중시하는 보수적 성향이 강하거나 미래지향적 가치관을 공유하는 데 비해, 하류계급으로 갈수록 미래에 대한 기대를 거의 하지 않거나 숙명적 가치관을 소유하고 있다.

2) 사회계층

사회계층은 산업구조의 변화에 따른 직업의 변화나 사회 분화에 따른 인식 변화의 결과라 할 수 있다. 사회계층은 종적인 구분을 특징으로 하며, 사회의 위계적 체계 속에서 직업, 정치적 위치, 개인의 능력 및 기술 등이 불평등하게 배분된 가운데서 서로 비슷한 위치에 있는 사회집단을 사회계층이라 부른다(Prichard & Buxton, 1973). 말하자면 사회계층은 선천적 · 생리적인 구분이 아니라 사회적 요인에 의해 생기는 구분인 셈이다. 학력 수준에 따른 보수의 차이 등이 이어지다 보면 사회계층에 대한 평가가 고착화될 수 있다. 마르크스는 경제적 가치 창출의 수단의 소유 여부에 따른 사회 계급을 구분하고, 베버는 소위 3P, 즉 재산(Property), 권력(Power), 사회적 지위(Prestige)에 따른 구분을 제시한 바 있다.

계층은 이분법적인 구분으로 나누어지는 것이 아니라 경제적 · 정치적 · 사회적 지위에 따라 다양하게 상류층, 중류층, 하류층 등으로 구분될 수 있다. 사회계층에 대한 구분은 사회적 맥락에 따라 강도가 다를 수 있다. 예컨대, 인도의 카스트 제도는 계층의 세습이 반복되는가 하면, 20세기 초 미국 사회의 빈부 격차에 따른 사회계층은 재산이나 권력의 변화에 따라 사회계층이 달라지기도 했다.

3) 계급과 계층의 비교

계급과 계층의 개념은 학자마다 다른 정의를 내리는 경우가 많다. 계급은 대체로 마르크스의 이론에 따라 생산 수단을 소유한 계급과 소유하지 않은 계급으로 나누어 보는 경향이 강하다. 이런 관점에 의하면, 지배 계층과 피지배 계층, 자본가와 노동자 사이에는 생산 수단의 소유 여부에 따라 착취가 이루어지기 때문에 이들 사이에 갈등은 불가피하다.

이에 비해 계층은 경제적 속성에 의해 분류되는 것이 아니라 사회 지위 · 경제 · 정치적 권력 등에 의해 자연스럽게 발생하는 것으로 사회적으로 불평등 구조가 층을 이루어 나타난다는 특징을 가지고 있다. 마친 서로 다른 퇴적물이 쌓여 층을 이룬 암석을 층마다 서로 다른 물질의 종류를 파악하여 퇴적 당시의 상황을 짐작하는 것처럼, 사회 계층은 문화적 행위, 삶의 태도 등에 있어서 계층별 차이가 존재한다. 일반적으로 계급과 계층의 개념은 다음의 표와 같이 비교될 수 있으며, 여전히 혼용되는 경우도 많다.

〈표 6-1〉 계급과 계층 비교

계급	계층
주로 경제적 요소로 나누어진 이해관계 대립 집단	다양한 요소로 나누어진 비슷한 집단
일원론	다원론
지배–피지배 대립 갈등 관계	상류–중류–하류로 나누어진 불평등 상태

계급과 계층의 개념은 실생활에서 혼용되어 사용되는 경우가 많지만 몇 가지 관점에서 구분할 수 있다. 우선 계급은 경제적 요소의 소유 여부, 즉 자본주의 사회에서 자본의 소유 여부에 따라 구분되며, 유산 계급과 무산 계급 사이의 갈등에 초점을 맞추고 있다. 그러다 보니 계급의 개념은 사회 갈등을 전제로 한 것이기 쉽다. 이에 비해 계층은 경제적 요소뿐만 아니라 정치적 요소, 문화적 요소 등 다양한 결정 요인이 반영된 결과라 할 수 있다. 베버는 포괄적이고 다원화된 계층 구조와 개념을 제시한 바 있다. 그의 이론에 의하면, 계급은 정치 · 경제 · 사회 차원에서 발생하는 위계질서를 포괄적으로 다룬 개념이라 할 수 있다.

이런 맥락에서 계급의 개념은 사회 내 유산 계급(부르주아)과 무산 계급(프롤레타리아) 사이의 갈등에 적용된다. 대부분의 사회가 구성원 간에 경제적 수준의 차이를 가지고 있다는 점에서 갈등의 소지는 늘 따르기 마련이며, 우리 사회의 갑–을 관계에 대한 논쟁처럼 대립적 관계를 상정하기 마련이다. 이와 달리 계층의 개념은 다양한 요소에 의해 규정되는 것이니만큼 때로는 지위불일치와 같은 현상이 발생하기도 한다. 예컨대, 복권에 당첨되어 경제적 지위가 높아진 사람이라 하더라도 정치적 권력이나 문화적 취향에 있어서 상류층과 공유하는 부분이 거의 없을 수도 있다.

2. 사회계층의 결정 요인

1) 사회계층의 발생 이론

사회계층의 발생은 개개인마다 존재하는 선천적인 능력이나 유전적 차이뿐만 아니라 후천적으로 학습된 차이로 인한 것일까? 전자는 생득설 혹은 유전설과 관련되며, 후자는 환경설 · 획득설과 관련된 것이라 할 수 있다. 이와 관련하여 지금까지 논의된 몇 가지 입장들을 살펴보자. 첫째, 인간 사회의 불평등은 자연 현상과 같은 것으로 보는 관점이다. 자연의 기후가 지역에 따라 다르고, 시간에 따라 변화하듯이 인간사회의 불평등 또한 사회마다 차이는 있지만 불가피한 현상이다. 둘째, 인간의 본성을 선하다고 보는 학자들 사이에서 사회의 불평등은 사회제도의 악으로부터 비롯된 것으로 본다. 예컨대, 루소(Rousseau)는 출생 이후 각 개인이 직면하게 된 사회제도가 불평등을 만들어 낸다고 설명한다. 셋째, 사회계층은 사회의 진보 과정에서 생성되는 불가피한 현상으로 보는 관점이다. 사회 발전을 위해서 누군가는 다른 구성원들에 비해 열심히 노력하고, 더 나은 성과를 만들어 내야 한다. 만약 이들에게 성과에 따른 적절한 보상이 이루어진다면, 사람들은 더 나은 성과를 만들어 내기 위한 노력을 더 많이 기울이게 될 것이다. 무어(Moore), 파슨스(Prasons) 등은 사회계층의 구분은 일종의 보상으로 사회 발전의 원동력이 된다는 점을 지적한다. 넷째, 사회계층은 인간의 무한한 욕구를 충족시킬 수 있는 재화의 부족에서 기인한다는 관점이다. 개인과 개인 또는 집단과 집단 사이에는 희소가치의 재화나 잉여 재화를 더 많이 차지하기 위한 갈등 관계가 불가피하며, 이런 관계 속에서 유불리에 따른 사회 계층의 구분이 이루어질 수밖에 없다. 이 관점은 세 번째와 마찬가지로 사회계층의 구분을 불가피한 현상으로 상정하지만 그것을 부정적이고, 사회 발전에 역기능적으로 본다는 점에서 차이가 있다. 대표적으로 마르크스(Marx)가 여기에 해당한다.

2) 사회계층의 측정

나는 어느 사회계층에 속할까? 이 질문에 대한 대답은 여러 가지 방식으로 가능하겠지만 대체로 객관적으로 관찰 혹은 측정 가능한 지표를 활용하는 것과 개인의 주관을 반영하는 것으로 나누어 볼 수 있다. 우선 전자와 관련해서는 개인의 직업이나 수입, 교육 정도 등처럼 외적 요소의 측정을 생각해 볼 수 있다. 미국 시카고대학교 부설 연구소(NORC)에서 실시한 500개 직업에 대한 직업별 위신도(prestige)의 측정이 대표적인 예라 할 수 있다. 이 조사는 각 직업을 최고 90에서 최저 10에 이르는 위신노 배치를 통해 의사, 변호사, 대학교수가 항상 높은 점수를 획득하는 직업으로 서열화됨을 보여준다.

최근 트리만(Treiman)은 53개국에서 직업의 위신도 조사 결과를 발표한 바 있다. 트리만에 의하면, 전 세계에 걸쳐 직업의 위신도는 유사성이 있으며, 산업화가 진행되면 될수록 미국과 유사한 경향을 가진다. 그 결과를 바탕으로 트리만은 위신을 결정하는 구조 이론(structural theory of prestige determination)을 제기한다. 그의 이론에 의하면, 각 사회는 차이점에도 불구하고 기본적인 욕구가 유사하므로 모든 사회에서 비슷한 직업이 존재하며, 유사한 분업체계가 형성된다. 그중 특수한 분업은 희소자원에 대한 통제에 있어서 성원 간의 차이를 초래하게 되며, 그 결과 어느 사회이든지 간에 권력을 가진 자 또는 특권을 가진 자가 그렇지 않은 자와 구분되게 되며, 고위직에 있는 사람은 자신의 이익을 위하여 영향력을 행사하게 된다. 다만 트리먼의 이론은 각 직업의 위신도가 전 세계적으로 유사한 경향을 갖는 데 그 결과가 사회구조의 유사성에서 기인한 것인지는 명확하지 않다.

후자와 관련해서 사회 계층에 대한 판단을 개인의 주관을 바탕으로 진행할 수 있다. 말하자면 측정 대상이 되는 사람 스스로가 자신의 특정 사회 계층에 속하는 것으로 판단하게 하는 것이다. 다만 이런 방식은 사람들이 자신의 사회계층을 실제 계층보다 자신이 속하기를 원하는 계층과 동일시하는 경향이 있다는 한계를 갖는다.

3) 사회계층의 결정

사회계층은 사회 내 특정 위치에 있는 집단을 의미하는 것이기 때문에 집단별로 공유하고 있는 생활 습관이나 가치관 등에 있어서 어느 계층에 속하는지를 확인할 수 있는 지표를 찾을 수 있다. 동일한 집단 내 구성원들이 공유하고 있는 행동양식이나 가치관, 규범이나 태도 등을 계층문화라 하기도 한다. 앞서 베버의 3P를 좀 더 구체화 시켜 보면, 재산의 정도나 수입, 교육 수준, 직업의 종류, 정치적 권력, 사회적 지위, 가정 배경, 개인의 특성이나 성격 등이 포함된다. 이를 좀 더 확장하면 한 사회 구성원으로서 사회 체제 내에서 획득된 모든 요인이 포함된다고 해도 과언이 아니다.

사회계층의 결정 요인에 대한 연구를 진행해 온 워너(Warner et al., 1949)는 사회계층 분류의 기준으로 직업(occupation), 거주형태(types of house), 거주 지역(area of community), 수입의 총액(amounts of income), 소득원(source of income), 교육받은 기간(amounts of education) 등의 지위특성지표와 함께 지역 사회에 대한 참여 정도를 중심으로 서열을 정하는 평정참여법을 사용하여 사회 계층을 구분하고 있다. 그의 연구에 따르면, 개인의 사회 계층을 결정하는 중요한 요인은 직업과 소득 그리고 거주지역이다. 개인의 소득은 어떤 직업에 종사하느냐에 달라질 수 있으며, 소득이 늘면 거주 형태나 거주 지역 또한 달라지기 마련이다. 여기에 더해 소득원은 수입이 들어오는 통로로 월급 이외 동산 및 부동산 자산을 통해 하나 이상의 소득원을 확보하는 경우도 있다. 이런 방법을 통해 워너는 사회계층을 상류 계층, 중류 계층, 중류 하층, 하류 상층, 하류 하층 다섯 계층으로 분류하였다. 김병성(2006)은 사회계층에 따른 문화적 특징을 구별 지어 다음과 같이 설명한다.

〈표6-2〉 사회계층에 따른 문화 특징

계층	특징
상류계층	• 가문과 전통을 존중하는 보수적 경향 • 품위를 유지하기 위한 교양교육에 관심
중류 계층	• 미래지향적 가치관을 가지고 사회 활동에 넓게 참여 • 교육을 사회적 상승 이동의 수단으로 생각하는 경향
중류 하류	• 검소하고 경제적 독립성 중시 • 일반 시민 대다수가 속하며 안정적 생활 영위에 관심
하류 상층	• 중류와 하류 계층의 행동특성을 함께 가지고 있음 • 영세 상인, 영세농가 등이 포함되며 자녀들의 중등교육에도 힘들어함
하류 하층	• 미래에 대한 기대가 거의 없으며 숙명적인 가치관 소유 • 막일로 생계를 유지하거나 자녀들의 일탈 비율이 높은 편임

할시(Halsey, 1963)는 "모든 사회적 단위행위는 권력을 행사하는 행위이고 모든 사회관계는 권력을 통해 균형을 유지하는 것이며, 모든 사회집단과 체계는 권력을 조직한 것이다"라고 표현하면서 사회의 권력 위계를 설명하고 있다. 흔히 사회계층을 논할 때 세 가지 차원을 들어 설명하고 있는데, 이들 세 가지 차원은 사회 내의 지배-복종 관계를 나타내는 권력 위계와 수입, 생활기회를 향유하는 정도의 차이를 나타내는 수입위계 그리고 객관적으로 감지하기 어려운 상징적 의미를 지니는 사회적 지위 위계를 의미한다. 어떤 사회이든 이들 세 가지 위계가 복합적으로 계층을

결정하기 때문에 대부분의 사회는 계층의 결정 요인을 여기에서 찾을 수 있다고 설명한다(오욱환, 2010; Weber, 1958).

상류계층의 행동 특성은 보수적 성향이 짙으며 권위주의적인 경향이 있는 것으로 알려져 있다. 이들은 사회 내에서 안정된 지위를 확보하고 있기 때문에 인간성 및 생활태도 등에 있어서도 안정되어 있는 특징을 가지고 있다. 대체로 긍정적이고 관용적인 생활태도를 가지고 있으며 시간관념이나 자기 조절 능력이 뛰어난 편이다.이런 계층적 특성은 가정 교육 혹은 학교에 대한 태도에 있어서도 잘 드러난다. 가정에서는 체벌보다 대화를 통한 교육을 지향하며, 아이의 자율성과 책임감을 강조하는 경향이 높다. 학교 교육에 대한 관심도 비교적 높은 편이고 교사에 대해서도 긍정적인 태도를 가지고 있다. 이들은 학교교육에 긍정적인 태도를 가지기는 하지만 그 자체만으로 상류층을 유지하는 데 큰 영향력을 가진 것은 아니라고 본다. 대신 현재의 지위를 유지하기 위해 교양교육이나 다양한 사회 경험에 치중하는 경향이 있다.

중류계층의 문화는 학교 교육내용의 주류를 이루고 있다. 이들은 주로 전문직에 종사하는 집단으로서 자신의 노력에 의해 현재의 지위를 획득해 성취동기가 높고, 상류층으로의 상승 욕구 또한 강한 편이다. 그렇기 때문에 중류층은 미래지향적 가치관을 가지고 있으며, 학교 교육을 매우 중시하고, 교육열이 높은 특징을 가진다. 중류계층 문화는 사회 전반에 걸쳐 가장 영향력 있는 문화 중 하나이다. 그렇기 때문에 중류계층 문화가 건전하면 교육문화 또한 건전하지만 지나치게 경쟁적인 사회에서는 교육문화 또한 지나치게 경쟁적이고 목적을 상실한 채 도구화 될 가능성이 높다.

하류계층은 영세농가나 영세상익 혹은 이것저것 가리지 아니하고 닥치는 대로 하는 노동에 종사하는 사람들로 현실지향적인 가치관을 특징으로 한다. 현실의 어려움으로 인해 대부분 미래에 대한 기대 수준이 낮으며, 경제적으로 안정되어 있지 않기 때문에 자녀의 교육에 대한 투자에 있어서도 여력이 없는 편이다. 우리나라와 같은 일부 국가를 제외하고 대부분의 국가들에서 하류 계층의 자녀들은 중등교육 정도만을 이수하는 경우가 많으며, 일탈행위나 비행을 저지르는 경우도 있다. 교육 성취에 있어서도 학습결핍의 누적으로 대부분이 낮은 성취도를 보인다.

3. 사회계층화와 교육

1) 콜먼 보고서

1964년 미국 의회는 교육 기회 불평등 현황을 파악하기 위한 조사를 시작한다. 이 조사를 담당했던 존스홉킨스대학의 콜먼 교수는 2년동안 여섯 인종에 걸쳐 학생 645,000명, 교사 60,000명, 학교 4,000개교를 대상으로 한 읽기, 쓰기, 셈하기, 문제 해결 능력 등의 시험 계획을 수립한다. 콜먼 보고서의 결과는 다음과 같이 요약할 수 있다(오욱환, 2003: 201-202). 첫째, 소수민족 학생들은 학문적으로 불리한 상태에서 학교에 입학하며, 그 격차는 학년이 올라갈수록 커진다. 둘째, 백인 학교와 흑인 학교 사이에 학교 시설이나 학생 1인당 경비, 교사의 특성 등에 있어서의 차이는 미미한 편이다. 셋째, 학생들 사이의 학업 성취 격차는 학교의 특성보다 가정의 영향을 더 많이 받는다. 가정이나 또래, 이웃의 영향이 강하다 보니 학교는 학생들의 학업성취 격차에 영향을 주지 못한다. 넷째, 학생의 성공에 다소 영향을 미치는 요인들 가운데 가장 의미 있는 요인은 학생이 속한 사회계급이다. 다섯째, 사회경제적으로 불리한 상황에 처해 있는 학생들은 자신이 속한 환경을 어쩔 수 없다고 확신하며, 이를 벗어나기 위한 노력보다는 행운을 기대하는 편이다.

콜먼 보고서의 결과는 학교 교육을 통해 사회 평등을 가능하다고 생각했던 많은 학자들을 당황하게 하기에 충분했다. 교육은 각 개인의 능력을 향상시키고, 향상된 능력만큼 사회 · 경제적 보상이 이루어진다고 가정했던 학자들은 학교 교육 기회의 확대가 평등사회로 발전하는 원동력이 된다고 보았다. 학교 교육 기회의 확대는 평등 사회 건설의 토대가 된 셈이다. 그러나 콜먼 보고서는 그 가능성이 높지 않음을 상기시킨다. 예를 들어 학교에 입학하는 기회를 동일하게 준다고 해도, 학교 내에서 이루어지는 학습 과정에 다양한 요소가 영향을 미치기 때문에 학력 성취 결과는 동일하지 않다. 능력에 따른 격차가 발생할 수밖에 없으며, 이런 차이는 별도의 프로그램의 도움이 없이는 좁혀지지 않는다. 콜먼 또한 "교육기회의 균등은 개별 학생들에게 주어진 투입이 다르더라도 결과는 평등해야 한다"고 하며, 교육 기회의 확대를 넘어 결과의 평등을 주장한다(Coleman, 1968: 16-17).

2) 사회계층에 따른 교육

어느 사회든 각 사회가 가지고 있는 고유의 특징에 따라 계층화 과정에 영향을 주는 것은 공통적이다. 물론 교육의 기능이 긍정적인지, 부정적인지에 따라 기능론과 갈등론처럼 상호 충돌하는 관점들이 제기될 수 있지만 어떤 식으로든 사회계층화와 관련되어 있다는 점은 분명해 보인다. 사회계층은 소위 SES, 사회경제적 지위나 가정환경 등과 밀접하게 관련되어 있으며, 교육에 대한 기회나 직업선택의 기회 역시 마찬가지이다. 말하자면 교육은 사회계층의 이동에 있어서 상승 이동의 주요한 요인 중 하나인 동시에 기본 조건이라 할 수 있다. 해비거스트는 사회경제적 지위에 따라 교육과 사회계층 이동에 대한 견해의 차이가 있음을 연구하여 다음과 같은 결론을 제시한 바 있다.

- 사회계층에 따라 교육에 대한 가치관이 다르다.
- 어느 사회든 모든 사회계층은 교육의 중요성을 인정하기 때문에 교육이 보편화되고 있다.
- 교육이 사회적 지위를 향상시키는 데 결정적 조건이 된다는 인식 때문에 대학 진학을 열망함은 물론이고 더 많은 기간의 교육을 통해 더 좋은 직업을 가질 수 있다는 관념이 지배적이다.
- 학교에 대한 기대에 있어서도 계층에 따라 태도가 다르다.
- 학교에서 계층에 대한 태도나 아동의 지도 방법에 있어서도 그 태도가 달라진다.

계층에 따라 교육에 대한 태도가 다르다는 것은 사회경제적 지위에 따라 아이들에게 상이한 교육 기회가 주어질 수 있음을 의미하며, 교육 기회의 차이는 결국 학업성취에 있어서도 차이로 이어져 사회계층화의 요인 중 하나가 될 수 있다.

또 다른 측면에서 교육은 그 내용과 방법이 중류 계층을 중심으로 한다는 점에서 하류 계층의 학생들에게 불리하게 작용하는 것으로 알려져 있다. Havighurst에 의하면, 사회계층적 요인은 지능뿐만 아니라 학습 동기나 학습능력에 대해서도 상당한 영향력을 행사한다. 이와 관련하여 교육은 사회 구조를 변화시키고, 고등교육이나 특별한 기술 교육을 통해 사회 이동을 촉진함으로써 사회 평등 실현에 공헌하거나 사회 계층의 형성, 사회 재생산의 기능을 수행하게 된다는 주장도 있다. 사회계층과 교육의 관계를 연구해 온 학자들은 계층과 학업성취, 교육의 수준이나 형태, 직업, 교육 수준과 삶의 기회 간에 깊은 상관이 있다고 보는 편이다(Selakovich, 1985).

교육이 계층화 과정에 주요한 역할을 하기는 하지만 그 과정에 대해 Illich, Bowels & Gintis 등의 학자들은 계층 구조의 재생산을 지적하며 비판적인 관점을 제기한다. 우리나라의 경우 사회계층에 따른 교육 격차의 심화로 교육세습화나 사회적 지위가 세습될 우려가 대두되고 있다. 사회계층 요인은 공교육뿐만 아니라 사교육에서도 교육혜택이나 실질적 교육투자 그리고 교육과정 등에서 차이를 발생시키고 결국 교육격차 재생산이나 세습화를 초래할 우려가 있다(이현청, 2002). 실제로 상위 5% 계층이 하위층의 10배 이상의 사교육비를 부담하고 있는 것으로 나타나고 있으며, 소위 일류 대학에 진학하는 학생들의 부모가 전문직이나 고소득층에 종사하는 비율이 높아지고 있다.

4. 사회계층 이동

사회이동은 한 개인이나 집단이 상이한 사회계층으로 그 소속이 달라지는 것을 의미한다. 이런 사회이동은 수직적 이동과 수평적 이동으로 나누어 볼 수 있다. 수직적 이동은 사회경제적 지위가 상승하거나 하강하는 것을 의미한다. 예를 들어 많은 재산을 갖게 되거나 높은 사회적 지위를 획득하는 것은 상승이라 할 수 있으며, 반대의 경우는 하강이동이라 할 수 있다. 수평이동은 지리적 이동이나 직업 간 이동 등을 의미한다.

또한 사회이동은 그 현상이 일어나는 시간에 따라 세대 간 이동과 세대 내 이동으로 구분하기도 한다. 세대 간 이동은 자식이 부모의 지위보다 상승 혹은 하강했는가를 초점을 맞춘 것으로 가족을 통한 사회 불평등 세습 등의 문제를 중시한다. 이에 비해 세대 내 이동은 한 개인이 생애동안 최초의 상태에서 이동한 정도를 다룬다.

1) 사회이동의 원인

Lipset & Bendix(1959)에 의하면, 사회이동이 일어나는 원인은 경제의 수요와 공급과 마찬가지로 사회 변화에 따라 요구하는 능력이 변화하거나 특정 일을 해낼 수 있는 인재의 공급에 변동이 생길 때 발생한다. 대표적인 예가 기술혁신이나 경제발전으로 인한 산업구조의 변화이다. 1차 산업 중심의 사회가 2차 산업 혹은 3차 산업 중심의 사회로 변동하면서 직업 구조가 달라지게 되고, 상위 계층에 속하는 일자리가 늘어나면서 보다 많은 사람이 상승 이동이 가능해진다. 이런 이동을 구조이동이라 하며, 우리나라는 산업화 과정을 통해 구조이동을 경험한 바 있다.

이 외에도 사회이동의 원인에는 재생산 이동, 이민이동, 순환이동 등이 있다. 재생산 이동은 상류층이 자녀를 적게 낳고, 중 · 하류층이 자녀를 많이 갖게 되는 경우 발생한다. 이 경우 다음 세대에 자녀가 부모의 지위를 세습한다 하더라도 인구 구성의 차이로 인해 중 · 하류층의 상승 이동 가능성이 높아진다. 이민이동은 해외로부터 유입된 이주민이 기존 집단을 상류층으로 밀어 올리는 경우를 의미한다. 대체로 비숙련공이나 낙후 지역으로부터 이민을 오는 경우이다. 빈민국 노동자들은 선진국으로 이민을 와 기존의 사람들이 하기 꺼려 하는 일을 점유함으로써 하층을 이루게 된다. 순환이동 또는 교환이동은 자녀가 부모보다 높은 혹은 낮은 지위로 이동하는 것을 의미한다. 이는 부모와 자녀 간의 능력 차이에서 기인하는 것으로 사회구저의 개방성 및 기회구조의 평등성 정도를 측정하는 자료로 활용되기도 한다.

2) 교육의 기능과 사회이동

교육의 기능과 사회이동의 효과에 대한 논의는 기능이론과 갈등이론 두 가지로 구분해 볼 수 있다. 기능이론에 의하면, 교육은 사회이동에 있어 매우 효과적인 것으로 교육을 통해 누구나 능력에 따라 사회 이동이 이루어질 수 있어야 한다. 이와 달리 갈등 이론에 의하면, 교육은 사회이동에 있어 특권적 지위를 강화하는 것으로 수준 높은 교육적 욕구를 높임으로써 지위가 낮은 집단의 진입을 막는 것으로 본다.

교육에 대한 기능론적 관점은 신분 사회가 무너지고 능력을 중시하는 현대사회에서 계층의 상승 이동 기회가 공정하게 보장되고, 능력에 따른 경쟁을 통해 이루어진다고 본다. 학교는 이런 경쟁이 이루어지는 가장 대표적인 기관이라 할 수 있으며, '위대한 평등장치'라 불릴만하다고 본다.

해비거스트(Havighurst, 1961)는 이런 관점을 지지한 대표적인 학자 중 한 명이다. 그는 미국, 브라질, 영국, 오스트레일리아의 자료 분석을 통해 학교교육이 자녀들을 부모보다 상향 이동시키고 있으며, 이를 통해 사회 평등화에 기여하고 있다고 주장한다.

과학기술의 발달은 훈련받은 기술 인력을 필요로 하고, 과학기술의 진보는 훈련받은 연구자들에 달려 있다. 개인의 재능도 교육을 통하여 발전하고 잠재적 재능을 가진 어린이도 교육을 통하여 능력이 계발된다. 교육은 하층의 소비습관에 영향을 주어 중류 계층의 가치관과 소유 양식을 가르치며 하층의 사람들은 교육기회의 확대를 통하여 소득을 증가시키는 데 필요한 활동을 배울 수 있다는 사실을 깨닫게 되어 소득의 격차를 줄이는 데 이바지할 수 있다(Havughurst, 1961 : 117).

Blau & Duncan(1967)의 연구는 이런 주장을 뒷받침하는 후속 연구 중 하나이다. 이들은 직업지위획득을 결정하는 요인을 아버지의 교육, 아버지의 직업, 본인의 교육, 본인의 첫 번째 직업 네 가지로 구분하고, 본인의 첫 번째 직업이 현재 본인의 직업에 어떻게 영향을 미쳤는가를 연구한다. 연구 결과 아버지의 교육이나 직업은 가정배경요인으로 사회적 지위와는 직접적인 상관은 없는 것으로 나타났으며, 본인의 교육 수준에 의한 사회적 지위 또는 직업적 성공에 미치는 영향이 가정배경요인보다 강한 것으로 나타났다. 우리나라에서도 차종천(1992)이 지위획득모형을 연구한 바 있다. 그 결과에 의하면 부의 교육과 부의 직업의 상관계수가 .384로 상대적으로 낮게 나왔으며, 본인의 교육에 대한 부의 교육과 직업의 영향력이 비교적 낮은 데 비해 부의 교육 수준이 강한 영향을 끼치는 것으로 나타났다.

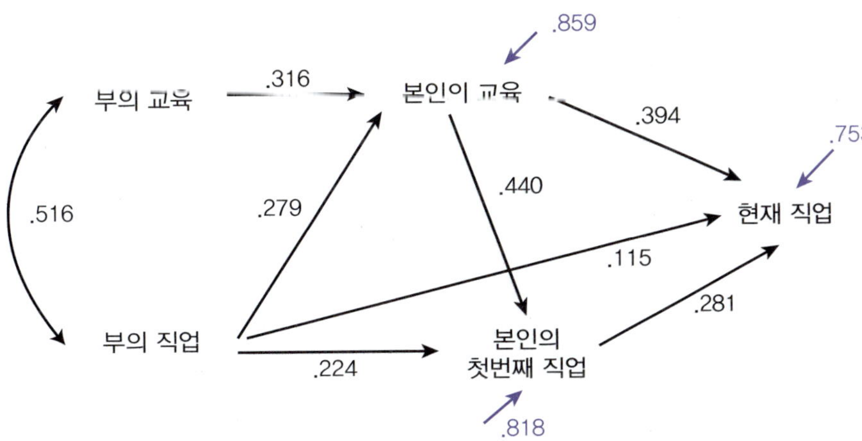

[그림 6-1] Blau & Duncan의 연구

교육에 대한 갈등론적 관점은 학교교육의 효과와 교육 기회의 불평등 사이의 관계에 관심의 초점을 맞추고 있다. 콜맨(Coleman), 보울즈와 진티스(Bowles & Gintis) 등이 대표적인 학자이다. 이들은 학교교육이 가정배경과 무관하게 개인의 능력에 의해서만 이루어진다는 주장에 의구심을 가지고 있다. 1966년 콜맨은 교육기회의 평등(Equality of Educational Opportunity)를 통해 학교 간의 특성이 거의 비슷하면 학교의 교육 여건이 학업성취도에 큰 영향을 주지 않으며, 학업성취도의 실패 원인 중 하나는 가정환경이라는 점을 주장한다.

같은 맥락에서 보울즈와 진티스는 학교교육이 일종의 사회통제 장치의 역할을 담당한다고 주장한다. 이들에 의하면 학교에서 이루어지는 교육은 사회불평등을 견고하게 만들고 있으며, 기득권 문화를 정당화하는 데 기여하고 있다. 결국 학교교육은 겉으로 능력 위주에 따라 실시되며, 교육수준에 따라 인재를 배치하는 것처럼 보이지만, 실제로는 불평등 구조를 존속시키고 기득권층에 봉사한다는 것이다(김경식 외, 2002).

카노이는 교육수익률의 단계별 변화를 통해 교육이 지배계층의 이익에 봉사하고는 장치임을 설명한다. 그에 의하면 투자 대비 수익률이 높을 때는 교육의 기회가 제한되다가, 해당 학교 교육이 보편화되기 시작하면 수익률이 낮아져서 가치가 없어진다. 하층의 사람들은 이때부터 해당 교육의 기회가 갖게 되며, 중·상류층은 수익률이 높은 단계의 교육으로 옮겨가게 된다. 이런 흐름이 사실이라면 교육은 기득권층에게 유리하게 작용할 수밖에 없는 셈이다.

라이트와 페론(1977) 또한 교육이 사회 평등화에 기여하기보다는 기존의 소득 불평등 구조를 재생산한다고 설명한다. 이들은 교육 수준이 소득에 미치는 영향을 성별, 인종, 직업 집단별로 비교 분석하여, 교육투자 대비 효과가 고용주, 관리직, 노동자의 순서로 나타난다는 결론을 도출한다. 말하자면 고등교육을 받은 경우라도 노동계급 출신인지, 아니면 상류계급 출신인지에 따라 그 성취가 달라질 수 있으며, 상류 계층이면 상류계층일수록 교육이 큰 효과를 얻는 데 비해 하류 계층에는 그만큼의 효과가 없다.

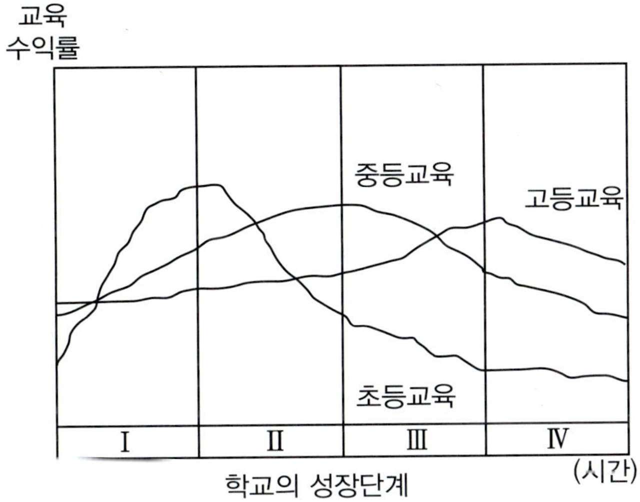

[그림 6-2] 카노이의 교육수익률

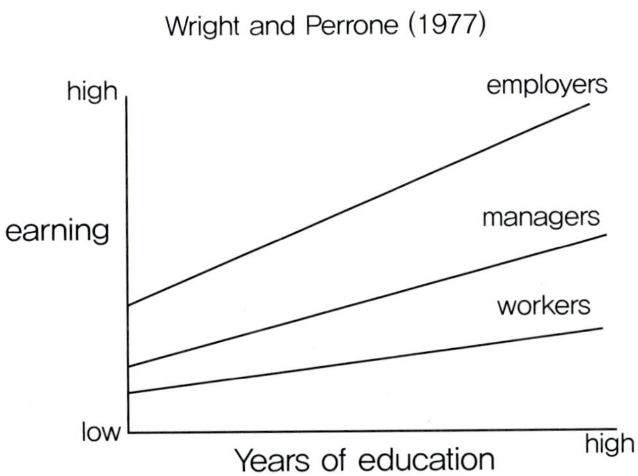

[그림 6-3] 라이트와 페론(1977) 소득에 미치는 교육효과 집단별 분석

풀어보기

1. 교육과 사회이동의 관계에 대한 평등화론의 입장이 아닌 것은?
   ① 교육은 사회 평등화를 실현할 수 있는 장치이다
   ② 교육을 통해 능력 본위 사회의 실현이 가능하다
   ③ 교육을 통한 직업 능력의 향상은 사회의 평등화를 가능하게 한다
   ④ 교육의 기회는 상류층에게 보다 유리하게 분배되어야 한다

2. 다음 보기 중 해비거스트가 사회경제적 지위에 따른 교육과 사회계층 이동에 대한 설명으로 제시한 것과 관련이 없는 것은?
   ① 사회 계층에 따라 교육에 대한 가치관은 다를 수 있다.
   ② 교육은 사회계층 이동에 결정적인 영향력을 가진 요인 중 하나이다.
   ③ 학교에 대한 기대는 모든 사회 계층이 동일하다.
   ④ 사회 계층에 따라 학교에서의 지도 방법에 대한 태도가 다를 수 있다.

3. 다음 보기 중 워너가 사회계층 분류의 기준으로 제시한 지위특성지표에 해당하지 않는 것은 무엇인가?
   ① 직업(occupation)
   ② 거주 지역(area of community)
   ③ 교육받은 기간(amounts of education)
   ④ 소득원(source of income)
   ⑤ IQ 및 혈액형(IQ and blood type)

4. 다음의 표는 계급과 계층의 개념을 비교한 것이다. 빈칸에 알맞은 말을 써넣으시오.

계급	계층
주로 경제적 요소로 나누어진 이해관계 대립 집단	다양한 요소로 나누어진 비슷한 집단
[ ]	다원론
[ ]-[ ] 대립 갈등 관계	[ ]-[ ]-[ ]로 나누어진 불평등 상태

5. 베버가 이야기 한 3P는 무엇인가?

READ 생각해보기

사회 계층, 나는 어디에 속하는가? 만족하는가?
현재 자신의 사회 경제적 지위에 만족하는 20대 21%
"노력을 통해 사회 경제적 지위 상승할 것이라 본다" 80.5%

20대 10명 중 7명은 부모의 사회 경제적 지위가 자신의 사회 경제적 지위에 영향을 끼친다고 생각했다. 또 그 가운데 절반 이상은 부모의 사회 경제적 지위에 대해 부족함을 느꼈다. 27일 구인 · 구직 아르바이트 전문 포털 알바천국이 최근 전국 20대 회원 2,169명을 대상으로 '수저계급론에 대한 20대의 생각'을 물었다.

설문 결과 20대 대다수인 81.2%는 부모로부터 물려받은 부가 사회의 계급을 결정한다는 자조적인 표현의 신조어인 '수저계급론'에 대해 "잘 알고 있다"고 답했다. "들어는 봤지만, 잘 모른다", "전혀 모른다"고 답한 응답자는 각각 14.9%, 3.9%에 불과했다. 부모의 사회 경제적 지위가 자신의 지위에 얼마만큼의 영향을 주는지에 대해서는 응답자의 53%가 "어느 정도 영향을 준다", 24.9%가 "매우 큰 영향을 준다"고 말했다. 반면 16%는 "크게 영향을 끼치지 못한다", 4.9%는 "전혀 영향을 끼치지 못한다"고 답변했다.

현재 부모와 자신의 사회 경제적 지위에 대해서는 다소 비관적인 의견을 보였다. 20대 응답자 41.1%가 부모의 사회 경제적 지위에 대해서 "때때로 부족함을 느낀다"고 답변했다. "매우 부족하다"고 말한 응답자도 16.5%에 달했다. "대체로 만족한다", "아주 만족한다"는 의견은 각각 34%, 6.7%에 그쳤다. 이어 자신의 사회 경제적 지위에 대한 의견 역시 "때때로 부족함을 느낀다(39.5%)", "매우 부족하다(38.5%)"는 답변이 우세했다. "대체로 만족한다(17.7%)"와 "아주 만족한다(3.3%)"는 답변은 상대적으로 저조했다.

20대 5명 중 2명은 사회적으로 만연한 수저계급론으로 인한 우울증을 경험한 적 있는 것으로 조사됐다. 전체 응답자의 38.8%가 수저계급론으로 인한 우울증을 겪은 경험이 있다고 답했다.

우울함의 정도로는 "때때로 우울한 정도(60%)"가 가장 많았다. 이어 "불면증 등 질병에 시달릴 정도(16.9%)", "모든 것을 포기하고 싶을 정도(13%)", "매우 우울해 항상 무기력한 정도(10.1%)" 순이다. 그러나 노력을 통한 자신의 사회 경제적 지위 향상 가능성에 대해서는 낙관적인 의견을 내비쳤다. 응답자의 80.5%가 노력을 통해 자신의 사회, 경제적 지위가 상승할 것이라고 답했다.

사회 경제적 지위를 높이기 위한 노력 방법으로는 "돈을 많이 버는 방법(39.5%)"이 압도적으로 높았다. 이어 "본인만의 개성을 잘 어필하는 방법(16.2%)", "학벌을 높이는 방법(11.1%)", "좋은 인맥을 형성하는 방법(10.6%)", "외국어 등 자격증을 취득하는 방법(5.4%)" 등이 있었다. (뉴시스, 2017.11.27.)

▶ 위 줄거리를 읽고 다음의 문제에 대해 생각해 봅시다.

1. 자신의 사회적 지위에 만족하는가?
2. 미래의 나의 사회적 지위는 향상될 것인가?
3. 그렇게 생각하는 이유는 무엇인가?

CHAPTER 7

사회 문제와 교육

학습목표

1. 사회문제의 개념을 설명할 수 있다.
2. 개인의 삶과 관련된 사회문제를 기술할 수 있다.
3. 사회문제의 성격 및 해결 방안을 제시할 수 있다.

현대인들의 삶은 매일 매일 뉴스에 나오는 사건, 사고들과 무관하게 이루어지기 어렵다. 특히 그것이 교육과 관련된 문제라면 학생, 학부모뿐만 아니라 사회 각계각층이 나름의 사정과 이유로 관계되어 있기 때문에 피상적인 수준의 이해로는 해결하기 어려운 경우가 많다. 이하에서는 고령화와 저출산, 청소년 비행이나 범죄, 입시 비리 등 다양한 사회 문제들을 살펴보고, 교육을 통해 할 수 있는 일이 무엇인지를 검토해 본다.

1. 사회문제의 이해

사회문제는 학자에 따라 다양하게 정의되어 오고 있다. Curran & Renzetti(1993)는 사회적으로 중요한 위치에 있는 대중이 사회에 해롭거나 바람직하지 않다고 생각하는 조건으로 정의한 바 있으며, Zastrow(2000)는 영향력 있는 집단이 어떤 조건이 많은 사람들에게 영향을 미친다고 확신하여 문제로 규정하고 또 집단행동에 의해 해결될 수 있다고 생각하는 것으로 정의한다. 이런 정의를 종합하면 사회문제는 사회 또는 개인에게 해로운 조건을 의미하며, 그것이 영향력 있는 집단에 의해 문제로 인식되어야 하고, 집단의 노력이나 행동을 통해 해결될 수 있는 것이라 할 수 있다.

어떤 일이 사회문제가 되기 위해서는 그 일이 사회 또는 개인에게 해롭다는 조건을 충족시켜야 한다. 이것은 물질적, 신체적 해로움 뿐만 아니라 인권의 침해나 인종 차별 등과 같은 사회적으로 바람직하다고 여기는 가치의 훼손을 포함한다. 동시에 사회문제는 해로움에 대한 사회 구성원들의 주관적인 인식의 공유를 통해 규정된다. 예컨대, 자동차의 증가는 인명 피해뿐만 아니라 환경 파괴로 이어지고 있다. 자동차의 이용 증가에 민감한 사회는 전기 자동차의 보급 지원 확대 등을 통해 그 문제를 해결하거나 5부제 등을 통한 이용 감축 노력을 기울이는 데 비해 구성원 간에 그것을 문제로 인식하는 정도가 낮은 경우에는 어떤 노력도 하지 않는 경우도 많다.

두 번째 조건은 그 일이 사회문제라고 영향력 있는 집단에 의해 인정되어야 한다. 일부 사람들에게 국한된 문제는 직면한 사람들에게는 심각한 것일 수 있지만 개인적인 문제일 뿐 사회문제라 할 수 없다. 때로는 특정 분야의 전문가가 생각하는 것과 다수의 대중이 생각하는 사회문제가 항상 일치하는 것은 아니며, 때로는 다수의 생각이 틀릴 가능성도 존재한다. 그렇다면 영향력 있는 집단은 어떤 집단을 의미하는가? Sullivan(2000)에 의하면, 영향력 있는 집단은 대중적 논쟁이나 국가정책에 상당한 영향력을 행사하는 집단이라고 한다. 예컨대, 대통령, 도지사, 국회의원 같은 정치인, 종교계 지도자, 유명 연예인, 기자 등이 여기에 포함된다. 이들은 여론을 선동하기도 하고, 특정 상황을 확대하여 사회문제로의 인식을 유도하기도 한다. 특정 문제를 사회 문제로 규정하기 위해서는 관심을 나타내는 사람의 수뿐만 아니라 대중의 관심 표출 강도, 관심 있는 사람의 권력이 작용한다. 말하자면 어떤 문제는 절대다수에 의해서건 혹은 사회적으로 영향력 있는 집단에 의해서건 관심의 대상이 되어야 사회문제가 될 수 있다.

세 번째 조건은 사회문제가 사회 구성원들의 노력을 통해 해결될 수 있는 것이어야 한다. 교통, 출산과 육가, 교육제도 등 소위 사회문제의 해결은 개인이든 사회 구조의 변화이든지 간에 결국 사회 구성원들의 노력과 합의를 통해 이루어져야 한다. 사회 문제를 해결하고 더 나은 삶의 조건들을 마련하려는 열망은 집단행동으로 이어져야 사회 문제의 해결 가능성이 생긴다. 어떤 문제가 위의 두 조건, 즉 유해한 것임이 영향력 있는 집단에 의해 규정된다고 하더라도 사회 구성원들의 노력을 통해 해결될 수 없다면 사회 문제라 하기 어렵다. 예컨대, 폭풍과 같은 자연재해나 노화나 죽음과 같은 자연의 법칙은 그로 인한 피해가 심각하고, 영향력 있는 집단이 그 심각성을 지적한다 하더라도 인간의 노력에 의해 해결될 수 있는 문제가 아니라는 점에서 사회문제라 할 수 없다.

우리나라는 1950~60년대까지 사회 구성원 대다수가 빈곤한 상황이었으며, 그것을 해결할 능력이 없었기에 사회 문제라고 여기지도 않았다. 이런 사회문제는 꽤 오랫동안 지속되는데 그 원인은 다음과 같다. 첫째, 사회제도들은 상호 연관성을 갖고 있기 때문에 사회 문제가 지속된다. 결혼제도와 출산율처럼 상호 보완 관계에 있는 사회제도들 간에는 높은 상관성이 있다 보니, 낮은 출산율이라는 사회 문제가 좀처럼 해결되지 않는다. 둘째, 누구도 이익이 되는 것을 포기하려 하지 않기 때문에 사회 문제가 지속된다. 예를 들어 공장의 매연으로 인한 환경 파괴는 사회 문제 중 하나이지만 오염정화설비 설치는 비용이 들어간다는 점에서 모든 공장이 오염정화설비를 설치하지는 않으며, 그로 인한 환경 파괴 문제는 지속되고 있다. 셋째, 사회문제를 빠르게 해결하려는 태도로 인해 지속되는 경우도 있다. 특정 문제가 심각한 사회 문제라 생각하고, 단기간에 많은 비용을 투입하려 해결하려 하지만, 그런 노력이 실패로 끝난다면 대중은 사회문제의 해결을 포기하는 경우도 있다(Parrillo, Stimson & Stimson, 1999: 6-8).

특정 문제가 사회문제가 되는 것도 복잡하지만 그것의 해결 방안 또한 그 못지않은 갈등의 가능성을 가지고 있다. 왜냐하면 해결 방안에 대해 사람들은 저마다 다른 정치적, 사회경제적, 문화적 지위를 바탕으로 해석하기 때문이다. 단적인 예로 최저 생활 보장과 같은 사회 안전망 확장과 관련하여 필요하다는 입장도 있지만 노동 의욕을 낮추기 때문에 불필요하다는 입장이 상존한다.

사회문제를 바라보는 시각은 크게 두 가지로 구분해 볼 수 있다. 하나는 사회문제의 원인을 개인의 특징에 귀속시키는 관점이고, 다른 하나는 사회문제의 원인을 사회 구조에서 찾는 관점이다. 전자의 관점에서 보면, 최근 뉴스에 오르내리고 있는 부동산 투기와 금리 인상으로 인한 '영끌족'

의 문제는 투자를 결정한 개인이 부담 혹은 책임져야 하는 문제라 할 수 있다. 그러나 이런 관점은 몇몇 개인이 아니라 수많은 사람들이 부동산 투자로 인한 문제에 직면해 있는 상황에서는 적절한 설명이 되기 어렵다. 상대적으로 후자는 사회문제의 원인을 사회 구조적인 측면에서 분석하고 있다는 점에서 꽤 많은 사회 구성원들이 직면한 문제의 원인을 밝히는 데 도움이 된다. 개인 비판론과 체제 비판론 또한 이와 유사한 특징을 가지고 있다(원석조, 2013: 26). 개인 비판론은 미국 슬럼지역 소재 학교에 다니는 학생의 학업 실패를 공부에 대한 무관심이나 가정환경의 문제, 부모의 낮은 교육수준 등 개인에 국한된 특징에서 그 원인을 찾는다. 이런 입장은 사례에 따라 그 원인을 분석하고, 개인의 변화를 통해 문제를 해결하려 한다. 다만 그렇게 되면 정부나 교육제도 등이 비난의 대상에서 제외되어 그로 인한 문제가 있는 경우에는 개인의 노력에도 불구하고 문제가 해결되기 어려운 경우가 생길 수 있다. 반면 체제 비판론은 학업 실패의 원인을 과밀학급이나 특정 계층에게 유리한 교육과정, 지역에 따른 학교 간 차이, 교사 부족 등 교육 환경이나 제도의 문제로 분석한다. 이런 관점에서 보면 개인의 노력은 적절한 사회 체제 내에서 빛을 발휘할 수 있을 뿐, 보다 거시적인 측면의 제도가 정비되지 않는다면 개인의 무능력이나 과실과 무관하게 학업 실패 현상이 나타날 수밖에 없다. 다만 지나치게 이런 관점에 경도되면 개인의 노력 부족이 사회문제를 야기한 것처럼 확대해석할 수 있는 여지가 있다.

어떤 관점에서 보든지 간에, 개인이 집단을 이루어 삶을 영위하는 사회에 어떤 문제도 없을 가능성은 없다. 오히려 사회문제가 지나치게 많아 미처 해결하기 어려운 것이 현실이다. 그렇다면 이런 사회문제를 유형별로 정리할 수는 없을까? 사회문제를 연구하는 학자들마다 관점이 상이하기 때문에 어려운 것은 사실이지만 여기서는 Parrillo, Stimson, J. &

Stimson, A.(1999)의 견해에 따라 유형과 범주를 논의하고자 한다.[1] 이들은 사회문제를 네 영역, 즉 개인의 복지를 위협하는 문제, 사회적 평등을 위협하는 문제, 사회제도를 위협하는 문제, 삶의 질을 위협하는 문제로 나누어 제시한다. 네 유형에 따라 우리가 사회에서 직면하고 있는 다양한 문제의 성격을 구분할 수 있으며, 어쩌면 이를 통해 사회문제의 해결 방안을 찾는 실마리를 발견할 수도 있을 것이다. 때로는 시대나 사회 구성원들의 인식의 변화로 사회문제이던 것이 더 이상 사회문제가 아닌 것으로 여겨질 수도 있고, 반대로 사회문제로 여겨지지 않던 것이 심각한 사회문제로 대두될 수도 있을 것이다. 이들이 구분하고 있는 사회문제의 영역과 종류를 표로 제시하면 다음과 같다.

〈표 7-1 사회문제의 영역과 종류〉

영역	종류
개인의 복지를 위협하는 문제	범죄, 청소년 비행, 성매매, 약물남용, 가정폭력 등
사회적 평등을 위협하는 문제	소득의 불평등, 빈곤, 성차별 등
사회제도를 위협하는 문제	교육문제, 노동문제, 보건의료문제 등
삶의 질을 위협하는 문제	인구문제, 도시문제, 환경문제 등

이하에서는 네 가지 영역에 포함된 대표적인 사회 문제 몇 가지를 살펴보고자 한다. 사회문제라는 것이 문제임을 인식하고 있음에도 불구하고 쉽게 해결되지 않는 것은 때로는 관련된 이해 당사자들의 입장이 달라서일 수도 있고, 때로는 사회 문제를 바라보는 관점 자체의 차이가 있기 때

1) Merto, R. & Nisbet, R.(1976)은 사회문제를 일탈행위와 사회해체 두 가지로 유형화하여 제시한 바 있다. 이들의 견해에 의하면, 일탈행위는 범죄, 비행, 정신질환, 약물중독, 알코올중독, 성매매·동성애를 포함하며, 사회해체는 인구문제, 불평등, 고령화, 성역할, 인종문제, 가족해체, 지역사회 해체·도시문제, 빈곤과 프롤레타리아, 집단폭력을 포함한다.

문이다. 각 문제에 대한 보다 구체적인 논의는 사회문제가 내포하고 있는 복잡성에 대한 이해에 조금이나마 기여할 수 있을 것이다. 이런 이해는 사회문제에 대한 해결 방안을 찾고, 그것을 실천하는 데 매우 중요한 부분을 차지하고 있다.

2. 개인의 삶과 관련된 사회문제

일탈행위는 사회 규범의 범위를 벗어난 행위를 의미한다. 사회 구성원들은 교육을 통해 기존 사회 구성원들이 수용해 온 각종 규범이나 법규 등을 익히는 게 된다. 일탈 행위는 이 과정에서 생기는 갈등이나 사회·심리적 충돌로 인한 것이라 할 수 있다. 사회 구성원들은 규범의 준수를 요구하지만 어떤 이유로든 그것의 충족이 어려울 때 일탈 행동이 발생할 수 있다. 이런 일탈 행위에 대한 설명은 아노미론, 낙인이론, 차별적 교제론 등이 대표적이다. 아노미론은 급격한 사회 변동이 일어날 때 규범의 혼란이 발생한다고 설명한다. 낙인이론은 사회집단이 어떤 행위를 일탈 행동으로 규정하거나 특정 개인을 일탈 행위자로 낙인을 찍어 일탈 행동이 발생하게 된다고 설명한다. 끝으로 차별적 교제론은 일탈 행동을 하는 집단과의 상호 작용을 통해 일탈 행동을 배우게 된다는 관점이다.

범죄는 법을 위반한 행위를 의미하며 개인의 복지를 위협하는 가장 대표적인 일탈 행위 중 하나라 할 수 있다. 여기에는 절도, 살인, 폭행 등이 포함된다. 절도는 타인의 재산을 훔치는 모든 행위를 의미한다. 전문적인 절도 행위라 할 수 있는 사기, 각종 재화의 위조뿐만 아니라 소매치기나 마트에서 물품을 훔치는 행동 등 절도의 범위는 상당히 넓다. 살인은 불법적으로 사람의 생명을 빼앗는 행위를 의미하며 폭행은 불법적으로 타인에게 신체적 상해를 가하는 행위를 의미한다. 살인과 폭행은 다른 범죄에 비해 피해나 상해가 크기 때문에 일반인들에게 공포심이 가장 큰 일탈 행위에 속한다.

청소년 비행은 이 책의 마지막 장에서 좀 더 자세히 다루겠지만, 범죄와 함께 쉽게 생각해 낼 수 있는 일탈 행위이다. 청소년 비행은 무단결석, 가출, 난폭한 행동 등 다양한 형태로 나타날 수 있다. 여기에는 음주, 흡연, 성인시설이나 미성년자 출입제한시설, 성도덕 문란 등 청소년으로서 해서는 안 되는 행위를 하여 부모나 사회의 보호를 받아야 하는 청소년 모두가 포함된다. 우리나라 청소년 비행의 실태를 살펴보면, 2021년 기준 미성년범은 5만 3,760명으로 전년에 비해(6만 4,152명) 약 16.1% 감소한 것으로 나타났다. 그러나 단순히 전체 비율의 감소로 안심할 수 없는 부분은 청소년 범죄에 있어서 강력 범죄의 비율이 증가하고 있다는 점이다. 미성년 범죄 중 강력 범죄는 3.1%로 전년 2.9%에 비해 0.2% 증가했으며, 살인이나 살인미수, 강도, 성범죄, 방화와 같은 강력 범죄가 일어나고 있음을 의미한다. 더군다나 미성년 범죄자 중 재범자는 47.6%로 이를 정도로 한번 범죄를 저지른 청소년이 다시 범죄를 저지를 가능성이 50%에 가까울 정도로 높은 편이며, 최근 5년 사이 마약류를 사용하다 적발된 경우도 3배 이상 늘어나 그 심각성이 더해지고 있다(2021년 범죄통계, 경찰청).

성매매는 법적으로는 성적 서비스에 대한 대가로 금전을 받았는가 여부에 따라 정의되지만 사회적으로는 성이 상품화되어 거래된다는 점 이외에 배우자 이외의 상대와 성행위를 한다는 점, 정서적 교감 없이 이루어진다는 점이 강조된다. 일본에서 유래한 원조교제가 대표적인 예이다. 이것은 용돈이나 선물의 형태를 받고 신체 접촉이나 성관계 등의 교제 하는 행위를 의미한다. 성매매는 가정이나 경제적 빈곤과 같은 개인의 문제로 치부하기보다는 사회구조적 측면에서 살펴보아야 하는 문제 중 하나라 할 수 있다.

약물 남용은 사회적 기준을 위반하여 향정신성 약물을 지속적으로 사용하는 것을 의미하며, 이로 인해 신체적 · 심리적 · 사회적 부작용을 유발하게 되는 행위 일체를 포함한다. 약물을 사용하다 보면 그것에 의존하게 되며, 중단되면 금단 증상이 나타나기도 한다. 이를 약물 중독이라 한다. 약물 중독은 약물로 인해 자신의 행위에 대한 통제력을 상실한 상태를 의미하며, 실업, 가정불화, 학교 성적, 친구, 지역사회, 신념 집단 등이 원인이 될 수 있다(Beeghley, 1999: 129-130). 약물 남용이나 중독의 대상이 될 수 있는 것에는 흔히 알코올, 담배를 비롯하여 대마초, 아편, 코카인, 필로폰 등이 있다. 우리나라는 상대적으로 청소년층의 약물 남용 문제가 심각하지는 않았지만 최근에는 일반인들의 마약 사건도 심심치 않게 뉴스에 보도되는 등 약물 남용의 문제가 점점 심각해지는 추세이다.

가정폭력은 개인의 복지를 위협하는 문제 중에서도 가정 내에서 발생하는 배우자에 대한 폭력으로 좁게 규정할 수 있다. 대부분 남편의 아내에 대한 폭력이 주를 이루며 빈곤, 알코올, 개인의 가정사 등이 원인으로 지적되고 있다. 아내에 대한 폭력은 아내뿐만 아니라 가족 구성원 모두에게 신체적 · 심리적 · 사회적 상처를 주며 청소년 일탈의 원인이 되기도 한다. 자녀의 경우 신체적 피해나 발안, 아버지에 대한 증오심이나 공격적 성격 등의 심리적 피해, 폭력의 전이 등을 경험하기도 하며, 가해자인 남편 또한 가족으로부터의 고립과 같은 심리적 피해와 가족 상실 등의 사회적 피해를 입는다. 결국 가정폭력은 가족 전체가 커다란 피해를 입는 행위인 셈이다.

최근 우리 사회에서 다양한 사회집단 사이의 갈등과 대립이 격화되고 있으며, 그 이면에 자리 잡고 있는 혐오 문화 또한 개인의 복지를 위협하는 문제라 할 수 있다. '일베'와 '워마드'로 대변되는 남성주의와 여성주의의 갈등, '갑질 문화'로 묘사되는 부유한 사람과 그렇지 못한 사람 사이의 갈등 등 사회 전반에 걸쳐 갈등을 넘어 혐오의 수준에 이른 현상들이 심심치 않게 나타나고 있다. OO충이란 표현의 범람은 혐오로 인한 사회 문제를 단적으로 보여 주는 장면이라 할 수 있다. Carolin Emcke는 『혐오사회』를 통해 현대 사회의 혐오가 단순히 개인적인 감정이 아니라 다름을 이유로 누군가를 멸시하는 적대 행위로 나타나고 있으며, 다수의 구성원들이 적대 행위를 자신과 무관한 것으로 방관함으로써 혐오가 사회적으로 공모된 것임을 지적한다. 사회적으로 공모된 혐오는 사회적 관계에 있어서 갈등의 가능성과 긴장도를 높일 뿐만 아니라 언제든 집단적 광기나 폭력으로 번질 수 있다. 이런 혐오는 각 개인의 삶 장면 장면에서 내재화 되어 드러나게 되며, 만연하게 되면 더 하나의 공동체 유지에 있어서 치명적일 수 있다.

3. 사회제도와 관련된 사회문제

사회 해체를 야기할 수 있는 문제는 크게 사회적 평등을 위협하는 것과 사회 제도를 위협하는 것으로 나누어 볼 수 있다. 우선 사회적 평등을 위협하는 문제에는 소득의 불평등과 빈곤과 같은 문제가 포함된다. 소득 불평등의 문제는 사회 구조를 사회 계층으로 파악하는 관점을 통해 잘 드러나고 있다. 기능론은 불평등을 사회의 유지 · 발전을 위한 원동력이자 불가피한 것으로 파악한다. 이런 관점에 의하면 능력 있는 사람들의 노력에 합당한 보상을 주다 보면 사회적 불평등이 발생할 수밖에 없으며, 이런 불평등은 일종의 동기가 된다고 본다. 이와 달리 갈등론은 사회적 불평등은 계급간 착취 관계에 기반을 둔 것으로 보며 생산 수단의 소유 여부, 관리자와 피관리자, 잉여가치의 생산 수단 유무 등을 기준으로 계급간 차이가 발생한다고 본다. 이를 기준으로 소위 부르주아와 프롤레타리아가 구분될 수 있다.

이런 계층 계급의 발생은 소득 분배에 있어서도 불평등을 야기하게 된다. 사회에서 소득분배를 나타내는 방법은 크게 두 가지이다. 하나는 일정한 기간 중에 재화와 서비스의 생산 과정에서 발생하는 이득이 생산 과정에서 서로 다른 역할을 한 요소에 어떻게 분배되는가, 즉 토지, 노동, 자본에 대해 기대, 임금, 이윤이 어떻게 분배되는가를 살펴보는 것이다. 다른 하나는 개인의 소득의 크기와 분배 상태를 검토하여 소득의 계층별 불평등 상태를 로렌츠 커브나 지니계수 등을 활용하여 분석하는 것이다. 로렌츠 커브는 개인의 소득을 적은 사람부터 많은 사람 쪽으로 누적시키고, 그에 대응하는 소득액의 누적 비율을 연결하여 만든 곡선이다. 구성원들의 소득이 모두 같고, 동일한 방법으로 소득을 누적시키면 직선이 되지만, 소득 불평등한 상황에서는 곡선으로 나타나게 된다. 지니계수는 로렌츠 커브의 불균등면적을 의미하는 것으로 삼각형 전체 넓이를 1, 즉 완전 평등으로 가정하고 지니계수가 0에 가까울수록 평등하고, 1에 가까워질수록 불평등한 것으로 본다. 우리나라의 지니계수는 2012년 0.38에서 2021년 0.33으로 개선되고 있다. 그러나 아직 OECD 국가 아이슬란드(0.244), 노르웨이(0.252) 등의 선진국에 비해서는 보다 경쟁력을 갖춰나갈 필요가 있다.

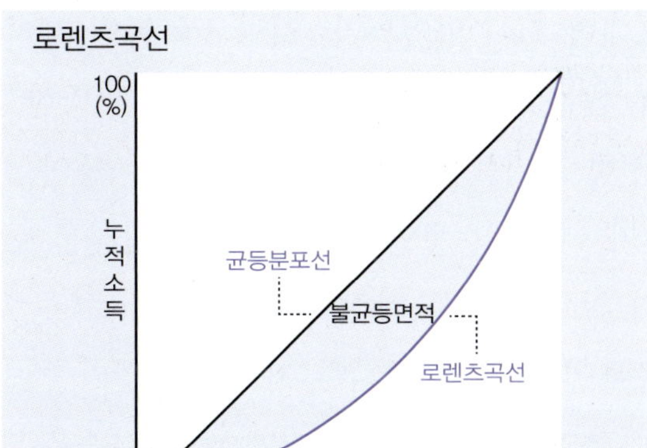

[그림 7-1] 로렌츠 곡선

사회적 평등을 위협하는 또 다른 문제 중 하나는 빈곤의 문제이다. 빈곤은 절대빈곤과 상대빈곤으로 나누어 볼 수 있다. 절대빈곤은 최저생활을 유지할 수 없는 수준, 즉 의식주에 있어 최소한의 수준을 유지하지 못함을 의미한다. 보통 최소한의 일일 칼로리 섭취량, 식품비가 가계지출에서 차지하는 비율, 최소한의 생필품을 구입하는 데 필요한 소득 등으로 정해진다(Dixon & Macarov ed., 1998: 4). 절대빈곤의 개념은 1889년 C. Booth의 사회조사를 바탕으로 제시된다. 그는 가난한 사람을 빈민과 극빈층으로 구분한다. 빈민은 규칙적인 수입은 있지만 그 수준이 겨우 먹고 살 만한 정도에 그치는 경우이며, 극빈층은 불규칙한 노동, 질병, 많은 부양자녀 등으로 인해 빈민보다 더 가난한 경우를 의미한다. 이에 비해 상대빈곤은 한 사회의 평균적인 생활 수준에 비교하여 빈곤을 규정하는 것이다. 상대빈곤은 소득 대신 자원, 소비 대신 생활양식에 준거하고 있다. Townsend는 상대빈곤을 일상식품을 획득하고 사회활동에 참여하며, 그들이 속한 사회에서는 관례적인 생활조건과 편의시설을 갖는 데 필요한 자원이 결여된 경우로 정의한다. 그는 상대적 박탈의 조건을 판단하기 위해 다음의 12가지 조건을 제시한다. 지난 1년 동안 일주일간의 휴가가 있었는가, 지난 4주 동안 친구를 집에 초대한 적이 있었던가, 지난 4주 동안 친구를 외식에 초대한 적이 있었는가, 지난 4주 동안 같이 논 친구가 있었는가, 생일파티를 했는가, 지난 2주 동안 예술을 관람한 적이 있는가, 일주일에 4일간 신선한 고기를 섭취했는가, 지난 2주 동안 하루 이상 요리된 음식을 섭취했는가, 일주일 동안 요리된 아침 식사를 했는가, 냉장고가 있는가, 가족과의 일요 모임을 가졌는가, 가정 내 표준 편의시설이 설치되어 있는가의 유무이다. 그가 제시한 지표들이 얼마큼 빈곤을 측정할 수 있는지, 그리고 박탈의 시점이 언제인지에 대한 검증은 남겨져 있는 과제이다(원석조, 2013: 204).

이런 빈곤의 원인은 여러 가지로 논의되는 데 Rejda(1999)는 무작위적 사고이론, 사회적 장벽이론, 개인차이 이론을 제시한 바 있다. 무작위적 사고이론은 개인과 가족이 자신의 통제범위 밖에 있는 어떤 사건 때문에 가난해진다는 이론이다. 가장의 장애나 사망, 경기후퇴로 인한 사업 부도, 정리 해고당한 노동자 등이 여기에 속한다. 사회적 장벽이론은 사회가 빈곤을 야기하고 빈곤으로부터 빠져나오기 힘들게 만드는 공식적 · 비공식적 정책을 펴고 있다는 것이다. 인종차별이나 주택차별, 노조에 의한 인위적인 고용 장벽 등이 사례라 할 수 있다. 개인차이 이론은 사회적 다수가 개인적 자질을 결여하고 있기 때문에 가난하다는 이론이다. 예를 들면 빈약한 학력, 낮은 근로동기, 알코올 중독, 도박습관 등이다.

다음으로 사회 제도를 위협하는 문제에는 가족문제, 노동문제, 교육문제 등이 포함된다. 가족은 사회구성원을 재생산하고 양육하는 기능을 가진 혈연공동체이자 모든 개인의 삶이 시작되는 기본 단위이다. 산업화와 함께 가족의 기능이 축소된 것은 사실이지만 가족은 여전히 배우자간의 정서적 · 사회적 · 경제적 유대 및 아동의 사회화, 가족성원의 보호, 재화와 용역의 교환 등 주요한 사회 기능 수행의 기본 단위라 할 수 있다. 이런 가족의 해체는 이혼이 증가하면, 편부모 가족이 증가하고, 이를 원인으로 청소년문제의 증가와 같은 사회 문제를 초래하고 있다. 대표적인 가족해체론자인 Elliott와 Merrill은 가족해체를 핵가족을 포함하는 소집단의 약화 또는 붕괴, 광의로는 가족집단의 성원을 하나로 만드는 결속력의 해체 또는 부적응으로 정의한 바 있다. 이혼은 가족해체의 대표적인 예이다. 우리나라의 이혼율은 2000년대 이후 약 11만 건을 유지하고 있다. 2020년 OECD 국가 중 한국의 이혼 순위는 27등, 실제 비율로 따지만 이혼율은 약 2.2%이다(OECD 평균 1.97건). 최근 우리나라는 결혼율 저하로 이혼 건수가 줄어드는 현상이 나타나고 있으며, 평균 이혼 연령은 2020년 기준으로 볼 때 남자 49.4세, 여자 46세이다.

이혼의 가장 큰 문제는 자녀의 피해이다. 이혼한 부부 사이의 자녀는 커다란 마음의 상처를 받을 수 있으며, 이혼 후 홀로 남겨진 편부 또는 편모에 의해 자녀양육, 직장생활, 가정 경제 등 여러 가지 이유로 자녀에 대한 관심과 애정이 충분하지 않을 수 있다. 그 결과 자녀들은 행동상의 문제, 학업성적의 하락, 기타 부적응문제 등을 겪는다(Eitzen & Zinn, 2000: 368). 말하자면 가정의 붕괴는 아이들의 문제로 이어지며 부모의 이혼과 별거 혹은 가정 내 폭력 등은 청소년 문제로 이어질 수 있다.

이혼 외에도 가족 문제에는 아동학대나 노인학대와 같은 문제도 있다. 아동학대는 아동을 위험에 빠트리는 폭력적 · 비폭력적 행동과 작위적 · 부작위적 행동으로 폭넓게 정의할 수 있다(Eitzen & Zinn, 2000: 373). 아동학대의 개념을 좁게 규정하면 아동에게 객관적으로 관찰 가능한 상처를 의도적으로 입힌 행위로 국한시켜 볼 수 있지만 그 개념을 확대시켜 보면 아동의 발달과정에서 나타나는 기본적인 욕구 충족이 불가능한 환경에 방치 등 아동의 건강과 복지의 측면에서 정상적 발달을 저해할 수 있는 신체적 · 정신적 행위 일체라 할 수 있다. 아동학대에 해당하는 범죄의 증가는 이와 관련된 사회적 관심의 증대와 더불어 제도적 보완으로 이어지고 있다. 아동학대에 대한 법적 처벌이 강화되고, 어린이집이나 유치원 혹은 응급실 의사 등 아동이 무단결석을 하거나 신체적 · 정신적 학대의 증거로 의심되는 정황이 있는 경우 경찰에의 신고 의무나 아동학대조사 실시 등의 제도적 보완이 이루어지고 있다.

최근에는 아동학대만큼이나 노인학대와 관련된 뉴스도 보도되는 경우가 늘어나고 있다. 노인학대는 노인에 대한 신체적 · 정신적 학대, 경제적 착취나 의료적 방임 행위 등을 총칭하는 것으로 대부분 가정 내에서 혹은 노인시설 안에서 발생한다. 특히 초고령화 사회로 진행되고 있는 우리나라는 노인 인구와 이들을 대상으로 하는 시설이 급증하는 것으로 인해 양로원이나 요양원 내에서의 노인학대 비율도 증가 추세이다. 전통적인 유교 문화가 약화되고, 부모부양문화로 인한 경제적 · 정신적 스트레스가 주요 원인 중 하나로 거론되고 있다. 이 외에도 부양의 스트레스, 부양자의 정신적 결함, 인간관계의 문제, 부정적 인식이나 가치관의 변화 등이 원인이 되고 있다. 고령의 부모를 오랜 기간 봉양하다 보니 경제적 부담이 가중되고 심신이 지치면서 폭력으로 비화되어 60대 자녀가 70~80대 노부모를 학대하는 노노 학대 같은 사례가 발생하고 있다. 중장년층은 자녀교육에 대한 부담, 직장 퇴직 등으로 인해 부모에 대한 부양책임이 가중되고 있으며, 부모를 부양해야 한다는 전통적인 가치관으로 인해 다른 대안을 쉽게 선택하지 못하는 경향이 있다.

사회 제도를 위협하는 또 다른 문제는 노동문제이다. 노동은 각 개인이 삶을 영위하는 기본 수단이자 사회 내에서 정체성을 확립하는 데 있어 기반이 되는 일이다. 이 점에서 실업은 심각한 사회문제가 될 수 있다. 실업이란 적극적으로 일자리를 원하고 또 일하는 데 필요한 능력을 갖추고 있음에도 불구하고 일을 할 수 없는 경우를 의미한다. 실업은 주기적 실업, 기술적 실업, 구조적 실업, 마찰적 실업, 계절적 실업으로 나누어 볼 수 있다(Rejda, 1999). 주기적 실업은 경기변동에 따라 주기적으로 발생하는 실업이다. 총수요의 부족으로 일자리가 부족한 경우이며, 감세정책으로 일자리 추가 창출을 시도하게 된다. 기술적 실업은 노동을 절감시키는 기계와 새로운 생산기술 또는 경영 기술의 등장으로 인한 실업이다. 4차 산업혁명 시대 향후 10년 안에 없어질 것 같은 직업, 새로 수요가 증가할 것 같은 직업과 같은 사례가 여기에 속한다. 구조적 실업은 기술이나 지역의 격차로 인해 발생하는 실업이다. 특정 산업의 사양화나 국가 간 차이로 인해 특정 영역에서 실업이 발생하는 경우이다. 마찰적 실업은 개별

노동자가 일자리를 바꾸고자 할 때 이직 기간에 발생하는 실업을 의미하며, 계절적 실업은 농업이나 건설업처럼 계절적 경기 변동으로 인한 실업을 의미한다.

이런 실업은 개인의 경제적인 측면뿐만 아니라 국가 전체적으로도 GDP를 하락시키며, 구매력의 상실, 내수 시장의 위축 등을 야기하여 궁극적으로는 국가 전반에 걸친 경기 침체를 가져올 수 있는 문제이다. 이 외에도 실업으로 인한 심리적 스트레스는 부부간의 갈등은 물론 부모와 자녀 간의 관계에도 부정적인 영향을 미칠 수 있다.

이 외에도 집단따돌림을 포함한 학교폭력과 같은 교육문제 또한 사회제도를 위협할 수 있다. Rigby(1966)에 의하면, 학교폭력은 보다 많은 힘을 가진 개인 혹은 집단이 보다 적은 힘을 가진 개인을 심리적으로 혹은 신체적으로 반복해서 억압하는 것을 의미한다. 집단따돌림의 경우 주로 학교 내에서 발생하며, 학교폭력 피해 학생 10명 중 4명이 자살을 생각해 본 적이 있을 정도로 심각하다. 그 피해 양상도 다양해서 학업부진이나 등교거부뿐만 아니라 대화 거부, 무기력, 자신감 결여 심한 경우 신경쇠약이나 우울증이 나타나는 경우도 있다.

4. 삶의 질과 관련된 사회문제

인류 전체의 삶의 질을 위협할 수 있는 사회문제도 있다. 예를 들어 인구문제나 환경문제 등은 개인이나 국가의 경계를 넘어 인류 구성원 전반의 삶의 질을 위협할 수 있는 요인들을 가지고 있다. 우리나라는 저출산이라는 문제를 가지고 있지만 지구 전체를 보면 빠르게 증가하는 인구로 인해 심각한 문제를 야기할 가능성이 커지고 있다. 기원전 8천 년 5백만 명에 불과했던 인류는 2020년 78억 명에 도달했다. 독일, 이탈리아 등 대부분의 선진국은 향후 50년 동안 인구가 감소할 것으로 예상되지만 아시아와 아프리카 빈곤 국가의 인구 성장 속도는 줄어들지 않고 있다. 인구의 증가는 단순한 공간의 부족을 넘어 식량 및 식수 부족, 경제 문제, 이민 등의 원인이 되고 있다. 오늘날 전 세계적으로 약 10억 명의 인구가 영향 부족 상태에 직면해 있으며, 세계에 있는 물의 3%만이 음용 가능한 현실은 인류의 생존을 위협하고 있다. 경제적으로 보면 인구 과잉은 일자리와 주택 부족, 환경 오염 등의 원인이 될 수 있으며, 후진국일수록 그 정도는 더욱 심각하다. 그러다 보니 후진국 시민들은 선진국으로의 이주를 원하며, 이민은 인종 문제, 불법이민과 같은 또 다른 사회 문제의 원인이 되기도 한다.

인구 문제를 우리나라에 국한시켜 보면, 우리나라는 1970년대까지 인구증가로 인한 문제에 직면해 있던 개발도상국 중 하나였다. 지나친 인구증가를 막기 위해 정부는 산아 제한 정책을 꾸준히 펴 왔으며, "하나씩만 낳아도 삼천리는 초만원", "덮어놓고 낳다 보면 거지꼴 못 면한다"와 같은 표어가 활용되기도 했다. 그러나 1980년대 중반 이후 출산율 저하 현상이 나타나기 시작했으며, 이후 DINK(Double Income No Kids), NEET(Not in Education, Employment, Training)와 같은 신조어가 등장한다. 2020년 우리나라의 합계출산율은 0.84명으로 OECD 국가 중에서도 가장 낮은 수준이다.

또 다른 측면에서 신생아 출산은 줄어드는 데 비해 평균 수명은 꾸준히 늘어나고 있어 65세 이상 노인 인구의 구성비율은 세계 최고 수준으로 늘어나고 있다. 흔히 고령화 사회는 65세 이상 노인이 차지하는 비율이 7% 넘어선 사회를 의미하며, 고령 사회는 14%, 초고령화 사회는 20% 이상에 도달한 사회를 의미한다. 우리나라는 2020년 처음으로 800만을 넘어 820만 6,000명이 65세 이상 인구로 조사되었으며, 전체 인구에서 16.4%를 차지하여 고령사회로 접어들었다. 프랑스는 115년, 미국은 72년, 일본은 24년

걸린 데 비해 우리나라는 고령화 사회에서 고령 사회로 19년 만에 진입하여 속도가 여타 국가와 비교하기 힘들 정도이다. 이 같은 결과는 출산율의 감소와 평균 수명의 연장이 동시에 일어난 결과로써 우리나라 사람들의 삶의 질 그 자체를 위협하고 있다.

환경문제 또한 우리나라뿐만 아니라 전 인류의 생존을 위협하는 사회문제 중 하나이다. 환경문제는 무분별한 개발과 일회용품과 같은 쓰레기의 처리 등으로 발생하고 있다. 경제발전을 위한 도시개발은 농경지, 산지 등의 면적을 줄어들게 하고 있으며, 녹지면적과 생물의 서식 공간은 하루가 다르게 줄어들고 있다. 대기 또한 각종 매연 및 먼지 등으로 오염되고 있기는 마찬가지이다. 자동차 사용의 증가는 대기 오염의 속도를 더하고 있다. 우리나라는 2020년 기준으로 이미 2,400만 대 이상의 자동차를 보유하고 있다. 2천만 대 이상 자동차를 보유한 아시아 국가는 우리를 제외하면 일본, 중국, 인도로 모두 면적이나 인구 면에서 우리나라보다 큰 국가들이다. 심지어 자동차 수는 가파르게 늘어나고 있는데, 서울을 예로 들면 2000년 0.79대이던 가구당 자동차 보유대 수가 2010년 0.85대로 이미 10여 년 전 한계에 도달한 상황이다. 참고로 2010년을 기준으로 할 때 도쿄는 0.45대, 베이징은 0.72대이며, 싱가포르나 뉴욕도 0.65 이하인 점을 고려하면 서울의 가구당 자동차 보유 대수의 심각성을 느낄 수 있다. 자동차의 매연은 상대적으로 국토가 넓지 않은 우리나라의 대기 오염에 더 치명적이다.

녹지의 감소와 생태계 파괴, 대기 오염은 지구 온난화의 속도나 정도의 심각성을 더하고 있다. 오늘날 지구 온난화 문제는 쉽게 해결될 수 있는 상황이 아니다. 세계기상기구에 의하면, 지난 100여 년의 시간 동안 양극의 빙하가 녹아 해수면은 10～20cm 상승하였으며, 향후 해수면의 상승이 멈추지 않으면 섬이나 나라들이 사라질 위기에 봉착할 것으로 예상된다.

예를 들어 투발루는 2001년 국토 포기 선언을 하였으며, 몰디브나 마셜제도 또한 안심할 수 없는 상황이다.

유엔은 매년 6월 5일을 세계환경의 날로 정해 환경문제에 대한 경각심을 일깨우고 있으며, 환경문제의 심각성을 주장하는 자연보호주의자들 또한 매년 4월 22일을 지구의 날로 정하고 있다. 이는 1970년 미국 위스콘신주의 넬슨 상원의원이 환경문제에 대한 범국민적 관심을 불러일으키기 위해 주장한 '지구의 날'이 계기가 되었으며, 1972년 스톡홀름에서는 113개국이 참여하여 '인간환경선언'을 채택하기도 하였다. 1990년대 이르러서는 150개국이 참여하고 있다. 우리나라 또한 2009년부터 매년 '지구의 날'의 일환으로 온실가스 감축을 위한 저탄소생활 실천 행사로 소등 행사를 실시하고 있다. 이 외에도 산업 구조를 저탄소 배출 권장 구조로 전환하고, 대중교통 및 자전거 이용 증대, 전기차 보급 확대, 일회용품 줄이기 등의 노력이 시급하다.

풀어보기

1. 다음 보기 중 어떤 문제가 사회 문제가 되기 위한 조건에 대한 설명이 아닌 것은?
   ① 문제가 사회 또는 개인에게 해로워야 한다.
   ② 문제가 사회 구성원들의 노력을 통해 해결될 수 있는 것이어야 한다.
   ③ 문제가 사회문제라고 영향력 있는 집단에 의해 인정되어야 한다
   ④ 문제가 내 생각에 심각하다고 판단되어야 한다.

2. 다음 보기의 내용은 무엇에 대한 설명인가?

- 사회 규범의 범위를 벗어난 행위
- 아노미론, 낙인이론, 차별적 교제론 등으로 설명

① 범죄행위
② 일탈행위
③ 청소년 비행
④ 성매매
⑤ 약물남용

3. 다음 보기의 내용이 설명하는 것은 무엇인가? (   )

- 개인의 소득을 적은 사람부터 많은 사람 쪽으로 누적시키고, 그에 대응하는 소득액의 누적 비율을 연결하여 만든 곡선
- 구성원들의 소득이 모두 같고, 동일한 방법으로 소득을 누적시키면 직선이 되지만, 소득 불평등한 상황에서는 곡선으로 나타남
- 지니계수가 0에 가까울수록 평등하고, 1에 가까워질수록 불평등한 것으로 해석

4. 다음 보기 중 빈곤의 원인으로 제기되지 않은 것은?
   ① 경기 침체로 인한 정리 해고
   ② 인종차별
   ③ 도박 습관
   ④ 키, 체중 등 신체 조건의 차이
   ⑤ 낮은 근로동기

READ 생각해보기

환경문제, 해결 방안은 없을까?

남극해의 얼음 규모가 2년 연속 사상 최저 수준으로 줄어든 것으로 확인됐다. 기후 위기가 되돌릴 수 없는 전환점을 돌아선 것이 아니냐는 우려 속에 일부에서 지구 종말의 시작일 수 있다는 경고도 나오고 있다.

CNN은 21일(이하 현지시간) 미 국립 눈·얼음데이터센터(NSIDC) 발표를 인용해 이같이 보도했다. NSIDC에 따르면 지난 13일 현재 남극해 바다 얼음 규모는 73만 7,000제곱마일(191만㎢) 수준으로 줄어 사상 최저 수준을 기록했다. 이전 사상최저치인 지난해 2월 25일 기록한 74만1,000제곱마일(192만㎢)를 밑도는 수준이다. 아직 남극해 빙하 감소 연중 고점은 1주일 넘게 남은 상태라 사상 최저 기록은 더 낮아질 가능성이 충분히 있는 것으로 보인다. 남반구 끝 지점인 남극은 현재 여름이다.

남극해 빙하는 1978년 위성을 이용한 감시가 시작된 이후 처음으로 지난해부터 200만 제곱마일 미만으로 낮아졌다. 콜로라도대(볼더) 빙하학자 테드 스캠보스는 남극 빙하 규모가 사상 최저 수준일 뿐만 아니라 감소 추세가 매우 가파르다고 우려했다. 기후변화가 속도를 내는 와중에도 일정한 감소 흐름을 보이는 북극해 빙하와 달리 남극해 빙하는 증가와 감소를 반복해 지구 온난화에 남극대륙과 주변 바다가 어떤 반응을 보이는지 분석이 더 어렵다.

북극과 남극은 지구 양극 지방이지만 크게 차이가 난다. 북극은 대륙이 아닌 바다로 대륙에 둘러싸여 있다. 반면 남극은 대륙으로 바다에 둘러싸여 있다. 대륙에 둘러싸여 확장이 제한적일 수밖에 없는 북극과 달리 남극 주변 바다 빙하는 대륙이라는 경계의 제약 없이 뻗어 나갈 수 있다는 뜻이다. 이 때문에 기후모델에서는 남극해 빙하가 북극 빙하와 비슷한 움직임을 보일 것으로 예측됐지만 실제로는 전혀 다른 움직임을 보이고 있다. 남극해 빙하는 2014년 겨울 776만 제곱마일까지 뻗어 나가 사상 최대 수준을 기록하기도 했다. 당시 이는 남극이 지구 온난화에 상대적으로 면역을 갖추고 있는 것이 아니냐는 낙관을 불렀다.

그러나 2년 뒤 상황은 달라졌다. 2016년 과학자들은 남극해 빙하가 급격히 감소 추세라는 것을 확인했다. 초기에 일부는 이같은 이례적인 변동을 매우 복잡한 남극의 기후, 다양한 기후시스템의 상호작용인 것으로 판단했다.

그렇지만 지난해에 이어 올해까지 2년 연속 남극해 빙하가 사상 최저 수준을 기록함에 따라 과학자들도 이제는 우려하기 시작했다.

독일 알프레드 베게너 연구소의 해양얼음물리연구 부문 책임자 크리스티안 하스는 “문제는 기후변화가 남극에 도달했는지 여부”라고 지적했다. 하스는 남극해 빙하가 앞으로 여름에는 영원히 사라질 수도 있다면서 이는 어쩌면 지구 종말의 시작일 수 있다고 경고했다.

(파이낸셜 뉴스, 2023.02.22., 송경재 기자)

▶ 위 줄거리를 읽고 다음의 문제에 대해 생각해 봅시다.

1. 남극 빙하의 감소는 사회 문제라 할 수 있는가?
2. 남극 빙하의 감소는 우리 삶의 영위와 어떤 식으로 관련되는가?
3. 남극 빙하 감소 문제의 해결 방안은 무엇일까?

CHAPTER 8

교육과 평등

학습목표

1. 평등의 개념을 설명할 수 있다.
2. 교육에서 평등의 의미 및 중요성을 기술할 수 있다.
3. 우리 교육에서 평등에 대한 관점의 차이를 비교할 수 있다.

교육 평등의 개념은 관점에 따라 다양하게 이해될 수 있다. 과정 혹은 결과의 평등을 의미할 수도 있지만 사회의 변화에 따라 그 내용도 변화해 왔다. 교육이 사회의 영향을 받기도 하지만 교육의 결과가 사회에 영향을 미치기도 하며, 이 장에서 다루려는 평등의 문제는 대표적인 사례 중 하나라 할 수 있다.

1. 평등의 개념

평등이란 무엇인가? 근대 사회 이후 우리는 평등의 개념을 인간의 선천적인 특징, 예컨대 성별이나 인종 등과 관계없이 동등함을 주장하는 것으로 이해해 오고 있다. 인간이라면 누구나 동등하게 대우받을 권리를 가진다는 말은 평등의 개념을 대표적으로 나타나는 것으로 여겨져 왔다. 평등하다는 것은 타고난 소질을 발휘하여 자아를 실현할 수 있는 기회가 누구에게나 차별 없이 주어짐을 의미한다. 루소는 인간불평등 기원론에서 자연적 불평등과 사회적 불평등을 지적하며, 평등의 문제가 자연적인 현상이기보다는 인간에 의해 야기된 사회적 현상이라는 점을 지적한다.

2. 교육에서의 평등

교육에서 평등의 문제는 콜만 보고서(Coleman, 1968)를 통해 그 실상이 분명하게 드러나게 된다. 이 연구는 학업성취를 결정하는 여겨지는 여러 가지 교육조건이 실제 학업 성취에 얼마나 반영되고 있는가를 분석한다. 이 보고서는 당시 미국 사회가 가지고 있었던 불평등에 대한 관심, 특히 불평등의 근원 중 하나로 여겨진 교육 불평등의 실체를 드러내는 데 초점을 맞추고 있다.

콜만 보고서는 4단계의 교육 평등관의 변화를 제시한다. 1단계는 산업화 이전 단계이다. 산업화 이전 사회에서 교육은 개인 혹은 가정의 문제로 치부되었으며, 학교 교육의 평등 문제는 거론조차 되지 않던 시기이다. 2단계는 초기 산업화 단계이다. 산업화가 진행되면서 교육받은 노동자에 대한 필요가 증대되었고, 이를 충족하기 위해 초등 교육이 일반화·의무화되게 된다. 이 시기 초등 교육의 기회가 평등하게 제공되는 데 비해 중등 교육 이상의 교육 기회는 상류층에게만 가능했다. 3단계는 기회균등의 단계이다. 이 단계에서 교육의 기회는 신분, 인종, 종교, 성별 등에 관계 없이 누구에게나 허용되어야 한다. 4단계는 교육 결과의 평등 보장 단계이다. 이런 관점에 따르면 진정한 평등은 학교를 다닐 수 있을 뿐만 아니라 배워야 할 것을 누구나 온전히 배우는 결과의 평등이 보장되었을 때 비로소 가능하다.

〈콜맨 보고서〉

미국의 공립학교에 있어서 교육의 기회가 학생의 인종적 집단에 따라 지역적으로 어떻게 차별적인가를 밝혀, 1966년에 국회와 대통령에게 제출한 연구보고서. 콜맨(J.S.Coleman)의 연구 책임하에 수행된『교육의 기회균등』연구의 일반적 명칭이다. 이 보고서가 밝힌 바를 한마디로 요약하면, 학업 성취의 수준을 결정하는 중요 요인은 학교가 아니라 가정환경이라는 것이다. 즉 교육의 기회균등을 학업의 성취 수준에서의 균등으로 볼 때, 백인 학생의 평균 수준은 일반적으로 흑인 및 기타의 인종 집단의 평균 수준보다 높지만, 학교 요인(1인당 교육비, 도서관 시설, 실험실 시설, 교과 과정, 교원의 학력·경력 및 급여액 등)에 있어서는 인종 집단의 학교 사이에 의미 있는 차이가 없다는 것이다. 이 연구는 부모의 교육 수준과 사회 경제적 배경이 학업 성취의 중요 결정 요인임을 믿어 온 사람들에게는 재래의 상식을 확인한 데 불과하며 이 점에서 그 결과는 인정되지만 연구 방법상 많은 비판을 받고 있다. 즉, 횡단적 자료를 사용함으로써 전년도에 투입한 자원 배분의 영향을 간과한 점, 한 교육구를 단위로 평균을 사용하여 교육구 내의 학교 대 학교의 차이를 무시한 점, 학교보다는 가정의 영향을 크게 받는 언어적 능력을 학업 성취의 한 준거로 삼음으로써 학교가 미치는 영향력을 과소평가한 점, 자료 수집 절차에서의 신뢰도 문제 등이다.

출처: 서울대학교 교육연구소(1995). 교육학용어사전.

김신일(2011)은 교육 평등을 기회의 평등과 내용의 평등으로 구분하여 설명한다. 그는 기회의 평등을 허용적 평등과 보장적 평등으로, 내용의 평등을 교육조건의 평등과 교육결과의 평등으로 세분하여 제시한다.

1) 기회의 평등- 허용적 평등

전근대 사회에서 교육의 기회는 누구나 가질 수 있었던 것은 아니다. 신분제 사회의 붕괴, 근대 사회로의 전환의 가장 큰 특징 중 하나라 평등의 개념이라 할 수 있다. 전근대 사회에서 귀족들의 전유물처럼 여겨지던 교육받을 기회의 허용은 평등한 사회로 전환되는 신호탄이었던 셈이다. 우리나라의 헌법 제31조 제1항 또한 허용적 평등으로서 교육받을 권리를 보장하고 있다(모든 국민은 능력에 따라 균등하게 교육을 받을 권리를 가진다).

교육에 있어서 허용적 평등은 누구에게나 교육 기회가 주어져야 한다는 관점이다. 신분이나 종교, 성별 등의 차이에도 불구하고 교육받을 기회는 허용되어야 하며, 능력이 부합하는 한 그 기회를 제한해서는 안 된다. 그렇다고 해서 타고난 능력의 차이에도 불구하고 동일한 교육을 해야 한다는 주장은 아니다. 예컨대, 대학에 입학하기 위해서는 대학에서 요구하는 최소한의 지적 수준과 경제적 여건 등을 갖추어야 한다. 허용적 평등은 평등의 개념을 실현하기 위한 첫 단추라 할 수 있지만 여전히 교육 기회의 접근이 상류층에게 유리하다는 한계를 가지고 있다.

〈표 8-1〉 교육 기회의 균등을 저해하는 요인

구분	교육의 기회균등을 저해하는 요인
사회 구조 요인	• 유형적 · 무형적으로 교육 기회 분배에 영향을 주는 사회적 제약 및 통제 변인 • 교육에 대한 사회적 기대 및 태도, 가치관 • 사회 계층에 따른 교육비 부담 정도 • 개인과 부모의 교육에 대한 기대와 태도
교육 구조 요인	• 교육 정책과 제도의 운영 • 교육 재정의 규모 • 학교의 수용시설 • 선발과 관련된 입시 제도 • 평가의 방법 • 교육의 수직적 · 수평적 이동의 한계
환경 및 개인 요인	• 가정의 물리적 교육 환경 • 지역 환경: 출생지역, 성장 지역, 거주 지역 • 개인의 인지적 차이 • 선수 학습의 정도 • 교육에 대한 기대와 태도

2) 보장적 평등

허용적 평등이 교육받을 기회를 누구나 갖게 했다는 점에서 의미 있지만 그것만으로 교육에서 평등이 이루어지는 것은 아니다. 예를 들어 대학에 입학하기 위해 요구되는 경제적 여건은 충분한 경제력을 갖추지 못한 사람들에게는 기회가 보장되어 있을 뿐 그 기회를 누리기 어려운 장벽으로 기능하기 때문이다. 또는 섬마을처럼 지리적으로 학교에 등교하기 어려운 경우, 신체적 장애로 인해 등교가 어려운 경우 등 취학의 장애물이 남아 있다. 이런 맥락에서 보장적 평등은 실질적인 취학을 보장하려는 관점이다. 보장적 평등을 실현하려는 대표적인 시도 중 하나는 영국의 1944년 교육법이다. 영국은 이 법을 통해 무상 중등교육, 경제적 어려움이 있는 학생들에게 교복, 식비 등을 제공한 바 있다. 우리나라 또한 무상 의무

교육의 확대, 저소득층 학생들에 대한 무료급식 지원 등을 실시하고 있다.

그러나 보장적 평등을 위한 정책의 결과는 그다지 만족스럽지 못하다. 이런 정책이 중등교육 취학률을 증가시키기는 했지만 계층구조에는 거의 변화가 없었기 때문이다(Husen, 1975). 경제적으로 어려운 학생들은 교육의 기회를 갖고, 실제 교육을 받았음에도 불구하고 여전히 경제적으로 어려운 경우가 많았다. 결국 보장적 평등정책은 교육 기회의 확대는 가능하게 했지만 계층 간의 분배 구조를 변화시키지는 못했다는 평가를 받는다(김신일, 2011: 283).

3) 교육조건의 평등

초중등 학교의 취학률 증대는 교육 기회에 대한 관심을 결과에의 평등으로 전환하게 하는 토대가 된다. 단순히 학교 교육을 받는 것은 학교 간 차이, 예컨대 시설이나 교육 자료, 교육 방법, 교사의 수준 등으로 인해 평등한 것이 되기 어렵다. 실제로 콜만(1966) 또한 "교육기회의 평등은 단지 취학의 평등만이 아니라 평등하게 효과적인 학교에의 취학을 의미한다"고 표현하고 있다. 미국 의회는 학교 교육의 차이가 학생들의 학업성취도에 얼마나 영향을 미치는가를 확인하기 위한 연구를 위탁하였고 그 결과물이 소위 콜만 보고서(Equality if Educational Opportunity)이다. 그러나 연구 결과는 예상과 달리 학교 교육이 차이보다는 가정배경이나 친구 집단이 학생들의 학업성취도와 더 밀접하게 관련된 것으로 나왔다. 이와 비슷한 주제로 1972년 젠크스의 연구 또한 학생들의 가정환경이 학업성취에 가장 큰 영향을 미친다는 결론을 내리고 있다. 이 문제는 학교 교육의 효과에 대한 의구심을 갖게 하였으며, 오늘날까지도 논쟁거리 중 하나이다.

교육의 기회를 허용적 · 보장적으로 부여해 준다 하더라도, 학교 간 시설과 교사의 수준 등의 차이는 교육 기회의 보편화를 따라가지 못하고 있다. 이런 맥락에서 교육 조건을 평등하게 하려는 것은 학교 간 교육과정의 차이, 교육 여건의 평등화를 의미한다. 학생 1인당 경비, 학교 시설, 도서관, 교사의 질과 같은 투입 변이의 평등이 보장되지 않는다면, 이로 인한 학업 성취도의 차이는 불가피하다.

〈표 8-2〉 교육과정의 균등을 저해하는 요인

구분	교육과정의 균등을 저해하는 요인
사회 구조 요인	• 지식의 사회적 가치와 학교에서 다루어지는 지식의 사회적 제도화 • 교육 내용의 구성에 영향을 미치는 사회적 지배 체제 • 지식 선정에 영향을 미치는 특정 계층의 언어 소양 • 학교 교육에 영향을 미치는 자본주의 생산 구조의 생산 양식과 가치관
교육 구조 요인	• 학교에서 다루어지는 지식의 공정성 • 학교 교육에 대한 사회적 통제 • 교육 내용의 구성요소: 생산관계, 정치적 이데올로기, 계급 관계 및 권력 구조
환경 및 개인 요인	• 각 집단의 하위문화 • 교육의신념에 대한 국가, 교사, 학생갈등

4) 교육결과의 평등

평등의 실현을 위한 다양한 노력에도 불구하고 교육에서의 차이가 사라지지 않자 보다 적극적으로 결과의 평등을 주장하는 관점이 대두되기 시작한다. 학생들의 학업성취가 동일해져야 평등하다는 주장이다.

교육결과의 평등을 추구하는 정책은 앞서 살펴본 허용적 평등을 추구하려는 정책과 충돌의 여지를 가지고 있다. 허용적 평등을 지지하는 정책은 누구에게나 교육의 기회를 주려고 한다. 그러다 보면 능력이 있는 사람과 그렇지 않은 사람 사이에 기회의 차이가 생길 수밖에 없다. 예를 들어 수학 선생님에게 질문할 수 있는 기회는 누구에게나 보장되어 있지만 관심을 가지고 학업에 매진하는 학생과 그렇지 않은 학생 사이에서 그 기회는 다르게 활용되기 마련이다. 반대로 교육결과의 평등을 지지하려는 정책은 능력이 없는 사람들을 배려하기 위한 것이기 쉽다. 왜냐하면 학업에 관심이 없는 학생들에게 더 많은 시간과 노력을 기울여야 학업성취도라는 결과가 비슷해질 수 있기 때문이다. 미국의 'Head Start', 'First Book', 영국의 'Sure Start', 'Book Start', 캐나다의 'Fair Start', 일본의 'Angel Plan'을 비롯한 보상교육 정책은 교육 결과의 평등을 지지하는 사례라 할 수 있다.

우수한 학생보다 열등한 학생에게 더 많은 교육 자원을 제공하여 결과의 평등을 추구한다는 것은 역차별이지 않을까? 이와 관련하여 롤즈(Rawls)는 천부적 재능과 능력을 갖추고 태어난 사람이 그렇지 않은 사람의 이익을 위해 기여해야 한다는 보상적 평등주의 아이디어를 제시한다. 우리가 나 자신의 노력과 능력이라고 생각하는 것의 상당 부분은 우연의 결과 혹은 '자연의 복권'에 해당된다는 것이다. 반대로 능력주의는 능력에 따른 분배를 당연시하며, 사회 발전을 위해 능력에 따른 교육이 효율적이라는 지적도 한 바 있다.

다만 이런 관점은 이론적으로 이상적일 수 있지만 실제로는 평등 개념을 지나치게 확대 해석한 것이 될 수도 있다. 모두가 동일한 학업 성취를 획득하고, 목표에 도달하지 못하는 경우는 정책적으로 도와주기 위해서는 사회 구성원들의 합의 등 해결해야 할 문제가 많다. 더군다나 모두에게 같은 결과를 보장해 준다면, 개인에 따라 성취의 의미가 반감되거나 노력의 동기를 상실할 수도 있다.

〈표 8-3 교육결과의 균등을 저해하는 요인〉

구분	교육결과의 균등을 저해하는 요인
사회 구조 요인	• 전근대적인 가치 지향성 • 사회 계층에 따른 하위문화 • 상류층의 가치관 • 지역 격차
교육 구조 요인	• 학교차 • 학업 성취의 불평등 요인 – 교육 조건 – 학교 시설 – 교육 재정 – 교사의 경력과 수 그리고 풍토 – 학생의 풍도외교육에 대한 기대와 태도
환경 및 개인 요인	• 지역 격차 • 학교 간의 차이 • 사회적 가치관 • 집단의 이해관계

3. 평등에 대한 주요 학자들의 이론

평등의 개념은 근대 사회 들어 발전되기 시작했다. 전근대적 사회, 특히 신분이나 계급을 강조하던 사회는 평등의 개념을 보편화하는 데 한계를 가지고 있다. 우리나라 역사를 통해 보면 신라 시대의 골품제나 조선 시대 양반을 중심으로 하는 신분제도는 사회 구성원의 대다수를 차지하는 사람들의 삶을 특정 영역으로만 한계 짓는다는 점에서 평등의 개념 자체가 존재하지 않았다.

고대와 중세 서양 사회도 계급의 차이로 인해 평등의 개념이 제기되기 어려운 것은 마찬가지였다. 그러다 18세기를 전후로 루소, 로크와 같은 계몽주의자들이 등장하면서 모든 인간이 태어날 때부터 인권을 가지고 있으며, 그렇기 때문에 모두가 법 앞에서 평등해질 수 있다는 평등의 개념이

싹트기 시작한다. 동서양 모두 평등의 개념은 전통적 신분 질서의 붕괴 위에 세워지게 된다. 모든 인간이 법 앞에 평등하다고 믿는 신념의 확산은 계몽주의 사상의 출현을 계기로 발전하기 시작했으며, 이를 바탕으로 공교육의 확대, 보편화된 공교육 제도의 기틀이 놓이게 된다. 초기 전통적 보수주의적 개념은 평등의 개념을 신이 인간에게 내린 다양한 재능과 능력의 일한으로 보고 개인의 책임하에 최대한 평등을 추구해야 하는 것으로 본다. 이후 등장하는 자유주의적 개념은 능력주의 사회 이념을 반영한 평등관을 주장하며, 모든 사람이 자신의 타고 태어난 지위와 상관없이 능력과 노력에 따라 균등하게 기회를 가질 수 있어야 함을 주장한다. 보다 급진적으로 보상적 개념을 주장하기도 하는데, 이는 평등이 가정의 사회경제적 배경에 의해 영향을 받기 때문에 학교 교육이 기존의 불평등 구조를 재생산한다는 입장이다. 이와 관련하여 콜먼(Coleman)은 교육의 평등관 변천을 4단계로 정리한 바 있다.

- 1단계: 산업화 이전으로 교육은 가정의 책임이었기 때문에 학교 교육을 통한 평등은 관심의 대상이 아닌 단계.
- 2단계: 초기 산업화 시기로 초등 교육이 의무화되고 공교육 제도가 자리잡기 시작한 단계. 이때 고등교육은 상류 계급에 한정됨
- 3단계: 2차 세계대전 이후 모든 사람들에게 교육 기회를 제공해야 한다는 허용적 평등과 보장적 평등관이 강조되던 단계.
- 4단계: 단순히 학교 교육의 기회를 제공하는 교육 기회의 균등을 넘어서 학습 결과의 평등을 추구하는 단계.

평등의 개념은 공공선의 일종으로 이해한다면 일종의 공리주의적 시각과 유사하게 이해되는 데 비해 개인의 권리와 관련된 것으로 이해한다면,

타인에게 피해를 주지 않는 범위에서 하고 싶은 일을 하는 자유 및 권리로 이해된다. 이 두 관점의 차이를 가장 잘 보여줄 수 있는 학자는 롤스(J. Rawls)와 노직(R. Nozick)을 들 수 있다.

1) 롤스의 평등관

롤스의 정의론은 자유방임을 내세우는 전통적 자유주의 이론과 생산 수단의 사회적 소유를 말하는 사회주의 이론 어느 한 편으로의 치우침을 극복하고자 하는 시도이다. 롤스는 정의론을 통하여 사회적 불평등을 해소하려고 하였고 이를 실천하기 위한 다음의 두 가지 원칙을 제시한다. 첫째, 평등의 원칙이다. 모든 사람은 기본적으로 타인의 자유와 상충되지 않는 범위 내에서 자유의 동등한 권리를 가진다. 평등의 원칙은 인간의 기본적인 권리 중 하나로서 정치적 조건에 의해 어떤 제약을 받기보다는 모든 사람들에게 동등하게 보장되어야 한다. 개인의 자유는 다수의 사회 구성원이나 사회 전체의 목적과 이익을 위해 등한시되거나 침해될 수 있는 성질의 것이 아니다.

둘째, 차등의 원칙이다. 평등의 원칙에도 불구하고 불가피하게 불평등이 생길 수 있는데, 롤스는 이를 차등의 원칙을 통해 설명하고 있다. 즉 모든 사람의 이익을 증대시키기 위해 때로는 불평등을 정당화할 수 있다는 것이다. 여기에는 두 가지 조건이 충족되어야 한다. 하나는 불평등이 모든 사람에게 이익이 되도록 합당해야 하는 것이며, 다른 하나는 불평등이 모든 사람에게 개방된 직위와 직책에 결부되어야 한다. 겉으로 볼 때, 능력주의는 공정한 것처럼 보이지만 사회에는 보이지 않는 차이가 존재하며, 이 차이로 인한 능력의 차이는 개인이 타고난 것 이상을 투영하게 된다. 이런 능력 차이는 가정 배경 등의 혜택을 반영하는 것이기 때문에 최소한 누구나 동일한 교육의 기회를 부여받아야 함을 역설한다.

롤스의 정의론은 모든 사람의 최대 이익을 구현하는 공동선을 실현하는 자유를 통해서 모두가 행복할 수 있는 사회적 평등의 최대화를 지향하고 있다. 그의 정의론은 사회의 평등 원리에 더욱 가치를 두고 있다. 롤스는 사회적 평등을 위해 국가의 적극적인 개입을 지지한다(강창동, 2009: 137-138).

2) 노직의 평등관

노직은 평등에 대한 논의에 있어서 개인의 권리와 가치의 중요성을 강조한다. 그의 관점에 의하면, 개인의 자유는 국가의 최소한의 개입 속에서 보장될 필요가 있다. 평등은 이런 개인의 자유와 권리보다 우선시 될 수 없으며, 평등을 실현하기 위해 개인의 권리나 자유가 침해되어서는 안된다고 설명한다. 말하자면 사회적 공동선을 이유로 개인의 자유나 권리가 침해되어서는 안 되며, 오히려 이를 최대한 증진시키기 위해 국가의 역할을 축소시켜야 한다는 최소 국가(minimal state)를 제시하였다.

개인의 자유와 권리 보장에 있어서 관건은 개인 소유권의 문제이다. 개인 소유권을 인정하는 것은 정의의 문제와 연결된다. 노직의 관점에 의하면, 개인의 신체와 정신이 개인의 소유이듯이, 재산을 비롯한 각종 재화의 소유권 또한 개인에게 있다는 본다. 그렇기 때문에 획득 과정에 있어서 불법이 아니라면 해당 재산이나 재화의 소유권이 개인에게 귀속되는 것이 정당하며, 그 권리는 능력에 따라 얼마든지 개인차가 생길 수 있다. 모든 소유는 개인들의 합리적인 선택 결과라 할 수 있다.

이런 노직의 관점에 따르면, 가난한 사람을 돕기 위해 부자에 대한 차별적 과세를 하는 것은 정당하지 않다. 왜냐하면 차별적 과세가 개인의 소유권을 침해하는 것이기 때문이다. 노직은 가정 환경이나 부모의 배경 같은 태어나면서부터 갖게 되는 우연적인 요인들에 대한 개인의 소유권까지 인정한다. 그렇기 때문에 교육에서 평등은 개인의 자율적 선택을 보장하는 데 초점이 맞추어져야 한다. 개인 간 차이를 보상하거나 기회 혹은 결과의 평등을 위한 각종 교육 프로그램은 불공정한 것이라 할 수 있다. 그는 공교육 체계가 집단적인 평등성을 지향하여 개인의 합리적 자율성을 저해하는 것으로 본다. 개인의 노력이나 사회적 우연에 의해 획득된 지위는 개인의 권리이기에 교육 경쟁의 결과에 대한 차별적 대우는 정당한 것이 된다. 따라서 부모의 사회 경제적 지위에 따라 다른 사교육 기회가 제공되는 것은 우려할 일이 아닌 것이다(강창동, 2014: 153-154).

4. 한국 사회의 교육 불평등

교육과 평등의 문제에 있어 기능 이론은 학습자의 특성이나 수준을 고려한 교육이 평등에 적합한 것으로 본다. 예를 들어 특목고나 수준별 수업 등은 개인의 적성이나 능력에 적합한 교육의 사례라 할 수 있다. 이에 비해 갈등 이론은 교육이 사회적 불평등을 더 심화시킬 수 있음을 지적한다. 학생의 학업 성취 수준이 부모의 경제적 혹은 문화적 자본에 의해 결정된다면, 기능 이론이 이야기하는 개인의 적성이나 능력에 적합한 교육은 계층 간 교육의 기회 불평등을 가져올 수밖에 없다는 관점이다.

오늘날 우리 사회는 두 관점 사이에서 상당한 혼란에 직면해 있다. 우리나라는 부모의 사회경제적 계층이 자녀에게 대물림 되는 통로로 교육에 대한 문제가 불거지면서 사회적 불평등에 대한 논란에 직면해 있다. 대학 입시라는 하나의 목표를 향해 고등학교 교육은 물론 초등, 심지어는 영유아 교육까지 사교육의 확대, 무한 경쟁 구조를 지향하고 있다. 이런 구조의 이면에 자리 잡은 교육 불평등의 문제는 다음의 세 가지 특징을 가지고 있다. 첫째, 교육 기회의 불평등이다. 한국에서 교육 기회는 공교육

보다는 사교육과 관련된 것이다. 예를 들어 학원가가 밀집한 지역에 거주하는 학생과 그 학원가까지 대중교통으로 1시간 이상 이동해야 하는 학생 사이의 교육 기회 사이에는 불평등이 자리 잡고 있다. 학원가가 밀집한 지역에 거주하는 것은 학생 개인의 능력이 아니라 부모의 사회경제적 지위가 관련되어 있으며, 그로 인한 교육, 즉 사교육에의 접근이라는 기회의 불평등이 발생하게 된다. 둘째, 그 결과 중학교에서 고등학교, 고등학교에서 대학교, 대학교에서 사회에 진출하면서 각 단계마다 어떤 학교, 어떤 직장으로 진학 및 진출하게 되는지에 따른 불평등이 발생하게 된다. 예컨대, 중학교에서 특목고로 진학한 학생과 일반고, 실업계고로 진학한 학생들 사이에는 교육 과정의 차이뿐만 아니라 이후 대학 혹은 사회 진출에 있어서의 차이가 발생하게 된다. 문제는 그 차이가 개인의 능력이나 노력과 관련된 것도 있지만 학교의 명성이나 개인이 선천적으로 가지게 된 사회경제적 배경에 의해 발생하는 경향도 매우 높다는 데 있다. 마지막으로 우리나라 교육의 불평등 구조는 세대 간 계층 이동에 민감하다는 특징을 가지고 있다. 부유층의 자녀가 높은 학업 성취를 통해 유명한 학교에 들어간 후 고소득이 가능한 직장에 취업하고 다시 그들의 자녀가 같은 경로를 밟을 확률이 높다면, 교육에 의해 불평등이 재생산된다는 진단이 가능하다(전병유, 2016: 80-81).

우리는 오랜 시간 교육이 계층 이동의 사다리 역할을 할 수 있다는 믿음을 가져왔다. 그리고 얼마 전까지 한국 사회에서 교육은 거의 유일한 계층 이동의 통로로서 기능해 왔다. 빈부 격차의 확대, 교육 관련 정보의 범람, 특히 사교육 시장의 팽창 등은 교육에 있어서 불평등의 문제가 심각하게 대두된 배경이라 할 수 있다. 이런 상황에서 교육 성취의 불평등을 줄여가며 사회적 평등을 향해 가는 것은 쉬운 일이 아니다. 이 점에서 개인의 교육 성취가 가정 배경에 좌우되지 않도록 교육 기회를 공평하게 바로잡아서 사회 경제적 평등에 도달할 가능성보다는 오히려 사회 경제적 평등을 먼저 달성해야 교육도 평등해진다는 주장이 더 설득력 있어 보인다(신명호, 2011: 206).

과연 우리나라 교육은 평등한 사회 건설에 기여하고 있는가? 어쩌면 이런 질문을 던지는 것 자체가 이미 그렇지 못한 부분에 대한 문제의식을 가지고 있음을 의미할 수 있다. 교육의 기회 평등은 개인의 삶의 질을 향상시키기 위해 모든 사회 구성원들에게 보장되어야 할 기본적인 권리 중 하나가 되고 있다. 평생교육의 강조는 교육에 있어서의 기회균등이 비단 학령기 인구뿐만 아니라, 말 그대로 모든 사회 구성원들에게 보장되어야 함을 의미한다. 모든 개인에게 의미 있는 교육 프로그램이 제공되고 있을 때, 엄격한 의미의 교육 기회균등이 보장될 수 있다(서울대학교 교육연구소, 1995). 교육에서 평등의 문제는 기회의 평등뿐만 아니라 결과의 평등 또한 염두에 둘 경우가 있으며, 그 권리는 국가가 책임지고 보장해야 함이 헌법에 명시되어 있다. 물론 평등의 의미나 그것을 보장하기 위한 정책적, 제도적 방안에 대해서는 관점에 따라 해석의 여지를 가지고 있기는 하다. 그럼에도 불구하고 기본적으로 교육에서 평등의 문제를 해결해야 하는 주체는 국가임이 분명해 보인다.

풀어보기

1. 다음 보기 중 교육의 기회균등을 저해하는 교육 구조 요인이 아닌 것은?
   ① 교육 정책과 제도 운영
   ② 학교의 수용 시설
   ③ 선발과 관련된 입시 제도
   ④ 교육 재정의 규모
   ⑤ 교육에 대한 기대와 태도

2. 다음 보기 중 교육 결과의 균등을 저해하는 교육 구조 요인에 해당하는 것은?
   ① 상류층의 가치관
   ② 지역 격차
   ③ 집단의 이해관계
   ④ 다양한 학업 성취 불평등 요인
   ⑤ 사회 계층에 따른 하위문화

3. 다음 보기와 같은 평등의 개념을 주장한 학자는 누구인가? (   )

- 모든 사람은 기본적으로 타인의 자유와 상충되지 않는 범위 내에서 자유의 동등한 권리를 가진다
- 모든 사람의 이익을 증대시키기 위해 때로는 불평등을 정당화할 수 있다. 이때는 불평등이 모든 사람에게 이익이 되도록 합당하거나, 불평등이 모든 사람에게 개방된 직위와 직책에 결부되어야 한다.

4. 다음 보기와 같은 평등의 개념을 주장한 학자는 누구인가? (   )

- 개인의 자유는 국가의 최소한의 개입 속에서 보장되어야 한다. 사회적 공동선을 이유로 개인의 자유나 권리가 침해되어서는 안 되며, 오히려 이를 최대한 증진시키기위해 국가의 역할을 축소시켜야 한다.
- 가난한 사람을 돕기 위해 부자에 대한 차별적 과세는 정당하지 않다. 왜냐하면 차별적 과세가 개인의 소유권을 침해하는 것이기 때문이다.

READ 생각해보기

브라운 판결

1896년 선고되어 반세기 이상 미국 사회를 지배해 왔던 플래시(Plessy) 판결의 '분리 평등(separate but eqaul)'이라는 법리에 따라 캔자스주법은 15,000명 이상의 인구를 가진 주내 도시들이 공립학교에서 흑인학생과 백인학생에 대해 각각 분리된 교육시설을 설치할 수 있도록 규정하고 있었다. 이 규정에 따라 캔자스주 내의 토피카시 교육위원회는 교육과정, 통학수단, 학교시설, 자격, 교사봉급 등 객관적이고 유형적인 요소들은 동일하지만 교육장소에 있어서만 백인과 흑인을 분리하는 초등학교를 운영하고 있었다.

이 법에 의해 토피카시의 초등학교 3학년 흑인 학생 린다 브라운은 집 가까이에 백인들만 다니는 초등학교가 있음에도 불구하고 입학을 거부당해 1마일이나 떨어진 흑인들만 다니는 학교를 걸어 다녀야 했다. 1951년 브라운을 비롯한 흑인 학생들의 부모는 이러한 주법의 집행을 금지해 달라는 소송을 캔자스주의 연방지방법원에 제기하였으나, 연방지방법원은 흑인학교와 백인학교가 위에서 언급한 '유형적 요소'들에서 평등하다는 것을 이유로 원고 패소 판결을 내렸다. 이 사건은 다시 연방대법원에 제기되었다.

브라운 판결은 캔자스, 사우스캐롤라이나, 컬럼비아, 버지니아, 델라웨어주에서 연방대법원에 올라온 유사 사건들을 함께 심리하였다. 이 사건들은 모두 주내 초·중등 공립학교에서 흑인 학교에 다니는 학생들이 흑백 분리교육에 대해 인종차별을 이유로 평등권에 침해 소송을 제기한 것이다.

연방대법원에서는 1954년 5월 17일 공립학교에서 인종에만 근거하여 실시되는 아동 분리교육은 미국 수정헌법 제14조의 평등조항에 위배되기 때문에 위헌이라고 판시하여 토피카교육위원회를 누르고 브라운의 손을 들어주었다.

대법원은 평등조항 위배 여부를 판단할 때 유형적 요소뿐만 아니라 무형적 요소도 고려해야 한다고 보았다. 공립학교에서 흑백 분리교육은 분리정책 그 자체가 흑인 아동에게 열등의식을 심어주며, 이들의 학습 동기에 부정적 영향을 미치면서 정신적·교육적 발달을 저해한다는 것이다. 또한 인종이 통합된 교육에서 얻을 수 있는 다양한 교육적 기회를 박탈한다고 보았다.

이 판결은 인종에 따른 분리 그 자체를 불평등한 것으로 간주하여 평등원리를 '분리 평등'의 원리에서 '분리하면 무조건 불평등'의 원리로 전환시키는 역사적 계기가 되었다.

출처: 김영화(2010: 182-184)

▶ 윗글을 읽고 다음의 문제에 대해 생각해 봅시다.

1. 우리 사회의 평등-불평등의 사례를 생각해 봅시다.
2. 우리 사회에서 교육 평등의 의미는 무엇이라고 생각합니까?
3. 평등한 사회의 실현을 위해 교육의 역할은 긍정적/부정적 어느 편이라고 생각합니까?

CHAPTER 9

교육과 시험

학습목표

1. 시험의 의미를 설명할 수 있다.
2. 우리나라 시험의 역사를 기술할 수 있다.
3. 우리나라 시험 제도의 한계와 해결 방안을 제시할 수 있다.

한국 사회에서 시험에 의한 선발은 오랜 역사 과정을 가지고 있다. 전통 사회에서 시험은 유일한 신분 상승의 통로로서 사회 전반에 걸쳐 커다란 영향력을 행사해 왔다. 시험은 객관적이고 합리적으로 인재를 선별하여 사회적 지위를 배분하는 효과적인 장치라 할 수 있으며, 능력에 따른 공정한 기회와 평가 그리고 합리적 선발을 가능하게 하는 장치이다.

2016년 세계경제포럼에서 언급된 4차 산업혁명은 오늘날 사회 변화의 속도와 범위가 이전과 확연하게 구분됨을 상징한다. 4차 산업혁명은 아직 그 실체가 정확하게 무엇인지 드러나지 않았지만 인공지능(AI), 빅데이터(Big data) 등 정보 산업 기술의 연결을 통해 기존 산업의 변화 방향이나 속도를 달라지게 할 뿐만 아니라 이전에 없던 산업의 등장이 가능해짐을 의미한다. 강준만(2009)은 이런 산업의 변화가 우리나라의 사교육 시장에서도 활발하게 이루어지고 있음을 지적한 바 있다. 그에 의하면 최첨단 정보와 기술이 판을 치는 주식 시장에서 인수 합병이 가장 활발한 산업 중 하나는 사교육 관련 사업이다. 사교육 산업의 시가 총액은 2002년 말 2,540억에서 2008년 3조 6,489억으로 14배가 성장했다(강준만, 2009, 275-276).

오늘날 우리나라에서 6년 만에 14배가 커질 수 있는 산업이 있는가? 이런 급속도의 성장이 가능한 것은 사실 그 배경에 시험이 자리 잡고 있기 때문이다. 특히 우리나라의 시험은 대학 입학시험 하나로 귀결되며, 거의 모든 사교육이 이와 관련되어 있는 것이라 해도 과언이 아니다. 대학 입학시험은 1994년 시작된 수학능력시험과 학생부종합전형, 논술, 특정 영역 특기자 등의 수시전형으로 구분된다. 사실 시험의 방식이나 종류가 다양하여 대학에 근무하는 사람들조차 대학 입학 전형 방식을 정확하게 알기는 쉽지 않은 형편이다. 이런 대학 입시 과정은 단순히 시험지를 받아서 문제를 푸는 것으로 국한되지 않는다. 포트폴리오의 구성은 초등학교 저학년부터 시작해서 고등학교에 이르기까지 다양한 시험에 참여하여 그

능력을 인정받는 것으로 구성된다. 심지어는 인성이나 창의성도 그 대상에 포함되어 있다. 인성이나 창의성이 시험의 대상이 될 수 있을까?

우리는 시험 그 자체에 대한 진지한 고민이나 성찰보다는 시험의 결과에 보다 많은 관심을 가지고 있다. 그러다 보니 시험은 객관적이고 합리적인 수단에 불과하며 그 결과에 따른 선발은 타당한 것처럼 여겨지는 편이다. 이런 관점에서 보면 시험은 능력주의에 기반한 선발 과정으로서 중립적인 가치를 가질 수 있다. 시험에 의한 공정한 선발 과정은 사회 구성원들의 보편적 합의에 의해 지지되고 있으며, 공정한 기회와 평가 그리고 합리적 선별 과정으로 인해 누구나 신뢰할 만한 인재 선발 장치라고 인식되고 있다(강창동, 2014). 그러나 과연 그러한가? 강준만(2009)은 한국 사회에서 가장 치열한 계급 투쟁을 노동운동이 아니라 대학입시 전쟁으로 규정한 바 있다. 그에 의하면, 우리가 대학에 가는 이유는 학문 탐구가 아니라 더 나은 계급을 쟁취하기 위해서이며, 대학은 더 나은 계급으로의 통로라는 점에서 모든 대학이 동일한 것이 될 수 없다. 원칙적으로 시험을 통한 선발이 객관적이고 공정한 인재 등용 방식이 될 수 있으며, 능력에 기반한 것이 될 가능성이 높다. 다만 실제로 그렇게 운영되는지에 대해서는 관점에 따라 다르게 보일 수 있다. 이 문제는 일부분 이론과 실제 사이의 괴리에서 비롯된 것이기는 하지만 상당 부분이 우리 사회 맥락의 특징에서 야기된 것이라 할 수 있다. 그렇기 때문에 우리 사회의 시험에 대한 이해는 시험의 이론적 배경뿐만 아니라 역사적 · 사회적 배경에 대해 이해를 필요로 한다.

1. 시험의 이론적 배경

시험은 기본적으로 인재의 선발과 배치와 관련되어 있으며 그 특징은 자본주의 사회에서 경제적 자원이나 자본의 분배에 있어서 경쟁과 선발의 방식으로 활용되기 적합한 면을 가지고 있다. 예를 들어 학교에서 우수한 성적을 거둔 학생에게 보다 나은 상급 교육기관으로의 진학 기회가 생기고, 더 많은 월급을 받을 수 있는 일자리에 진출할 기회가 생기는 것은 현대 사회에서 상식적인 일이라 할 수 있다. 그렇기 때문에 학교 교육을 통한 선발이 개인의 노력과 그 결과인 학업성취도를 기준으로 공평하게 이루어져야 한다고 생각하며, 가장 효과적이고 공평한 평가 방식 중 하나를 시험으로 여긴다. 말하자면 현대 사회에서 시험이 갖추어야 하는 기본적인 특징 중 하나가 공정성과 객관성인 셈이다. 공정성과 객관성은 시험이 어느 누구에게나 공정하게 기회를 제공하며, 누구나 실력이 된다면 합격할 수 있고, 시험 문제의 출제와 평가가 응시자의 능력에 따라 결정된다는 의미를 지니고 있다(이경숙, 2006: 295).

선발의 종류와 관련된 사회학적 관점은 엘리트주의 선발관과 평등주의 선발관으로 나누어 볼 수 있다. 엘리트주의 선발관은 각자가 받는 교육 수준은 개인의 능력에 달려 있다고 본다. 이런 관점에서 보면, 시험 결과에 따라 특정 학교의 입학 자격을 부여하는 것은 각 개인의 능력에 따라 교육의 기회를 달리하는 것으로 적절한 방식이라 할 수 있다. 학습 능력은 유전적 요인에 의해 결정되는 측면을 가지고 있다. 따라서 선천적으로 엘리트가 될 자질을 가지고 태어난 사람은 조기에 선발하여 리더로서의 자질을 함양하기 위한 노력을 기울여야 하고, 그렇지 못한 사람들은 주도권을 잡기보다 따르는 능력을 갖추어야 한다. 이를 위한 교육 선발체계는 복선형을 선호한다. 이에 비해 평등주의 선발관은 모든 사람이 가급적 동일하게 교육받을 기회를 갖는 것을 강조한다. 이런 관점에 의하면, 시험의 결과는 각 개인이 처한 환경에 따라 달라질 수 있다. 예컨대, 부모의 학력이나 가정 환경, 지역 환경 등에 따른 학업성취도의 차이가 발생할 수 있다. 그렇기 때문에 가능한 교육의 기회를 평등하게 하여 각 개인이 타고 태어난 재능을 계발하고 발휘할 수 있는 기회를 충분히 갖도록 지원해야 하며, 선발 또한 늦게 이루어지는 게 바람직하다. 이를 위한 교육 선발체계는 단선형을 선호한다.[1)]

〈표 9-1〉 엘리트주의 선발관과 평등주의 선발관(정석환, 2017: 154)

구분	엘리트주의 선발관	평등주의 선발관
선발의 강조점	개인의 능력	교육받을 권리
능력 결정 요인	선천적 · 유전적 요인	환경적 요인
선발 시기	조기 선발, 분리교육	만기 선발, 통합교육
교육 선발 체계	복선형	단선형

시험을 통한 사회적 선발은 사회 맥락에 따라 특징이 달라질 수 있다. 여전히 복선형 학제를 가지고 있는 나라가 있는가 하면 교육 기회균등 확대를 위해 학제를 변경하는 국가도 있다. 오늘날 대부분의 사회는 평등주의 선발관을 지향하고 있지만 일부 특정 산업 분야를 목적으로 한 엘리트주의 교육관이 허용되는 경우도 있다(송병순 외, 2002).

전통적으로 학교의 선발 기능은 사회 유지 발전에 기여하는 것으로 여겨져 왔다. 재능을 갖춘 사람, 노력을 한 사람이 그에 따른 보상을 획득함으로써 계층이 이동되는 것은 사회 평등에 긍정적이다. 그러나 다른 한편

1) 이와 관련하여 이종각(2009)은 선발과 분배의 기구로서 학교의 사회적 기능을 두 가지, 즉 가열 기능(warm up)과 냉각 기능(cool down)로 나누어 설명한다. 전자는 사람들로 하여금 보다 높은 지위와 역할을 획득하기 위한 경쟁에 초점을 맞춘 것이고 후자는 지위가 높아질수록 차지할 수 있는 사람의 수가 적기 때문에 이를 준비하는 사람의 수를 줄이는 데 초점을 맞춘 것이다. 아닌 게 아니라, 시험은 희소가치 획득을 위한 동기 유발과 동시에 현실의 수용이라는 양 측면을 가지고 있다.

으로 시험을 통한 선발은 불평등 구조를 영속화한다는 비판 또한 제기되고 있다. 만약 시험을 준비하는 과정에서 불공정한 조건에 따른 결과 차이가 발생한다면, 그래서 우리가 시험을 보지 않더라도 그 결과를 어느 정도 예견할 수 있다면 시험은 사회 내에 존재하는 불평등 구조의 또 다른 반영일 수밖에 없다. 만약 그렇다면 시험을 통한 사회 평등에의 기여나 능력주의의 실현은 요원한 일일 뿐이다. 지금까지 살펴본 시험과 관련된 이론적 배경은 말 그대로 시험을 통한 선발제도가 가지고 있는 일반적인 내용이다. 우리 사회에서 시험이 갖는 의미는 여기에 역사적 · 사회적 배경이 더해져 형성된 것이다. 다음 단락에서는 우리나라 시험의 역사적 · 사회적 배경에 대해 살펴본다.

2. 우리나라 시험의 역사

오늘날 우리나라 시험의 역사적 기원은 과거 제도에서 찾아야 할 것이다. 과거 제도는 중국 수나라 때 만들어진 인재 선발 제도이다. 중국에서 시작된 능력주의를 원칙으로 한 인재 선발 제도는 우리나라로 전파되어 통일신라 시대 독서삼품과, 고려시대와 조선시대의 과거제도로 이어지게 된다. 고려시대와 조선시대 모두 과거제도를 운영하기는 하지만 신분 제도의 차이 및 실제 운영된 과거 제도의 차이로 인해 두 나라의 과거제도는 구분해서 살펴볼 필요가 있다.

신라는 삼국을 통일한 이후 원성왕 4년(서기 788년) 독서삼품과라는 시험 제도를 시행하게 된다. 독서삼품과는 신분에 따라 관리를 등용하던 제도에 대한 불만을 해소하고 통일 과정에서 세력이 커진 귀족들을 견제하려는 목적에서 시행된 제도이다. 최고 교육기관인 국학의 학습 내용을 중심으로 시험을 실시하여 결과를 1품~3품으로 구분하고, 품계 및 임지를 결정함으로써 상대적으로 이전보다 객관적이고 공정한 선발 방식을 구축하고자 하였다. 정석환(2019)은 독서삼품과가 가지는 교육적 의미를 크게 세 가지로 제시한 바 있다. 첫째, 독서삼품과는 학문 능력에 의해 관리를 등용한 국가시험 제도로서 과거 제도의 전신이라 할 수 있다. 비록 귀족들의 반대로 확대 실시되지는 못했지만 특정 계급에 한정된 인재 등용 방식의 문제를 일정 부분 해소하였다. 둘째, 신라를 떠나 당나라 과거에 합격자를 배출하는 데 기여하였다. 국학에서 유학 경전을 수학하고 당나라의 관리가 되는 사례가 생기면서 당나라로 직접 유학을 가는 학생들이 증가하는 결과를 초래하였다. 셋째, 유학의 내용은 충과 효를 강조함으로써 통치 이념을 정당화하는 데 기여하였다. 유학 경전 중 하급자가 상급자를 대하는 예절에 대한 설명을 담고 있는 효경과 예기를 중요한 교과로 설정하여 상하 관계가 명확한 정치적 이상을 실현하고자 하였다.

고려의 과거제도는 신라 독서삼품과의 영향을 받아 유래된 것이기는 하지만 본격적인 시행은 광종 9년(958년)에 후주에서 귀화한 한림학사 쌍기의 건의를 받아 시작되었다. 광종은 건국 이후 공신들에 의해 좌지우지되던 정치적 상황을 타개하고 새로운 정치 세력의 등장을 유도하기 위한 방안 중 하나로 과거제도를 시행하게 된다. 여기에는 후주에서 귀화한 쌍기라는 인물이 크게 기여한 것으로 알려져 있는데, 후주 또한 건립된 지 얼마 되지 않았고, 제후국들의 위세가 만만치 않은 상황이었고 이를 개선하기 위해 당나라 과거제를 비롯한 개혁 정책을 실천하고 있었다는 점이 고려와 닮아 있었다. 고려는 후주와 비슷한 정치적 상황을 개선할 필요가 있었으며 추천이나 천거의 형태를 가진 음서제를 대신할 수 있는 방안이 필요했다. 음서제는 권력을 가진 계층에게는 편리한 제도였지만 별다른 노력없이 가문의 배경에 의해 관직에 등용되는 만큼 능력 없는 자가 관리가 되거나 추천해 주는 귀족들간의 담합과 같은 부작용을 가지고 있다. 이후 인종 14년(1136년)에 과거절목을 제정하여 본격적으로 제도화되었다. 고려 시대의 과거 제도는 양인이라면 누구나 응시할 자격이 있었지만 일반 평민이 생업을 포기하고 과거에 응시하는 일은 거의 없었다. 이 점은 기득권층의 지배 또한 타당화한다. 말하자면 열린 통로로 진출하지 않은 양인들은 노력하여 과거를 거쳐 지배권을 획득한 귀족들의 통치를 받는 것이 당연시된다. 고려시대 과거는 제술업과 명경업을 통해 문신 관료를 선발하였으며, 그 외 잡과나 승과와 같은 시험으로 이루어졌다. 다만 무신은 고려 말까지 별도의 시험 없이 음서나 추천에 의해 관료가 되었고, 고려가 망하기 2년 전에야 무과가 시행되었기에 사실상 없었다고 보아도 무방하다. 과거제도에 무과가 없었던 것은 무신 관료에 대한 사회적 · 정치적 지위가 낮은 것을 의미하며, 잦은 외적의 침입, 무신정변 등 고려사 전반에 걸쳐 문을 지나치게 숭상한 나머지 겪는 역사적 일들의 배경이 된다.

조선시대의 과거 제도는 겉으로 볼 때 고려시대와 큰 차이가 없어 보이지만 실상 그것을 바라보는 사회 구성원들의 시각에는 큰 차이가 있었다. 고려시대 과거시험은 고려 초부터 시행되기는 했지만 음서제를 통해 관료가 되는 귀족들이 많았고, 왕권을 강화하기 위한 것으로 여겨져 지배 계층인 문신 관료들에게 선호되지 않는 방식이었다. 이들은 과거시험을 통하지 않아도 관직에 나아갈 수 있었으며 그 기득권을 유지하기 위해 과거제를 둘러싸고 왕권과 신권 사이의 경쟁도 마다하지 않았다. 상대적으로 조선 시대의 양반들은 과거제를 거치지 않고 관료가 될 수 없었기 때문에 과거시험은 말 그대로 개인뿐만 아니라 가문의 운명이 걸린 문제로 인식되었다. 조선시대의 과거제도는 크게 문과와 무과, 잡과로 나누어 실시되었으며, 문과는 다시 소과와 대과로 구분되어 이루어졌다. 생원시 혹은 진사시로 불리는 소과는 대과에 응시할 자격을 얻기 위한 시험으로

100~200명을 선발하였다. 대과는 소과에 합격한 사람과 성균관 재학생 중 우수한 사람을 대상으로 실시되었으며 초시–복시–전시 3단계로 진행된다. 초시는 지역별로 240여 명을 선발하고, 복시는 초시에서 선발된 인원을 모아 예조 주관으로 한성에서 시험을 실시하여 33명을 선발한다. 마지막으로 전시는 33명 사이의 품계를 결정하는 기준으로 실시된다. 무관을 선발하는 무고는 3년마다 30여 명을 선발하였으며, 소과와 대과 구분 없이 초시–복시–전시로 이루어졌다. 이외 잡과는 역과, 의과, 율과 등으로 오늘날 통역관, 의사, 법관 등을 선발하는 시험이며, 응시 자격은 주로 중인의 자제들이 그 대상이었다. 시험은 초시와 복시로만 이루어져 있었으며, 기술직으로서 하급 관리가 되었다.

[그림 9-1] 김홍도의 소과응시도

출처: https://www.donga.com/news/Culture/article/all/20170828/86032348/1

고려시대와 조선시대의 과거제도는 능력에 따른 인력 선발 제도로 자리매김하기는 했지만 고려시대에는 정치적 이해 관계에 따라, 조선시대에는 지나친 경쟁으로 말미암아 적지 않은 문제의 원인이 되기도 하였다. 우선 과거제도는 충과 효에 대한 강조를 중심으로 한 유학(혹은 성리학)의 탐구를 중심으로 하고 있는 만큼 자유로운 사상을 가진 인물이나 현실에 대해 비판적 의견을 가진 인물이 선발되기는 어려운 구조를 가지고 있다. 그러다 보니 현실에 순응하거나 기득권에 아첨하는 인물들이 능력 있는 것처럼 여겨졌으며, 난세에는 그 부작용이 더 심하게 나타났다. 더군다나 이들이 탐구한 유학의 내용은 실용적인 측면에서 한계를 가지고 있었으며, 실제 삶의 문제를 해결하는 데 그다지 효과적이지도 않았다. 다음으로 과거 합격 이후 특별한 노력을 하지 않아도 권력을 유지할 수 있다 보니 인격적으로 성숙하지 않은 사람도 혹은 시대의 변화에 둔감한 사람도 관직에서 나랏일을 돌보는 경우가 생겼다.

조선시대에는 과거제도가 관직 진출 여부 그 자체를 결정하는 문제였던 만큼 성리학 경전의 학습만을 강조하는 경향이 더 강해졌다. 다른 측면에서 교육을 통한 인격의 함양은 간과된 체 그 내용을 암기하여 시험에서 좋은 성적을 거두는 것만이 중시되기 시작한 셈이다. 과열된 경쟁은 각종 부정행위를 낳기도 한다.

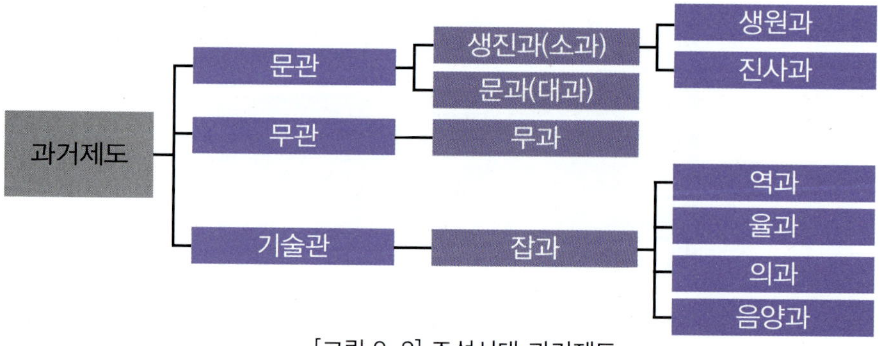

[그림 9-2] 조선시대 과거제도

실제로 성균관 사성 이영하가 순조 18년(1818년) 작성한 상소에는 남의 글을 베껴 쓰기, 책을 들고 시험장에 들어가기, 시험지 바꿔 제출하기, 응시자 이외의 사람이 시험장에 들어가기, 시험장 밖에서 대리인이 작성한 답안 제출하기, 매수된 감독관이 시험 대신 봐 주기 등의 부정행위의 시정을 주장하고 있으며, 이 외에도 도포 자락에 예상 답안 작성하기, 붓 뚜껑에 답안 숨겨 들어오기와 같은 부정행위가 횡행하였다. 지금까지 살펴본 과거제도의 역사와 그에 따른 문제 현상들은 오늘날 우리 교육을 이해하는 데 있어서도 매우 중요한 시사점을 가지고 있다. 예컨대, 시험에 개인과 가문의 명운을 걸고 지나친 경쟁 구도 속에 매몰됨으로써 낳게 된 각종 부작용은 오늘날 우리 대학 입시와 크게 다르지 않다.

현대적 의미의 입시와 고시는 일제 강점기 이후 친일파 지식인 양성을 강조하던 1920년 이후 사용되기 시작한다. 이 제도의 중심에는 35년 동안 800여 명의 조선인들만 다닐 수 있었던 경성제국대학이 자리 잡고 있다. 경성제국대학은 조선인들에게 학업뿐만 아니라 신분 검증을 요구했으며, 사실상 친일파가 아닌 사람들에게는 입학이 어려운 기관이었다. 이 당시 시작된 고시는 고등 관료가 되기 위한 유일한 통로였으며, 소위 친일파 조선인들은 신분 상승 욕구를 동력삼아 출세 지향적인 삶을 영위하며 고시 열풍 문화를 형성하게 된다. 1938년 총독부 본청 안의 고등관 230명 가운데 조선인 고등관은 12명에 지나지 않았다. 고등관이 된다는 것은 친일파 조선인들에게 삶의 성공처럼 여겨졌으며, 출신 지역민들에게 대대적인 환영회를 강조하여 친일 행위를 유도하기도 하였다. 과거제도와 결부되어 발전한 출세주의는 일제 강점기를 거치면서 왜곡된 채 이어져 오게 된다. 오늘날 우리 교육이 직면한 교육의 문제 중 상당수는 식민지 통치를 받던 시절의 왜곡에서 비롯되고 있으며, 과거제도나 고시가 대학 입학 등으로 겉모습만 바뀌었을 뿐 이를 통해 사회적 권력과 부를 획득하고자 하는 욕구 해소 통로로 교육을 상정하는 것은 다르지 않다.

3. 우리나라 시험의 특징

우리나라에서 시험에 대한 사회적 관심이 본격적으로 증대된 것은 조선시대 이후라 할 수 있다. 고려시대에는 과거제도가 존재하기는 했지만 음서제를 통한 관리 임용이 많다 보니 사회 전반에 걸쳐 과거 제도에 대한 관심이 높은 편은 아니었다. 그러다가 신유학을 국가 이념으로 하는 조선시대에 들어 과거 제도를 통한 인재 선발이 보편화되었으며, 지배계층이던 양반들에 의해 그 제도가 수용되면서 과거제도는 능력에 기반한 인재 선발 방식으로 자리매김하게 된다. 어떤 집안에서 태어나든지 간에 과거시험을 통과하지 않고는 관료가 될 수 없는 사회가 되었다. 그러다 보니 몇 대에 걸쳐 과거 시험 합격자를 내지 못하는 가문도 생기게 되었고, 나중에는 양반 취급을 받지 못하는 웃지 못할 일들도 벌어졌다.

조선시대 과거시험은 개인의 영달뿐만 아니라 가문의 운명이 걸린 일이었다. 이런 역사에 비추어 보면 우리나라 교육, 특히 대학 입시와 관련해서 자녀에 대한 높은 교육열이 자녀의 학업적 성취를 넘어 한 가정의 자랑거리로 여겨지는 이유를 짐작할 수 있다. 한국의 대학 입시가 단순히 대학이라는 곳에 진학하여 고등 교육을 받겠다는 기대가 아니라 개인과 집안 전체가 살아남기 위한 계급 투쟁의 속성을 지닐 수밖에 없는 이유다(박명섭, 2012). 인재 선발 방식으로서 과거제도의 정착은 신분이나 지위가 아닌 능력 중심의 선발이라는 긍정적 측면도 가지고 있지만 그것에 지나치게 매몰된 나머지 수많은 교육적 폐해를 낳기도 하였다. 예컨대, 과정은 등한시하고 결과만을 강조한다든지 선발 이후의 지속적인 자기 개발의 필요성이 없는 것 등은 일제 강점기를 거치면서 한층 더 왜곡된 채 오늘날 우리 교육의 문제로 이어지고 있다.

오늘날 현대 사회에서 대학 졸업장은 단순히 고등교육을 이수했음을 증명하는 것이 아니다. 그것은 일종의 경제적 · 사회적 자원의 하나로서 기능하며, 사회생활을 하는 내내 그 영향력을 행사한다. 예컨대, '블라인드 채용'처럼 일부 학력을 기재하지 않는 채용에 있어서도 실제로는 학력을 일정 수준 짐작하거나 알 수 있는 경우가 많다. SKY로 불리는 명문 대학의 졸업생들이 한국 사회의 거의 모든 권력 구조를 과점하고 있는 것이 현실이다. 이런 사회에서 대학 입시를 위한 시험은 단순한 학업 성취도 평가 이상의 의미를 지닐 수밖에 없다. 그것은 미래의 삶과 생존에 직간접적으로 연결된 것이며, 그렇기 때문에 가족 전 구성원이 만족스러운 시험 결과를 위해 전력을 다해야 하는 것이다.

현대 자본주의 사회에서 교육은 계층 간의 이동을 억제하고 계급 재생산의 기제로 고착화 되고 있다(Bowles & Gintis, 1976). 한국 사회에서 교육은 1980년대까지 계층 이동의 통로로서 역할을 했다. 어린 시절 가난한 환경을 극복하고 좋은 직장이나 사회적으로 명망 있는 지위에 오른 경우가 적지 않았다. 소위 '개천에서 용 난다'는 속담이 현실이던 시절이다. 그러나 경제발전과 동시에 차이가 벌어지기 시작한 빈부격차의 문제는 '통장에서 용 난다', '금수저 대물림' 등으로 묘사되고 있으며, 교육을 통한 계층 이동의 가능성은 점점 줄어들고 있다. Bowles & Gintis가 1970년대 지적한 교육을 통한 계급 재생산의 기제는 오늘날 한국 교육의 일정 부분을 설명할 수 있는 이론이 되고 있다. 대표적인 사례가 가정마다 부담해야 하는 사교육비 지출이라 할 수 있다. 우리나라는 경제 발전을 바탕으로 공교육의 기회가 보편화되어 있지만 교육열의 대상으로 초등학생, 최근에는 유치원생들까지 사교육 기관에 다니고 있다. 2021년 기준으로 사교육비 총액은 23조 4,000억에 이르며 이는 전년에 비해 21% 증가한 수치이며, 2007년 조사가 시작된 이후 최대치다. 초중고 학생의 사교육 참여율은 75.5%이며, 주당 참여시간도 6.7시간에 이른다. 소득별 사교육비 및 참여율은 아래의 그림과 같다. 월평균 소득 800만 원 이상인 가정은 사교육비로 59만 3,000원을 지출하는 데 비해 월평균 소득 200만 원 미만의 가정은 11만 6,000원을 지출하여 5배 이상의 차이를 보이고 있다. 참여율 또한 월평균 소득 800만 원 이상인 가정의 86%가 사교육에 참여하는 데 비해 월평균 소득 200만 원 미만 가정은 46.6%만 참여하고 있어 1.8배 정도 차이가 나고 있다.

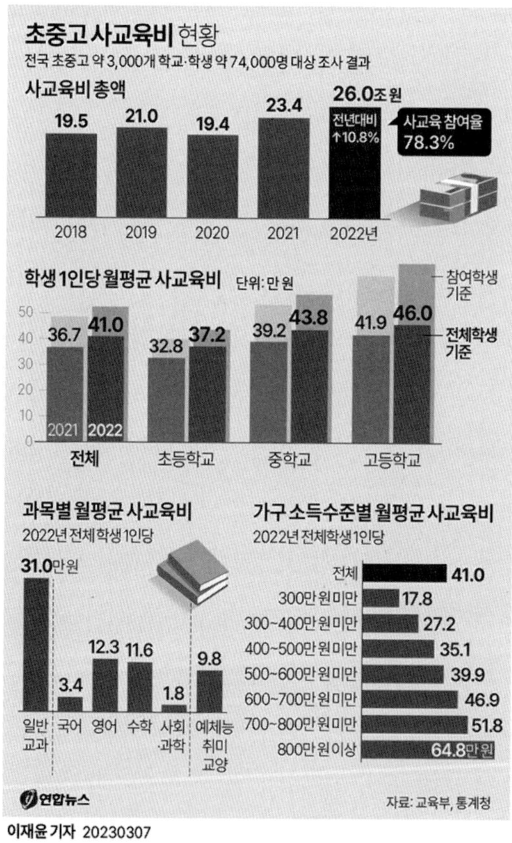

[그림 9-3] 초중고 사교육비 현황

출처: https://www.yna.co.kr/view/GYH20230307000400044

우리나라의 사교육은 이제 보편화된 교육 기회 확대의 계층 이동 효과를 상쇄하고도 남아 빈곤과 사회 · 경제적 불평등을 재생산하고 있다. 우리나라 교육 불평등은 여러 차원의 불평등이 상호 중첩되고 확대 재생산되는 데 한 길목을 차지하고 있다(전병유, 2016).

이런 교육의 이면에는 과정이야 어떻든지 간에 결과에 모든 것이 걸려 있는 사회 제도가 자리 잡고 있다. 모든 사회의 상위 재화와 가치는 한정되어 있으며, 이를 배분받고자 하는 사람은 많다. 이런 상황에서 교육 성취는 노동 시장에서 원하는 일자리를 갖기 위한 경쟁의 일환이 되고 있으며, 그 경쟁에서의 승리는 평생을 좌우하는 것이 되고 있다. 사회에서 좋은 일자리는 늘 한정되어 있기 마련이다. 그렇기 때문에 이를 먼저 차지하기 위한 경쟁이 학력 자본을 향한 것으로 표출되고 있다. 이 점에서 교육은 이해관계를 달리하는 여러 집단 간의 각축장으로, 집단 간의 관계 및 사회 · 역사적 맥락을 파악해야만 교육을 이해할 수 있다고 한 콜린스의 지적은 매우 정확하다(신명호, 2011).

우리나라는 이론적으로 개인의 노력과 능력에 따라 계층의 이동이 자유로운 사회이다. 그러나 계층의 형성과 이동은 능력으로만 설명되기 어려운 측면을 가지고 있다. 예를 들어 능력이 개인에 국한된 것인가 아니면 가족 전체의 능력을 의미하는 것인가? 선척적인 것인가 혹은 후천적인 것인가? 우리나라에서 계층의 형성과 이동과 관련된 문제의 일정 부분은 교육과 직간접적으로 관련되어 있다. 계층 이동을 위한 효과적 혹은 가장 손쉬운 수단 중 하나가 시험인 이상 교육에서 시험을 통한 인재의 선발과 가치의 분배 등은 계층 문제와 함께 검토되어야 하는 구조적인 문제인 셈이다.

풀어보기

1. 다음 보기 중 평등주의 선발관과 관련이 없는 것은?
   ① 교육받을 권리 강조
   ② 선천적 요인 강조
   ③ 환경적 요인 고려
   ④ 단선형 선발 체제
   ⑤ 만기 선발

2. 다음 보기 중 엘리트주의 선발관과 관련이 없는 것은?
   ① 개인의 능력 강조
   ② 복선형 선발 체제
   ③ 만기 선발
   ④ 유전적 요인 강조
   ⑤ 분리 교육

3. 다음 중 고려시대의 과거제도에 대한 설명으로 틀린 것은?
   ① 예비시험(국자감시)과 본시험(예부시)으로 진행되었다.
   ② 문과 외에도 무과, 잡과를 시행하였다.
   ③ 중국 출신 쌍기의 건의를 바탕으로 시행되었다.
   ④ 양민이면 누구나 응시할 수 있었다.
   ⑤ 시험과목은 제술업, 명경업, 잡업이었다.

4. 다음 중 조선시대의 과거제도에 대한 설명으로 틀린 것은?
   ① 문과 시험 응시를 위해서는 소과에 합격해야 했다.
   ② 문과 외에도 무과, 잡과를 시행하였다.
   ③ 대과 합격자는 성균관에 입학할 수 있었다.
   ④ 기술관을 뽑는 잡과는 율과, 역과, 의과 등이 있었다.
   ⑤ 3년에 한 번 있는 식년시와 증광시, 알성시 등 비정기 시험이 함께 이루어졌다.

READ 생각해보기

초중고 사교육비 "역대 최대"

지난해 사교육비 총액이 역대 최고치인 26조 원을 기록했다. 중·고교생보다는 초교생, 영어·수학보다는 국어과목의 사교육비 증가세가 가팔랐다. 교육부와 통계청은 전국 초·중·고교 약 3천 곳에 재학 중인 학생 7만 4천 명가량을 대상으로 '2022년 초·중·고 사교육비 조사'를 공동 실시한 결과 이같이 집계됐다고 7일 밝혔다. 지난해 초·중·고교생이 쓴 사교육비 총액은 약 26조 원이었다. 1년 사이 학생 수는 0.9% 줄었는데도(532만 명→528만 명) 총액은 2021년(23조 4천억 원) 대비 10.8% 늘었고, 2007년 조사 시작 이래 사상 최고치였던 전년도 기록도 한 해 만에 갈아치웠다.

사교육 참여율은 78.3%로 2021년(75.5%) 대비 2.8%포인트 상승해 역시 최고치를 기록했고, 주당 사교육 참여시간은 7.2시간으로 0.5시간 증가했다. 1인당 월평균 사교육비는 전체 학생(사교육을 받지 않는 학생 포함)을 놓고 보면 41만 원으로 1년 사이 11.8% 늘었다. 사교육에 참여한 학생만 놓고 보면 52만 4천 원으로 7.9% 증가했다.

지난해와 마찬가지로 사교육비 액수는 고등학생이 컸지만, 증가 폭은 초교생이 가장 가팔랐다. 전체 학생을 놓고 보면 초교생의 1인당 사교육비는 월평균 37만 2천 원으로 전년 대비 13.4%(4만 4천 원) 높아졌다. 중학생은 43만 8천 원으로 11.8%(4만 6천 원), 고등학생은 46만 원으로 9.7%(4만 1천 원) 올랐다. 사교육 참여학생의 경우 초교생은 월평균 43만 7천 원(3만 7천 원, 9.2%↑), 중학생은 57만 5천 원(3만 9천 원, 7.4%↑), 고교생은 69만 7천 원(4만 8천 원, 7.3%↑)을 썼다.

코로나19 초기 초등학생의 사교육이 가장 많이 위축됐는데 방역기조 완화에 따라 회복세가 이어진 것은 물론, 학습결손에 대한 우려도 반영된 것으로 보인다.

1인당 월평균 사교육비를 학년별로 보면 고등학교 1학년(전체학생 49만 1천 원 · 참여학생 70만 6천 원)이 가장 높았다. 지출한 사교육비를 구간별로 보면 월평균 40만 원 미만을 지출한 학생의 비중은 전년 대비 줄었지만, 월평균 70만 원 이상을 쓴 학생 비중은 19.1%로 전년보다 3.3%포인트 늘어 사교육비 규모도 양극화가 나타난 것으로 보인다.

출처: 강원도민일보 23.03.07 이은영 기자

▶ 위 기사를 읽고 다음의 문제에 대해 생각해 봅시다.

1. 초중고 사교육 확대의 원인은 무엇인가?
2. 사교육을 통한 개인의 경쟁력 강화는 가능한가?
3. 소득 수준에 따른 사교육 격차의 문제는 무엇인가?

CHAPTER 10

신자유주의와 교육

학습목표

1. 신자유주의의 개념을 설명할 수 있다.
2. 신자유주의 교육 정책을 기술할 수 있다.
3. 신자유주의 교육 정책의 한계와 해결 방안을 제시할 수 있다.

신자유주의는 개인주의, 시장의 효율성 및 자유를 강조하는 사조로서 교육에서는 교육기관의 자율과 선택, 시장 논리에 따른 경쟁 및 평가 등을 특징으로 한다. 신자유주의는 고전자유주의가 강조한 '보이지 않는 손'에 대한 믿음과 국가의 간섭이나 규제가 개인과 사회의 복리 증진에 방해가 될 수 있다는 생각을 기반으로 한다. 이런 관점에서 교육의 개혁은 선택과 자율을 강조하며, 세계화된 사회의 무한 경쟁 속에서 경쟁력을 강화하기 위한 불가피한 것으로 여겨지고 있다.

1. 신자유주의의 의미

신자유주의는 서양의 오래된 자본주의를 배경으로 형성된다. 16세기부터 18세기 서양의 경제 활동은 중상주의를 기반으로 이루어진다. 절대 왕성 시대의 군주들은 나라 경제 전반에 걸쳐 영향력을 행사했다. 당시 지배층은 국가의 기본 역할을 전쟁과 폭력의 위협으로부터 국민을 지키기 위한 방편의 하나로 막대한 군비를 지출해야 했으며, 이를 위해 국부를 축적하는 것을 국가의 중요한 역할로 생각했다. 이런 맥락에서 지배층은 보호무역주의, 각종 경제 규제를 통한 자국의 산업을 보호했으며, 주요 산업은 직접 경영하기도 했다. 국가 주도의 경제 활동은 대자본가들에게 유리했지만, 중소상공인 대다수의 사람들에게는 불리하였다. 그렇기 때문에 시민계급을 형성했던 부르주아들은 정부의 각종 규제를 철폐하고, 경제활동의 자유를 주장한다. 이런 주장에 토대를 두고 등장하는 것이 애덤 스미스(A. Smith)의 고전적 자유주의이다. 그의 이론에 의하면, 시장경제에 참여하는 사람들은 기본적으로 사적 이익을 추구하지만 시장의 보이지 않는 손에 이들의 행위가 공동체 전체의 경제적 이익에 도움이 되는 방향으로 이끌어진다(김경환 외, 2006). 정부의 개입을 최소화하고, 시장의 흐름에 맡길 것을 주장은 부르주아의 지지를 받으며 영국을 비롯한 많은 국가들의 경제 정책에 반영되게 된다.

그러나 정부 규제를 줄이고, 시장원리에 따르면 경제가 발전할 것이라는 스미스의 이론은 경제 발전에도 불구하고 절대 빈곤에 빠진 계층이 줄어들지 않으며, 빈부 격차의 심화라는 현실적인 한계에 직면하게 된다. 불황의 반복과 실업문제, 공공재 부족, 환경 문제 등은 정부의 개입 없이 해결하기 어려운 문제들이 연이어 등장하게 된다. 2차 세계대전 이후 미국과 유럽의 국가들은 케인즈 이론을 바탕으로 정부 개입을 통해 실업과 빈곤의 문제를 해결하고자 했다. 케인즈주의는 국가가 시장 경제의 자율에 대항해 적극적으로 개입하여 경기침체, 실업 등과 같은 문제를 해결해야 한다고 주장한다. 케인즈주의는 국가가 경기침체, 실업 등과 같은 자유방임시장의 문제에 적극적으로 개입하여 시장 경제를 규제함으로써 경기 순환을 조정해야 한다는 이론이다. 이 이론은 서구의 '복지국가의 황금기'를 가능하게 하기도 했지만 1970년대 중반 이후 경제 성장률의 둔화와 더불어 석유위기 등으로 인한 불황은 케인즈주의의 한계를 드러냈다.

신자유주의는 하이에크(Hayek)와 프리드먼(Fridman)을 중심으로 케인즈주의에 대한 비판을 바탕으로 등장한다. 이들은 비대해진 정부의 비효율성은 정부 역할의 축소 필요성을 제기하게 하였으며, 그 자리를 시장경제의 효율성으로 대체하여 경제성장의 원동력 확보를 주장한다. 대표적인 예가 영국의 대처리즘(Thatcherism)이라 할 수 있다. 1970년대 영국은 실질성장률 마이너스, 15% 수준의 인플레이션, 각종 정부 규제 및 세금, 노동조합의 투쟁 등의 문제에 직면해 있었다. 1979년 영국 최초의 여성 수상이 된 마가렛 대처는 국영사업 민영화, 노동 활동에 대한 규제 강화를 비롯하여 복지제도에 대한 전면적인 재검토를 시행한다. 물론 그 과정에서 실업률, 무주택자 비율 등이 증가하는 등 저항도 있었지만 '대안은 없다(There is no alternative: TINA)'는 발언에서 드러나듯 신자유주의에 입각한 정책들을 지속적으로 추진한다. 지금까지의 역사적 흐름을 요약하면,

16~18세기까지 전형적인 정부 개입을 중심으로 한 중상주의가, 19세기에는 자유주의가, 20세기 들어와서 1970년대까지 신중상주의가, 1980년대 이후 신자유주의가 지배적 조류가 되고 있다(이근식, 2009).

신자유주의는 고전적 자유주의의 정부 규제 철폐와 맥을 같이하여 정부의 비효율성을 비판하며 그 역할을 축소하고 시장의 효율성을 바탕으로 경제 성장을 이루어 가야 함을 주장한다. 신자유주의는 크게 세 가지 관점에서 특징지을 수 있다(김천기, 2014). 첫째, 자원배분 기제로서 시장의 효율성에 대한 절대적인 믿음이다. 둘째, 모든 경제관계에서 시장 원리의 확대, 즉 자유무역과 자유로운 금융자본의 이동을 가능하게 하는 대외개방, 자유화, 탈규제가 요청되며, 심지어는 공공 영역에서도 시장논리와 경쟁원리의 적용이 강조된다. 셋째, 경제정책에서 균형재정을 지향하는 긴축 위주의 정책, 소득재분배보다는 자본축적을 위한 감세 위주의 조세 정책이 강조된다. 이런 주장을 한 대표적인 학자는 하이에크(Hayek)와 프리드먼(Fridman)이다. 실제로 하이에크(Hayek, 1948)는 자율적인 질서가 존재하는 시장의 장점으로 두 가지를 말한다. 하나는 개인들이 각자 다른 목표를 추구하면서도 함께 자유롭고 평화롭게 살 수 있게 하는 것이고, 다른 하나는 경쟁을 통해 효율적인 생산을 한다는 것이다. 하이에크(1948)에 의하며, 개별적인 자기 이익의 추구는 자유방임적 시장체계를 통해 공정하게 수행될 수 있다. 시장은 누구에게나 동등한 절차적 기회를 보장한다는 점에서 공정하다고 할 수 있으며, 경제적 효과가 큰 방향으로 움직이기 때문에 효율적이라고 할 수 있다.

신자유주의의 핵심 개념은 '시장'이다. 시장의 보이지 않는 손에 대한 믿음을 토대로 한 국가의 간섭이나 규제 반대, 개인의 자유로운 경제활동을 통한 복리 증진 등이 신자유주의의 기본 구조라 할 수 있다. 자유시장의 불완전성으로 인한 국가 개입의 필요성과 개인의 자아실현을 돕는 적극적 자유를 주장하는 수정자유주의의 복지국가 모델은 신자유주의자에게 시장과 개인 활동의 자유를 저해하는 모델로 인식되고 비판받았다(신인영, 2002). 개인은 자신의 이익을 극대화시키기 위해 노력하는 데, 이런 노력이 의도치 않게 공적 이익에 기여하게 된다는 말이다. 예를 들어, 특정 재화를 싼 가격에 품질 좋은 것을 선택하여 소비하고자 하는 개인의 노력은 그 자체만으로도 개인에게 이익이 될 수 있지만 공급자들로 하여금 가격 인하와 품질 향상 경쟁을 하게 함으로써 더 좋은 물건을 싼 가격에 만들어 내게 되는 공적 이익 창출의 계기가 되는 것이다. 이 과정에서 국가의 개입은 가격의 왜곡, 개인과 시장의 의사결정을 왜곡시키는 장애물이 될 수 있다. 그렇기 때문에 신자유주의는 개인주의와 시장의 효율성 강화와 더불어 국가의 개입 축소나 규제의 완화 등을 주장한다. 신자유주의의 정책 논리는 개인주의, 시장의 효율성, 규제 완화 등을 골자로 한다. 이런 논리는 경제뿐만 아니라 사회 모든 영역, 즉 복지, 의료, 교육 등처럼 공적 영역으로 여겨져 오던 곳에도 시장 논리의 도입을 주장하며, 공공 서비스 재정의 축소, 자유시장 질서 강화를 위한 정부 규제 철폐 등을 주장한다.

시장논리에 입각해 볼 때, 정부의 강력한 개입 아래 경쟁 없이 유지되어 온 영역은 비효율적이고, 획일적이며, 질적 향상을 위한 노력이 부족한 경향이 있다. 예컨대, 우리나라의 많은 공사(公社)들은 공공의 이익을 위해 각종 정부 지원을 받고 있지만 비효율적 운영, 방만한 경영 등으로 만성적인 적자에 시달리고 있다. 이런 문제를 해결하기 위해 선택과 자율, 경쟁의 개념이 도입되어야 하며, 공공 부문의 민영화하여 경쟁력을 강화해야 하며, 이는 세계화의 흐름 속에서 국가 간, 기업 간 경쟁이 심화되고 있는 추세에도 부합하는 것이다.

2. 신자유주의와 교육

교육에 신자유주의를 적용하는 것은 교육을 수요자가 선택할 수 있는 상품의 일종으로 규정한다. 이런 교육의 목적은 인간의 자아실현과 소질 계발에 두는 것이 아니라 인간을 자본으로 여겨 인간 자본 육성에 중점을 두게 된다. 신자유주의에 의하면, 교육의 문제는 획일성과 입시 위주의 교육, 주입식 교육 등이기 때문에 교육의 다양성을 주장하고, 교육을 받는 이들의 선택권을 존중한다. 다만 교육에 시장논리를 도입하는 것은 경쟁을 통해 질을 향상시킬 수 있다 하더라도 과도한 사교육비의 증가, 교원의 지위 추락이나 질적 하락, 경쟁의 과열로 인한 열등감, 스트레스 등의 부작용을 가지고 있다.

신자유주의를 바탕으로 하는 교육 재편은 두 가지 특징을 가지고 있다. 하나는 교육 부분에 대한 시장원리의 도입이다. 신자유주의가 교육에 시장원리를 도입하는 것은 우선 교육투자에 대한 재정 부담을 줄이면서 자본이 필요로 하는 유연한 노동력을 수월하게 공급받기 위해서이다. 교육 분야에 시장원리를 적용해 교육을 생산과 소비라는 관점으로 보고, 소비자 권리를 강조하는 교육 선택권을 새로운 교육원리로 내세운다. 교육의 수월성과 효율성을 기치로 학생 및 학교 간 경쟁 구조의 창출, 국가의 규제 완화 및 민간 참여의 확대, 기업적 경영 방식의 도입, 교육비의 수익자 부담 확대 등을 추진한다. 그리하여 지금까지 공교육을 움직여 왔던 원리 자체가 변하는 것이다. 교육의 공공성은 점차 약화되어 가고 국민 통제의 원리는 상실되며 그 자리를 사적인 이해들과 사적 이해를 조정하는 장치로서 시장원리가 대체하는 것이다.

다른 하나는 노동의 유연성을 제고하는 교육 변화이다. 자본의 유연성을 극대화하기 위해서는 유연한 노동이 필요하며, 이를 위해 창의적 · 자율적 교육을 강조한다. 자본이 요구하는 노동의 유연성에는 유연한 노동

능력과 유연한 노동시장이라는 두 가지 의미가 있다. 유연한 노동능력 형성을 위해 신자유주의는 유연한 사고와 대처 능력, 자기 책임성을 강조하고 기초교육을 강화하는 한편 실업 · 기술교육을 확대하고 교육 인플레를 조장하며 유연화 이데올로기를 강요한다. 창의적 · 자율적 교육에 대한 강조나 기초교육의 강화는 주로 노동능력의 유연성 제고에 맞추어져 있고 실업 · 기술 교육의 확대, 교육의 다양화, 교육인플레 조장, 유연화 이데올로기의 강요 등은 주로 노동시장 유연화를 위한 것이다. 그리고 유연한 노동력의 지속적인 형성을 위해 교육공간의 확대, 교육 기간의 연장을 추진하고자 한다(허은주 외, 2010: 154-155).

우리나라 또한 2000년대를 전후로 교육의 문제점 해결 방안으로 신자유주의에 기반한 정책들을 도입해 오고 있다. 이런 정책들은 교육 체제의 획일성과 입시 위주의 교육, 주입식 교육에 대해 해결의 청사진을 그 목적으로 제시하고 있다. 청사진대로라면, 우리는 교육의 다양성과 학생들의 선택권이 보장된 교육 제도를 가질 수 있었을 것이다. 실제로 그러한가? 정책 그 자체의 문제인지 혹은 적용 과정에서 발생한 문제인지는 검토가 필요하겠지만, 신자유주의에 입각한 정책들은 대체로 그 장점을 상실한 채 단점으로 지적되는 시장경제 원리만을 강조하는 형태로 전개되고 있다. 그러다 보니 교육의 질을 향상시킬 수 있다 하더라도 학생과 교사 사이의 지친 경쟁 유도, 과도한 사교육비 증가, 경쟁으로 인한 열등감과 스트레스 등 각종 부작용을 낳고 있다. 사실 일제강점기, 군부독재 등 획일성을 특징으로 하는 시간을 보내온 우리의 교육 역사는 신자유주의의 다양성과 개성을 중시하는 교육을 감당할 역량이 부족한 것이 사실이다. 그러다 보니 신자유주의라는 정책을 교육계에 도입시키는 데도 정부의 간섭과 영향력이 오히려 커졌다는 주장이 제기되기도 한다(김천기, 2014).

1) 교육은 공공재인가, 민간재인가?

신자유주의자들은 교육을 하나의 상품으로 규정하고, 학교를 공급자, 학생과 학부모를 소비자로 상정한다. 이런 관점은 교육을 개인 간 사고팔 수 있는 하나의 민간재에 불과한 것으로 보는 셈이다.(윤봉준, 1997). 교육을 민간재로 주장하는 이유는 공공재로 제공되었던 공립학교 제도가 취지나 목적 달성에 실패하거나 모종의 문제를 가지고 있기 때문일 것이다. 실제로 첩(Chubb)과 모(Moe)는 시장 논리적 관점에서 공립학교 제도가 가진 문제에 대해 다음과 같이 지적한 바 있다(Cuhbb & Moe, 1990). 첫째, 교육 관료 조직의 규제와 통제에 의해 학교의 자율성이 저해되고 있으며, 둘째, 학교 간 경쟁의 상실로 교육의 질을 제고하기 위한 노력이 부족해지고 있다. 셋째, 교육 소비자인 학생의 필요와 무관하게 교육 공급자인 학교에 의해 획일적인 교육 서비스가 제공되고 있다. 결국 신자유주의 관점은 교육에 시장 논리를 도입함으로써 단위 학교의 자율성과 그에 따른 책무성을 강화하고, 학교 간 경쟁 체제를 통해 지속적인 교육의 질 향상을 도모할 수 있으며, 교육 서비스에 대한 학생들의 선택을 가능하게 함으로써 교육 전반에 걸쳐 효율성을 증대시킬 수 있다고 주장하는 셈이다.

이런 주장이 제기되었다고 해서 교육이 공공재인지 민간재인지와 관련된 논의의 여지가 없는 것은 아니다. 오히려 교육이 국가의 영역이 되어야 하는지, 사적 영역이 되어야 하는지에 대한 논란거리는 더욱 증대되었다고 볼 수 있다. 만약 교육이 민간재라면, 사용 대가 지불 여부와 관련한 논쟁점이 발생하게 된다. 예컨대, 사용 대가를 지불하지 않는 사람들은 교육 서비스를 제공 받을 필요가 없거나 제공 받아서는 안 되는가? 교육이 불필요한 계층은 교육과 관련한 비용 일체를 부담할 필요가 없어지는 것인가? 다소 극단적일 수 있지만, 아이를 가지지 않기로 한 부부는 교육세를 납부하지 않아도 되는가? 뿐만 아니라 특정 교육 서비스를 요구하는 사람들이 많아지면 더 많은 사용 대가를 지불하겠다는 사람이 우선시 되어야 하는가? 학생 또는 학부모가 요구하고, 누구보다 많은 사용 대가를 지불하면, 이들이 원하는 교육 서비스를 공급자가 어떤 식으로든 제공해 주어야 하는가?

근대 이후 서구에서 공교육 제도를 성립시키고, 교육을 국가의 영역으로 운영해 온 것은 교육이 빈부격차와 관계없이 누구나 누려야 할 최소한의 삶의 수준 보장과 관련된 것이라고 믿었기 때문이다. 이런 신념은 국가가 국공립학교 운영 등을 통해 공적으로 교육을 공급하게 하였으며, 교육받을 권리를 인간의 기본권으로 규정하고, 그 기본권을 국가가 보장하는 제도로 만들어 온 것이다. 이처럼 모든 국민에게 최소한의 혜택이 돌아갈 수 있도록 할만한 가치가 있다고 판단될 때 국가가 생산을 담당하고 공급하는 재화를 가치재라고 하며(한진수, 2007), 대표적인 예가 교육이라 할 수 있다. 그렇기 때문에 우리는 교육의 기회균등, 교육 평등, 교육 시설 및 환경의 확충 등에 대한 국가의 책임 있는 임무 수행을 요구할 수 있는 것이다. 이와 달리 신자유주의자인 윤봉준(1997)은 한국 교육이 가진 두 가지 잘못된 신념, 즉 학교 교육이 공공재라는 전제와 기회 평등을 지적하며, 학교 교육이 공공재라는 신념은 경험적으로 신빙성이 없고, 기회 평등을 보장해야 한다는 신념은 사회 전체가 망하는 길이 될 수 있음을 지적하며 교육을 민간 자율에 맡겨야 한다고 주장한다. 교육에 시장 경쟁 논리를 적용하는 것은 학교 현장의 나태한 모습들이 경쟁을 통해 개혁되고, 학생들이 학교를 선택하며, 타율적이고 경직적인 교육제도를 자율적이고 탄력성 있는 제도로 바꾸어 놓을 수 있을 것이다(천세영, 1998).

2) 교육의 자율성과 선택은 보장될 수 있는가?

신자유주의 교육의 핵심 개념 중 하나는 단위 학교의 자율성 확대와 수요자인 학생들의 선택이다. 단위 학교의 자율성은 무엇을 의미하는가? 학교의 자율성은 소유주나 학교장의 자율성인가, 교사의 자율성을 의미하는가? 혹시 학교장의 권한을 강화하면, 교사에게 충분한 자율성을 보장해 줄 수 있는 것은 아닐까? 우리나라보다 앞서 신자유주의 교육정책을 시도한 국가들은 공립학교에 자율성을 부여하는 시도를 해 왔지만 실상은 국가의 개입이 더욱 강해지는 모순을 안고 있는 경우도 있다. 영국의 경우 교육과정 및 평가에 대한 통제권을 중앙에 집중하고, 지방교육당국의 권한을 단위 학교에 위임하여 자율성을 확대하고 있다. 그러나 동시에 국가 교육과정 등 교육에 대한 국가의 통제는 더욱 강화되었다.

신자유주의 교육은 교육 기관 간의 경쟁을 통해 다양한 교육 기관이 공존하게 되고, 수요자인 학생이 자신의 필요에 맞는 기관의 선택을 지향한다. 학부모와 학생은 무엇을 필요한지 알 수 있고, 그것에 부합된 학교를 선택할 수 있음을 전제하고 있다. 학생과 학부모는 개별적이며, 합리적인 소비자로서 선택행위를 하게 된다. 물론 학부모의 학교 선택은 신자유주의 교육정책 도입 이전에도 이루어졌으며, 이를 통해 교육의 질 개선이 이루어져 온 부분도 있다. 그러나 관료적 통제와 정부 재정 지원 속에서 운영되었던 학교들은 기관의 존립 그 자체를 위협받는 일 없이 다소 방만하게 유지되어 온 것이 사실이다. 이 점에서 수요자인 학생들의 선택권 보장은 학교 교육을 정부 통제하에서 자유롭게 하는 대신에 상호 경쟁을 유도하고, 선택받지 못한 기관 · 경쟁에서 도태되는 기관의 퇴출을 강조하기도 한다.

학생 또는 학부모에게 학교에 대한 선택권을 주려는 것은 학습자가 자신의 능력과 적성, 흥미, 진로계획에 따라 원하는 학교를 선택할 수 있도록 하자는 것이다(김영화, 2003: 59). 여기에는 다섯 가지 기본적 전제가 있다(Robenstine, 2001: 237).

첫째, 국가는 학부모에게 학교선택을 허용함으로써 민주주의 원리인 개인 선택의 자유를 입증한다.

둘째, 자유시장체제 내에서 학부모 선택은 학교 간 경쟁을 촉진한다.

셋째, 학교 간 경쟁은 교육의 질 향상을 위한 압력이 된다.

넷째, 학부모 학교 선택은 다양성을 촉진하고 사회적 자본을 증가시킨다.

다섯째, 학교 선택은 인종 간 그리고 사회경제적 분리를 효과적으로 상쇄한다.

학생 또는 학부모의 학교 선택은 학교와 교사의 질적 수준을 향상시키고, 교육서비스에 대한 만족도를 높일 수 있다. 그러나 이런 선택은 제한적일 수밖에 없다. 현실적으로 학생이나 학부모의 선택을 모두 수용할 수 없기 때문이다. 특정 기관의 선택이 수용 가능한 인원보다 많이 이루어지는 경우 우리는 어떤 식으로든 선발 과정을 거칠 수밖에 없다. 학교가 학생을 선발하게 되면, 학교는 점차 차등화 또는 서열화될 수 있다. 이렇게 되면 학생들에게 주어지는 교육적 경험은 달라지게 되고, 학생모집에 대한 최종권한은 학생이나 학부모가 아니라 학교가 갖게 된다(Walford, 1994). 왜냐하면 대부분의 학교가 학업성취도에 따른 입학 자격 기준을 제시하기 때문이다. 실제로 미국의 사례 연구 결과 선호도가 높은 학교의 경우 학교에서 선호하는 능력을 지닌 학생들이 입학에 유리한 경향을 보인 것으로 나타났다(Wells, 2002). 뿐만 아니라 학업성취도 면에서도 기대한 만큼의 차이를 갖지 않은 것으로 밝혀졌다. 카노이(Canoy, 1993)는 학교 선택이 좀 더 나은 교육기회를 제공했다고 해도 교육열이 높은 중저소득층 학생의 학업 수행에 유리했을 뿐, 대다수 학생들 특히 교육열이 낮은 가정의 학생들의 상황은 더 나빠졌음을 지적한다. 위티(G. Whitty, 2002)는 학교선택제 시행 결과를 세 가지로 요약하고 있다. 첫째, 학교 선택은 교육기회나 전반적인 질 향상보다는 교육적 위계화를 강화하고 있다. 둘째, 성적이 뒤처진 학생들에 대한 지원의 증가는 거의 이루어지지 않고 있으며, 학교 교육의 상품화라는 흐름 속에서 학생이 학교를 위해 무엇을 해야 하는지에 초점이 맞추어져 있다. 셋째, 학교 선택이 학생의 성취도와 평등성 문제에 있어서 저소득층 학생들의 교육을 향상시켜 왔다는 증거를 제시하지 못하고 있다.

학교 선택이 공정한 것이 되기 위해서는 모든 사람이 자신의 능력에 적합한 교육을 받을 선택의 기회가 주어져 각자 재능을 개발할 수 있는 학교를 선택할 수 있는 권리가 보장될 때이다. 즉 모든 사회 집단 구성원들의 현실적 요구와 이해를 바탕으로 해야 하며, 학교선택이 다양한 집단의 요구를 수용할 수 있도록 다양성을 화복해야 한다(오정란, 2007: 97). 그럼에도 불구하고 학교 선택에 대해서는 여전히 생각해 볼 문제가 남겨져 있다. 학교 선택은 필연적으로 특정 학교에 대한 수요의 발생과 그로 인한 위계화 문제가 대두될 가능성이 높다. 학교 간 서열화 및 이로 인한 경쟁 심화, 엘리트 교육의 가속화, 입시경쟁 과열 등이 발생할 수 있다. 계층 간 또는 지역 간 교육 불평등과 격차 심화로 인한 사회적 갈등 문제 또한 예상된다(남경희, 2009). 예컨대, 저소득층 부모들은 학교 선택에 필요한 정보에 취약하며, 통학과 관련하여 시간적 · 물리적 제약을 받는 편이기 때문에 현실 상황에 맞춘 학교 선택이 이루어질 가능성이 크다.

3. 신자유주의 교육정책의 문제와 한계

교육에 신자유주의 원리의 적용을 어떻게 생각해야 할까? 교육이 공공 영역에 속한다면 시장 논리에 의해 지배되지 않을 것이다. 그렇다고 해서 공공 영역에 속한 교육이 문제가 없는 것은 아니다. 신자유주의는 교육을 시장 경제 영역으로 옮겨 놓아 사적 영역으로 규정하려 한다. 이렇게 되면 교육은 시장 논리에 따라 효율성 및 효과성을 추구할 수 있게 된다. 이 과정에서 소홀하게 다루어질 수 있는 평등화나 공동체 형성과 관련된 역할은 또 다른 논의의 주제가 된다. 이런 문제점으로 인해 신자유주의 교육정책은 여전히 지지자와 반대자 사이의 의견이 팽팽하게 대립하고 있다.

1980년대 국제 경쟁이 치열해지고 교육이 국가의 경쟁력을 좌우한다는 생각이 퍼지면서 보수주의자, 자유주의자들은 공교육 제도를 국가 경쟁력을 약화시킨 원인 중 하나로 지목한다. 이들에 의하면, 무분별한 교육 기회균등 정책으로 인해 교육의 수월성이 약화되었으며, 수월성 약화가 국가 경쟁력의 약화로 귀결된다. 그리고 이들은 부모의 자녀 교육 선택권이 기본 인권임을 내세움으로써 교육 기회균등에 의한 정책들이 부당하다고 주장하며, 부모의 자녀 교육 선택권을 강화할 수 있는 정책들, 예컨대 특성화 학교, 학교 자율성 강화 등을 시도한다(오욱환, 2008). 첩과 모(Chubb & Moe, 1990)는 학교의 자율성과 전문성을 허용하지 않는 공립학교에 비해 시장원리가 지배하는 사립학교가 학생과 학부모가 원하는 교육을 제공할 가능성이 높으며, 학교 운영에 대해서도 더 큰 영향력을 행사할 수 있다고 주장한다.

그럼에도 불구하고 신자유주의 교육정책을 비판하는 주된 이유는 인간의 다양한 활동을 자본축적의 수단으로 환원시켜 교육을 경제적 이익을 추구하는 상품 생산과 소비 논리의 적용 대상으로 본다는 데 있다(강주헌 역, 2001, 김용일, 2000). 신자유주의자들은 공교육의 실패를 경쟁이 없어 지속적인 교육의 질 향상에 실패한 것으로 묘사하지만 시장 원리, 경쟁 원리의 도입이 지속적인 교육의 질 향상을 가능하게 하는지는 확실하지 않다. 오히려 교육에 있어서 불평등의 문제의 심화나 사회 전반에 걸친 갈등이 격화될 가능성을 가지고 있다. 겉으로 개인의 자유를 최대한 보장할 수 있다고 주장하지만 선택의 자유에 국한될 뿐 의사 결정 그 자체의 자유를 보장하는 것은 아니다. 그것은 우리가 시장에서 물건을 살 때 고를 수 있는 선택권을 가진다고 해서 어떤 물건을 만들어, 얼마에 팔 것인지 결정할 수 없는 것과 마찬가지이다. 공급자에게 보장된 자율 또한 교육 현장의 교사들보다는 학교 경영자가 교육 관료 등에게만 주어질 뿐이다(이병환, 2002). 결정적으로 경제 위기의 원인이나 국가 경쟁력 하락이 교육에서 비롯된 것인지가 명확하지 않다. 교육을 상품으로 규정하게 되면 국가의 공적 책임이나 개입은 불필요하겠지만, 교육은 시장 원리로 설명하기 어려운 고유의 가치와 목적을 가지고 있다. 교사와 학생의 관계 또한 소비자와 공급자로만 설명하기 어려운 측면을 가지고 있다. 예컨대, 이들 사이의 상호작용과 인간적인 만남을 통한 성장의 가능성 등은 소비자와 공급자의 관계를 넘어 이루어지는 것이며, 지식의 전달로 국한되는 것도 아니다.

신자유주의 교육정책의 실시로 발생했거나 예상되는 문제점 또는 한계점은 크게 세 가지로 요약될 수 있다. 첫째, 경쟁 구조의 심화이다. 신자유주의 교육정책은 시장 논리의 교육 적용을 주장하고 있으며, 국가 경쟁력 강화라는 미명하에 교육 기관 및 교육 당사자들을 무한경쟁체제로 돌입하게 한다. 시장의 효율성을 높이기 위해 경쟁에서 도태된 기관이나 당사자는 시장에서의 퇴출을 요구하기도 한다. 2010년대 이루어진 각종 대학 평가는 교육기관으로서 대학의 경쟁력 강화, 줄어드는 학령 인구를 대비한 구조 개혁 등을 목표로 제시했지만 10여 년이 지난 현시점에서 되돌아볼 때 효과적인 구조 개혁을 하지도 못했고, 각종 평가 보고서로 인해 교육 기관 본연의 역할이라 할 수 있는 교육 역량을 강화하는 데에도 실패한 것 같다. 교육의 질을 높인다고 학습자 개인만이 아니라 시 · 도 교육청, 각급 학교별로 빈번한 평가를 실시하고, 그 결과에 따라 차별 보상함으로써 경쟁은 치열해졌지만, 본연의 목적인 교육의 질적 향상에는 긍정적인 기여를 하는 데 실패했다. 평가를 위한 교육의 실시는 평가 당일 학업성취도가 낮은 학생의 결석을 유도하거나 기관과 기관 사이의 협력을 저해하는 등의 부작용을 초래하였으며, 신자유주의 교육이 내세우는 교육의 다양성이나 창의성을 보장하지도 못했다.

둘째, 교육 불평등 심화 및 교육의 공공성 약화이다. 교육 재정의 효율적인 집행을 주장하는 것은 타당하지만 지나치게 효율성만을 강조하다 보니 교육 환경이 열악해지고, 학부모가 교육을 책임질 수밖에 없는 상황이 되었다. 교육에 시장원리의 도입은 공교육의 역할 축소와 더불어 사교육에의 의존도를 높이는 결과를 낳고 있다. 여타의 국가와 달리 거대한 사교육 시장이 형성되어 있는 우리나라의 경우, 사교육의 의존도가 높아지는 것은 불평등의 원인이 될 수 있으며 계층간 격차를 심화시킬 수 있다. 예컨대, 고가의 사교육비를 부담할 수 있는 사람과 그렇지 않은 사람 사이의 차이는 불가피하다. 국가에서 책임지던 부분이 학부모 개인에게 넘어가게 되면서 기회균등을 위한 재정적 지원에 문제가 생길 수밖에 없으며, 이 점은 교육의 공공성 측면에서 문제를 야기할 수밖에 없다. 이와 관련하여 강신현(2001)은 공교육이 견지해야 할 공공성을 다음과 같이 설명한 바 있다.

① 인권이자 사회권의 공공성은 국가, 사회가 양질의 무상교육을 공평하게 보장해 주어야 한다는 것을 의미한다.
② 과정과 절차의 공공성은 교육의 민주화를 의미한다. 즉 교육정책과 방향, 내용에 대한 결정이 자본과 국가에 독점되어서는 안 되며, 노동자, 농민을 포함한 민중의 입장이 반영되고, 교사와 학생, 학부모 등 교육 주체가 참여해야 한다.

③ 교육내용, 교육방법의 공공성은 모든 아동과 청소년의 참된 인간화를 지향하고 개발하는 교육이어야 한다는 의미이다. 우열반, 귀족학교의 분할과 같은 비인격적 · 비교육적 방법이나 자본과 지배세력에 편향된 교육내용이 아닌 모든 민중과 공동체의 이해와 요구에 부합되는 것이어야 함을 말한다.

공교육 정책은 사회 계층 간 발생하는 불평등 해소를 위해 교육 기회를 균등하게 보장하고, 의무교육, 저소득층 지원 등 다양한 정책을 실시해 왔지만, 여전히 교육 내에서 불평등한 상황이나 요소들은 남아 있다. 신자유주의 교육정책은 효율성 및 시장 논리에 입각한 경쟁의 강조로 자칫 교육에서의 불평등을 심화시킬 수 있다.

셋째, 교육의 본질적 가치와 교사, 학생 사이의 관계에 대한 오해를 확산시킬 수 있다. 신자유주의 교육정책은 교육을 시장에서 거래되는 상품과 같은 것으로 파악함으로써 교사와 학생 간의 관계를 공급자와 소비자로 가정하고, 이들 간의 관계를 교육의 상품화 속에서 이루어지는 것으로 설명한다. 예컨대, 양질의 교육을 제공하는 교사를 학생들이 선호하고, 선택할 것이며, 이를 통해 전반적인 수업의 질 개선이 이루어질 수 있다고 본다. 실제로 그러한가? 대학 내에서 이루어지는 강의 평가의 결과는 양질의 교육에 대해 학생들이 합리적 소비자로서 판단한 결과라 할 수 있는가? 사실 교육 활동 내에서 교사와 학생 사이에는 상품의 생산과 소비로 설명하기 어려운 인격적 만남의 영역이 존재한다. 교육은 개인의 잠재능력을 계발하고, 인간 가치의 실현을 통해 개인의 자아실현을 이루는 데 목적이 있는 활동이다. 그렇기 때문에 수준별 · 개인별 학습 경쟁만을 강조하는 구조 속에서 교육 본연의 목적은 간과될 수밖에 없으며, 경쟁에서 살아남기 위한 교육, 출세를 위한 교육만이 강조된다.

풀어보기

1. 다음 보기 중 신자유주의와 관련이 없는 것은?
   ① 애덤 스미스
   ② 시장의 자유와 효율설
   ③ 하이에크(Hayek)와 프리드먼(Fridman)
   ④ 중상주의
   ⑤ 최소 국가

2. 다음 보기 중 신자유주의에 입각한 교육 정책이 아닌 것은?
   ① 대학 입시 자율화
   ② 고교 다양화 300 프로젝트
   ③ 학교 선택제
   ④ 교육복지투자 우선지역 정책
   ⑤ 국가 수준 학업 성취도 평가

3. 학생 또는 학부모의 학교 선택권 보장과 관련 없는 설명은?
   ① 민주주의 원리인 개인 선택의 자유
   ② 학교 간 경쟁 촉진
   ③ 학교 간 경쟁을 통한 교육 획일화
   ④ 다양성 증대와 사회적 자본 증가
   ⑤ 사회경제적 분리 상쇄

4. 신자유주의 교육정책의 한계에 해당하지 않는 것은?
   ① 비효율적 자원 분배
   ② 경쟁 구조의 심화
   ③ 교육 불평등 심화
   ④ 교육 공공성 약화
   ⑤ 교사와 학생 사이의 관계 왜곡 가능성

READ 생각해보기

SKY캐슬, 학부모의 바람과 교육 제도

2019년 방송된 'SKY캐슬'은 우리나라 교육과 관련하여 꽤 충격적인 모습들을 보여주었다. 가상의 내용이기는 하지만 자녀 교육에 대한 높은 교육열의 한 단면을 보여주며, 상류층 부모의 왜곡된 교육 열망을 풍자하고 있다. 이야기의 중심인물은 입시 코디네이터 김주영 선생이고, 김 선생님의 학생들은 모두 아버지가 의사 혹은 교수로 설정되어 있다. 그마저도 1명은 지방대학 의대 출신이라 '지잡대'로 비하되기 일쑤이다. 드라마는 전개 과정에서 입시 코디네이터의 과거, 자신의 자녀 교육에 지나치게 집착하여 실패한 모습과 더불어 SKY 캐슬에 등장한 모든 학생들의 미래가 의대 합격 외에는 실패로 귀결되는 모습을 보여준다.

자녀가 좋은 대학을 진학하기 위한 조건에 대한 농담으로 할아버지의 재력, 엄마의 정보력, 아빠의 무관심이 필요하다는 말은 웃어넘기기 쉽지 않은 농담이다. 그렇다고 해서 자녀 교육에 대한 관심과 그들의 성공을 위한 무한대에 가까운 부모의 헌신을 부정적으로만 보기도 어려운 것이 현실이다. 이런 맥락에서 신자유주의에 입각한 교육 정책은 학생 혹은 학부모의 수요를 반영하는 한편 교육의 다양성 증대를 통한 선택권의 보장, 교육 기관 간 경쟁을 통한 질적 향상 등을 내세우며 우리나라 교육 전반에 걸쳐 지속적인 변화를 추구해 오고 있다. 대학설립준칙주의, 고교 다양화 300 프로젝트, 대학입시 자율화 방안 등이 대표적인 예라 할 수 있다.

▶ 위 기사를 읽고 다음의 문제에 대해 생각해 봅시다.

1. 신자유주의에 입각한 교육 정책의 장단점은 무엇인가?
2. 옹호 또는 비판의 관점에서 서로 다른 관점을 이해할 수 있는가?

CHAPTER 11

다문화사회와 교육

학습목표

1. 다문화이론 세 가지를 설명할 수 있다.
2. 다문화 교육의 중요성을 기술할 수 있다
3. 다문화가정의 현황과 해결방안을 제시할 수 있다.

우리는 일상생활에서 문화라는 단어를 쉽게 들을 수 있으며, 다양한 의미로 사용된다. 문화는 인간 사회생활의 산물이며, 인간의 사회생활은 문화와 함께 이루어진다. 문화라는 테두리 안에서 다양한 제도 등이 만들어지며, 교육 역시 문화와 밀접한 관련이 있다고 할 수 있다. 특히 오늘날은 국가 간 국제화, 개방화되면서 인적 교류가 빈번하게 이루어짐으로써 다민족, 다인종 사회로 변화하고 있다. 이러한 상황에서 교육현상과 교육문제를 다문화 사회적 관점에서 고찰해야 할 필요가 있다. 본 장에서는 한국의 다문화사회를 이해하고, 다문화 교육이라는 관점에서 교육의 내용, 역할 그리고 교육의 문제를 해결하고 나아가야 할 방향에 대해 살펴보고자 한다.

1. 문화와 다문화의 이해

1) 문화의 이해

문화(culture)란 어원은 라틴어의 'cultura'에서 유래된 cultivation으로 경작, 재배, 배양의 의미를 지닌다. 문화를 보는 시각은 시대와 상황에 따라 다르며, 무엇을 중시했는지에 따라 그 의미는 달라질 수 있다. Linton(1936)은 "문화란 생활양식이고 사회구성원이 참여하는 습관, 관념, 태도가 조직된 것의 집적"이라고 하였고, Sutherland & Woodward(1937)는 "문화란 한 세대로부터 다른 세대에 전달될 수 있는 모든 것을 포함"한다고 하였다. 또한 인류학자 Tylor(1871)는 "지식 · 신앙 · 예술 · 법률 · 도덕 · 관습 그리고 사회의 한 구성원으로 인간에 의하여 얻어진 다른 모든 능력이나 습관들을 포함하는 복합적 총체"라고 기술하고 있다. 정리하면 문화란 사회구성원이 공유하고 사회를 유지하는데 기여하는 규범, 습관, 태도, 가치, 지식, 도덕, 예술 등을 포함하는 것을 의미한다.

비어스테트(R. Bierstedt)는 문화의 내용을 관념문화, 규범문화, 물질문화로 분류하고 있다. 첫째, 관념문화는 인간이 생각하는 문화로서 과학,

종교, 신화, 전통, 문학, 미신, 속담 등이다. 둘째, 규범문화는 인간이 행하는 문화로서 법률, 규칙, 관습, 예절, 금기, 유행, 의식 등이다. 셋째 물질문화는 인간이 소유하는 문화로서 도구, 기구, 건설, 공예품, 의상 등을 말하고 있다(김홍규, 1998).

문화의 개념에 나타난 문화의 특성을 살펴보면 첫째, 문화는 학습되고 후천적으로 획득된다. 둘째, 문화는 모든 구성원이 공유하는 행동양식이나 생활양식이다. 셋째, 문화는 과거로부터 시행착오의 경험과 선택적응의 결과로 누적된 역사적 산물이다. 넷째, 문화는 인간의 욕구 충족과 만족을 위해 창조되고 유지된다.

문화는 인간생활의 산물이며, 인간의 생활은 문화의 테두리 안에서 이루어진다. 사회는 인간세계 외에 동물세계도 존재하지만 문화는 오직 인간세계에서만 있다. 따라서 문화는 인간과 동물을 구별 짓는 중요한 요소이며, 우리의 삶을 좌우하고, 인간의 사고 능력과 행위에 가장 큰 영향을 주는 요소이다(강재태 외, 2008). 문화는 인간에게 있어 매우 중요한 요소이며, 이러한 문화의 주요기능을 다음과 같이 10가지로 제시할 수 있다(김홍규, 1998).

첫째, 문화는 사회 규칙을 습득하게 한다. 개인이 직면한 사회적 상황에서 어떻게 대처해야 하는지에 대한 규칙을 제공해 주고 가르쳐 준다.

둘째, 문화는 개인의 욕구와 필요를 충족시켜 준다. 인간의 의식주 등 기본적인 욕구를 충족시키는 방법 등에 대해 알려준다.

셋째, 문화는 현상세계의 사물에 대한 시점을 제공한다. 인간과 우주의 본질, 그리고 인간의 역할에 대한 정립된 시각을 제공해 준다.

넷째, 문화는 그 사회의 적응방식을 알게 하고 적응력을 길러준다. 기존의 행동양식을 습득하고, 개개인이 지켜야 할 사회규범과 가치관 등을 학습시키는 역할을 한다.

다섯째, 문화는 사물의 의미를 현실적으로 규정해 준다. 사물에 대해 개인이 판별하고 결론을 짓는 선악 및 정상, 논리성, 중요성 등은 문화에 의해 결정된다.

여섯째, 문화는 개인에게 가치, 목적, 희망을 갖게 해준다. 이러한 기능으로 사회마다 성공 혹은 가치의 기준이 다르다.

일곱째, 문화는 인간의 양식과 상식 수준을 결정한다. 개인의 생각과 판단이 사회의 적합한 기준을 제시해 주고 결정하는 역할이다.

여덟째, 문화는 사람들에게 소속감을 갖게 해준다. 문화를 공유하는 사람들은 타집단과는 구별되는 정체성과 친밀감을 갖는다.

아홉째, 문화는 인성을 형성하는 데 도움을 준다. 어떤 문화에서 성장했느냐에 따라 도전적 · 진취적인 사람이 되기도 하고 타율적 · 의존적 인성이 형성될 수 있다.

열 번째, 문화는 긴장을 해소시켜 준다. 문화는 사회 구성원에게 정서적 안정과 편안한 안식처를 제공하는 역할을 한다.

2) 다문화의 이해

오늘날 국가 간 국제화, 개방화되면서 인적 교류가 빈번하게 이루어짐으로써, 다민족, 다인종, 다문화 사회를 이루고 있다. 한국 사회도 예외는 아니며 다양한 사회적 변인과 문화적 요인들이 공존하고, 갈등하고, 진화되고 있는 것이 현실이다. 다문화(multiculture)는 한 나라 안에서 상호순환하고 통합하며 발전하는 주류사회의 문화와 수입문화의 다원적이고 역동적인 혼합을 의미한다(조정남, 2001). 다문화는 어떤 태도나 정책으로 살펴볼 것이냐에 따라 크게 용광로 이론, 모자이크 이론, 샐러드볼 이론의 세 가지 유형으로 나눌 수 있다.

첫째는 용광로 이론(Melting Pot theory)으로 소수의 비주류 문화를 주류

문화로 편입하여 문화와 종교 사회적 질서와 가치, 언어 등을 받아들이는 것을 의미한다. 이는 기존 문화에 다양한 문화권에서 온 이민자들은 융화하거나 흡수하는 것이다. 대표적인 것이 미국의 용광로 이론(Melting Pot theory)이다. 이는 19세기 말 미국에 이민자가 급증하면서 생겨난 이론으로 미국이라는 사회를 하나의 큰 용광로라고 보고 수많은 이민자를 철광석에 비유하여 그들이 미국사회에 정착하는 과정에서 백인 주류 문화에 용해되어 미국인이라는 새로운 인종으로 바뀌는 개념이다(ex. 미국인으로 새로운 정체성을 얻는 것). 그러나 각 문화의 고유성과 다양성은 존중받지 못하며, 백인 주류 문화를 바탕으로 하고 있다는 점에서 동화주의에 가깝다고 할 수 있다. 이는 소수민족 및 이민, 난민, 외국인 노동자들에게 언어 및 생활습관의 차이로 인해 사회적, 경제적, 정치적 불평등을 정당화하고 지속시킬 수 있다. 다양한 문화를 한 국가나 사회에 구현하기보다 하나의 동질한 문화에 융합하여 사회를 통합하려는 것을 의미한다.

둘째는 모자이크 이론(masaic theory)으로 1960년대 미국의 용광로 이론에 대한 대안으로 1970년대 캐나다에서 생겨난 것으로 여러 색상의 조각들인 이민자들이 모여서 하나의 모자이크를 완성한다는 이론이다. 미국의 용광로 이론은 각 민족의 특수성을 인정하지 않는 정책이며, 비주류 문화의 문화와 언어를 유지하면서도 주류 사회의 일원으로 함께 살아가는 것이다. 그러나 모자이크 이론도 주류문화가 더욱 우월하다는 문화적 제국주의를 근간으로 하기에 많은 다문화주의자들에게 비판이 되었다.

셋째, 샐러드볼 이론(salad bowl theory)으로 최근 미국에서 생겨나고 지지받는 이론이다. 시대에 맞지 않는 용광로 이론과는 달리 국가라는 큰 그릇 안에 다양한 문화들이 각자의 고유한 특성을 가지고 샐러드처럼 함께 어울리는 것을 목표로 하는 이론이다. 샐러드볼 이론은 다문화주의를 몇몇 인접 소수집단의 문화가 주류사회의 문화를 배경으로 점점이 박혀 있는 모자이크가 아닌 다양한 사회구성원이 상호 공존하며 각각의 색깔과 향기를 지니고 조화로운 통합을 이루는 것이다(Vertovec, 1996). 마치 샐러드와 같이 각자 고유의 특징을 살린 채 여러 민족의 문화가 하나의 새로운 문화를 만들어 가는 것을 의미한다. 즉, 다양한 문화 상호 간의 이해와 존중, 대화와 신뢰를 바탕으로 다문화가 공존하는 것을 의미한다.

〈표 11-1〉 용광로 이론과 샐러드 볼 이론의 비교

용광로 이론	샐러드 볼 이론

다문화주의(multiculturalism)가 본격적으로 등장한 것은 2차 세계대전 이후이다. 서구의 식민지로 있던 제 3세계의 국가들이 독립하면서 지식인들이 민주주의와 인권 존엄이 국가나 인종이나 종교 간의 차별 없이 존중되어야 한다고 주장한 것이 시초이다. 이러한 사상은 다민족 국가 특히 원주민들이 거주하고 있던 지역을 점령하고 있던 백인들이 건설한 미국, 호주, 캐나다 등이 대표적인 나라이다. 다문화주의는 여러 유형이 있지만, 다음과 같이 자유주의적 다원주의, 코로리트 다원주의, 급진적 다원주의, 연방제 다원주의, 분리 · 독립 다원주의로 유형으로 나뉘며, 성격과 특징

은 다음과 같다(성낙돈 외 2015).

첫째, 자유주의적 다원주의이다. 사회통합 측면에서 문화적 다양성을 허용하고 에스닉(소수 인종) 집단과 민족의 존재를 인정한다. 이는 사적 영역에서 문화의 다양성만 인정된다. 그러나 공적 생활에서는 주류 사회의 문화, 언어, 사회습관 등에 따를 것을 요구하며, 공적 생활에서 인종차별 등은 처벌의 대상이 된다. 예로 학교, 직장, 공공시설에서 이중언어 사용에 소극적인 입장이다. 이러한 자유주의적 다원주의는 차별을 금지(처벌)하고 사회참여를 위해 기회평등을 보장하여 다수민족과 소수민족 간의 차별구조와 불평등구조를 적극적으로 해결하려고 노력한다.

둘째, 코포리트 다원주의이다. 피차별자가 현실적으로 경쟁하는 네 불리한 입장에 있다는 것을 전제로 하며, 소수 민족의 사회 참가를 촉진하기 위해서 적극적인 재정적 · 법적 원조를 지원한다. 공적 생활 영역에서 다언어 방송, 다언어 의사소통, 다문화 교육 등을 추진하고 사적 영역에서는 소수민족 학교나 공공단체에 지원을 한다. 또한 취업, 교육 등 영역에 소수자에게 기회를 주기 위해 할당제도를 실시하여 교육이나 취업을 배려한다. 소수민족 정당도 인정하며 인종차별 금지법의 제정을 강조한다.

셋째, 급진적 다원주의이다. 다민족 · 다문화 사회에서 살면서 주류사회의 문화, 언어, 규범, 가치 등을 부정하고 독자적인 생활방식이나 생활을 추구하는 움직임을 의미한다. 이러한 특징으로 주류 사회로부터 반발을 하는 경우가 있다. 예를 들면 일본의 아이누 원주민의 문화 독립운동이 대표적이다. 독자적인 문화독립은 국가형태의 독립을 추구하는 국가독립운동으로 전환될 가능성이 높다는 특징이 있다.

"식민지 조선 이전에 아이누족이 있었다."

홍명교의 이상동몽. 한겨레 2022-10-15 14:23

https://www.hani.co.kr/arti/international/international_general/1062788.html

아이누족은 아주 오래전부터 19세기 중반까지 '사람의 땅'이라 부르던 일본 북부 홋카이도·아키타현을 비롯해 러시아 사할린 등의 커다란 섬 곳곳에 독립적인 공동체를 일구며 살고 있었다. 철저한 신분사회였던 본토의 막부 지배계급에게 아이누 사람들은 경계 바깥의 낯선 이들로만 여겨졌다. 침략이 시작된 것은 메이지유신(1868년) 시기 일본 봉건사회가 근대 국민국가로 이행하면서다.

'근대화된 문명인'을 자처하던 일본인들은 경계 바깥의 사회를 침략해 자신의 식민지로 삼고, 이를 '문명화'라고 포장하는 서양인들의 욕망을 적극 수용했다. 메이지유신 1년 만인 1869년, 일본 정부는 '사람들의 땅'(아이누모시르)을 '홋카이도'라고 명명했고, 1871년부터는 아이누족의 종교활동과 전통문화를 금지하는 정책을 펼쳤다. 1899년 홋카이도 전역을 점령한 일본 정부는 '구 원주민 보호법'을 제정해 아이누족을 '외국인'이 아닌 '옛 원주민'으로 규정함으로써, 아이누족이 외국인도 국민국가 성원도 아님을 공식화했다. 20세기 초 내내 아이누 사람들의 강제이주가 이뤄지면서, 그들이 조상 대대로 살던 땅과 질서는 부정됐다. 일본인들은 아이누족에게 강제로 빚을 지게 하여 상환금 대신 땅을 영구임대한다든지, 일본어를 읽을 수 없는 아이누인들을 술 취하게 만든 뒤, 막무가내식 토지 계약에 서명하게 하는 방식으로 쫓아냈다. 1886년 9월3일 현지의 〈하코다테신문〉은 이렇게 보도했다. "적자생존 원리에 따르면 문명이 발달할수록 우월한 종족은 성공하고 열등한 종족은 소멸한다. 요즘 아이누족 토착민의 경우에서 이를 분명히 알 수 있다."

일본제국주의사 연구자 마크 피티는 이즈음 일본의 정책을 "정착 식민지 건설에 대한 실제 경험을 미리 제공한 사건"이라 평했다. 홋카이도를 점령해 봤기에 조선, 대만, 필리핀, 미얀마도 점령할 수 있었던 것이다.

일본의 패전 이후에도 아이누족의 발언권은 제한됐다. 원주민으로서의 정체성이나 경험은 20세기 내내 주목받지 못했다. 2017년 홋카이도 정부의 '아이누 생활실태조사' 결과에 따르면, 아이누 인구는 약 1만 3천 명으로 4년 전에 비해 4천 명 줄었다. 이렇게 급감한 것은 이 조사가 홋카이도에 한정한 조사인 데다, 아이누협회원이 감소했기 때문이다.

보수적인 일본 사회에서 아이누족 정체성을 밝힐 경우 온갖 차별을 감당해야 한다. 유엔 인종차별철폐위원회는 일본 정부에 전국적인 실태조사를 권고한 바 있으나, 조사는 단 한 번도 이뤄진 바 없다. 비공식 추정치 20만 명과 현저한 차이를 보이는 것은 이 때문이다.

2007년 유엔 총회에서 '원주민 권리선언'이 채택될 때, 일본 정부 역시 찬성표를 던졌다. 이제 더는 아이누족의 존재를 부정할 수 없어졌다. 이로 인해 2019년 4월 국제적인 압력 속에서 이뤄진 아이누정책추진법이 통과되면서 아이누족이 법에 의해 '원주민'으로 인정됐다. 식민지화 150년 만에 원주민으로서 사소한 권리를 존중받을 틀이 마련된 것이다. 법안 통과 후 참의원 국토교통위원회는 "근대화 과정에서 많은 아이누 사람들이 고난을 받았다는 역사적 사실을 엄숙하게 받아들이겠다"고 밝혔다.

그러나 여전히 일본 정치는 아이누족 불평등에 대한 실질적인 개선이나 역사적인 공유자산에 대한 인정과 거리가 멀다. 코로나가 한창이던 2020년 7월 일본 정부는 우포포이에 아이누민족박물관과 테마파크를 개관했는데, 아이누족 활동가들은 이곳을 공동체에 대한 모멸로 받아들이고 있다. 정착민들의 식민주의가 구축한 권력 구조를 영속화하고, 오히려 아이누인들을 관광상품으로 전락시키는 조치이기 때문이다. 실제로 아이누족에겐 이 테마파크에 대한 의사결정권이 없으며, 도쿄올림픽 시기 관광수입 증대를 목적으로 건설됐다.

군부 쿠데타에 맞선 미얀마인이 출근과 등교를 거부하듯, 재일조선인이 세대에 걸쳐 저항하고 있듯, 아이누 사람들도 불복종 행동을 펼친다. 가령 1980년대 초반부터 추진됐던 니부타니댐 건설 사업에 대해 이곳에 살던 아이누족은 댐 건설의 절차적인 문제와 불법성, 환경파괴, 원주민 차별 등을 부단하게 고발하고 투쟁했다. 8년에 걸친 소송 끝에 삿포로 지방법원은 일본 역사상 처음으로 아이누족 주민들에겐 그들의 문화를 향유할 권리가 있으며, 정부가 내세운 홍수 등은 과장된 위협이었다고 판결했다.

넷째, 연방제 다원주의이다. 다민족으로 구성된 경우, 소수민족 집단을 지역적으로 구분하여 자치성을 인정하는 입장이다. 연방제는 다문화 언어집단의 자치, 자립성 등을 높일 수 있고, 때에 따라서는 분리 및 격리도 가능한 정책이다. 다문화주의는 기본적으로 다언어와 소수민족을 존중하는 것이지만 다문화 집단의 민족자결을 인정하는 특징이 있다. 예를 들어

캐나다, 미국, 스위스 등이 있다. 연방 다원주의는 정치적 · 법적 권리가 동등하며 연방의회 대표도 인구비례에 따르고 있다. 다만 다수결이라는 점에서 소수 민족에게 불리한 측면이 있다.

다섯째, 분리독립 다원주의이다. 주변적인 마이너리티(minority)가 민족의 분리와 독립을 요구하는 경우에 해당된다. 이는 지역적으로 분리하기 쉬운 문화 다원주의나 구조 다원주의가 설정한 자치보다 큰 자치를 중앙정부로부터 얻지 못할 경우 분쟁이나 대립을 일으키는 경우이다. 예를 들면 카탈루냐 독립운동, 러시아와 체첸과의 전쟁 등이 이러한 맥락에서 진행되고 있다고 볼 수 있다.

스페인 경제 중심 카탈루냐州, 분리 · 독립 운동 재점화 이유는?

조선일보 2019.10.16. 오후 2:38 전효진 기자

https://www.chosun.com/site/data/html_dir/2019/10/16/2019101601540.html

"스페인 경찰은 점령군이다. 당장 카탈루냐를 떠나라!"

2017년 스페인으로부터 분리독립을 시도했던 카탈루냐주(州) 자치정부 지도자에게 스페인 대법원이 중형을 선고한 것에 반발해 바르셀로나에서 다시 카탈루냐 분리주의 운동이 고개를 들고 있다.

바르셀로나 도로 곳곳은 시위대가 항의성 표시로 불을 지른 쓰레기통 · 판자 더미 등으로 급조한 바리케이드로 막혔으며, 스페인 경찰은 곤봉을 휘두르고 고무탄을 쏘며 시위대를 진압하고 있다. 시위대는 "공항을 점거해 우리 주장을 세상에 알리자"며 바르셀로나 외곽 엘프라트 국제공항을 포위했고, 대중교통 운행이 전면 중단되면서 일부 공항 이용객들은 공항까지 3시간 넘게 걸어가는 불편을 감수하기도 했다.

지난 14일에는 110편, 15일에는 45편의 항공편 운항이 중단됐으며 총 170명 이상의 부상자가 발생했다. 잠잠한 듯했던 스페인 카탈루냐 분리주의 운동이 다시 고개를 드는 이유는 무엇일까.

아라곤 왕국을 뿌리로 하는 카탈루냐는 카스티야 왕국을 승계한 스페인의 다른 지방과는 별개의 언어와 문화를 가지고 있다. 카탈루냐는 스페인 전체 인구의 16%(750만 명)가 살고 있지만, 국내총생산(GDP)은 20%를 넘어 경제 중심지다.

스페인 17개 자치주 중 개인별 세 부담은 카탈루냐 지방이 전체 1위다. 카탈루냐인들은 이전부터 자신들이 낸 세금을 다른 민족에게 쓰고 싶지 않다며 분리 독립을 원했고, 스페인 정부는 카탈루냐가 독립할 경우 경제적 타격을 입게 돼 결코 허용할 수 없다며 팽팽히 맞서왔다. 그러다 카탈루냐 지방 분리독립을 추진했던 전 카탈루냐 자치정부 지도부에 스페인 대법원이 대부분 유죄 판결을 내린 것을 계기로 대규모 유혈사태가 시작됐다.

전 카탈루냐 자치정부 지도부는 지난 2017년 10월 1일 스페인으로부터의 분리독립에 대한 찬반을 묻는 주민투표를 진행해 투표율 42%에 독립 찬성 90%의 결과를 얻었다. 스페인 정부는 당시 주민 투표를 불법으로 규정했고, 스페인 헌법재판소도 특정 지방의 분리독립을 묻는 주민 투표 자체가 위헌이라고 봤다. 하지만 카탈루냐 자치정부와 민족주의 진영은 주민 투표가 정치적 자결권 행사라며 독립을 선포했다.

이에 스페인 법원은 강제로 카탈루냐 자치정부와 의회를 해산시켰고 스페인 정부는 경찰 병력을 투입했으며 카탈루냐의 자치권은 일시로 박탈됐다. 스페인 정부의 직접 통치를 받게 됐으나 이후 치러진 카탈루냐 총선에서는 분리독립 추진을 포기하지 않은 현 카탈루냐 자치정부가 다시 출범하면서 갈등의 불씨가 자라기 시작됐다.

지난 2월 오리올 훈케라스 전 카탈루냐 자치정부 부수반 등 지도부 12명은 이 과정에서 반역죄를 비롯해 선동 · 공금유용 등의 혐의로 기소됐다. 스페인 검찰은 이들에게 최고 25년 형을 구형했으나 대법원은 14일 훈케라스 전 부수반에게 반역죄를 제외한 혐의에 유죄를 선고하고 징역 13년형을 내렸으며 카르메 포카델 전 카탈루냐 자치의회 의장에게는 징역 11년 6월을 선고했다.

판결 내용이 알려지자 카탈루냐 분리주의 진영과 스페인 정부 및 보수진영 사이의 갈등이 수면 위로 떠올랐다. 현재 분리독립 단체인 카탈란국민회의(ANC)와 옴니움쿨투랄은 바르셀로나 등지에서 대규모 장외집회를 주도했으며, 스페인 정부는 카탈루냐 지방으로 스페인 전국의 경찰력을 이동시키고 있는 것으로 알려졌다.

카탈루냐가 스페인으로부터 벗어나려고 하는 이유는 역사와 지역경제 격차 때문이다. 카탈루냐 지방의 국내총생산(GDP)은 약 1조1,000억 유로로, 스페인 전체 GDP의 5분의 1에 달한다.

세금 비중도 가장 높다. 카탈루냐 지역민은 본인들이 낸 혈세를 스페인 중앙정부가 상대적으로 빈곤한 남부 지방과 카스티야 지방에 쓰고 있다며 불만을 토로하고 있다.

여전히 분리 독립에 대한 카탈루냐 주민들의 여론은 분분한 상태다. 지난 7월 여론조사에 따르면 카탈루냐 주민 48.3%가 분리독립에 반대했고, 44%는 찬성했다. 이들 사이의 갈등도 시위가 격화되는 이유 중 하나다.

징역 13년형을 선고받은 훈케라스 전 부수반은 최근 지지자들에게 "우리는 더 강해져서 돌아와 승리할 것"이라고 말한 것으로 알려졌다. 벨기에 브뤼셀에 도피해 있는 푸지데몬 전 수반 또한 "터무니없는 결정"이라면서 "과거 그 어떤 때보다도 우리는 행동에 나서야 한다"고 강조했다. 카탈루냐 지방 노동단체들은 오는 18일 총파업을 벌이겠다고 예고했고, 대규모 장외 집회를 추가로 여는 방안이 논의되고 있다.

2. 다문화 교육의 이해

1) 다문화 교육의 정의

우리가 살아가는 사회는 문화라는 테두리 안에서 다양한 규칙, 제도 등이 만들어지며, 교육 역시 문화와 밀접한 관련을 갖는다. 이러한 측면에서 우리는 다문화 사회와 더불어 다문화 교육의 접근이 필요하다고 할 수 있다. 많은 사람들은 우리나라가 '다문화 사회'라는 것을 인정하고 있고, '다문화 교육의 필요성'을 인정하고 있으며 이에 대해 실제 '다문화 교육'이 이루어지고 있다고 인식하고 있다. 우리 사회 내에서 다양성을 인정하고 존중하며 수용하지 않을 경우, 사회에 심각한 문제들이 생겨날 수 있으며 이를 예방하기 위해서는 다문화 교육이 필요하다

다문화사회(multicultural society)란 다양한 삶의 가치들이 존중되고 모든 사회구성원이 각자의 문화적, 사회적 배경에 의해 차별받지 않는 사회를 의미한다. 다문화사회에서 청소년이 직면하게 될 문화적 공동체로써의 삶

을 위해 다음과 같이 교육의 7가지 원칙을 제시하였다(Nieto, 1992). ① 반인종편경 교육, ② 기초교육, ③ 모든 학생에게 중요한 교육, ④ 영향력이 있는 교육, ⑤ 사회적 공평과 평등의 발달을 촉진시키는 사회정의적 교육, ⑥ 태도와 가치에 대한 교육, ⑦ 비판적 교육 등이다.

다문화 교육(multicultural education)이란 다양한 사회계층, 인종, 민족, 성 배경을 지닌 모든 학생이 평등한 교육기회를 앞으로 경험하도록 교육과정과 교육제도를 개선할 것을 목표로 하는 교육개혁운동이다. 즉, 다문화 교육은 개인의 인종적 · 민족적 · 사회적 배경과 관계없이 사회구성원으로서 효율적으로 기능하는 데 필요한 지식과 태도 및 기능을 습득할 수 있도록 평등한 교육의 기회를 모든 이에게 보장하는 데 초점을 둔다(Banks, 2010). 다문화 교육은 다음의 세 가지 주요 요소로 구성되어 있다(Banks, 2008). ① 모든 학생에게 동등한 교육기회를 창출할 것을 목적으로 한다. ② 미국 민주주의 이상인 평등, 정의, 인권을 실현할 것을 목적으로 한다. ③ 셋째, 민주적 이상과 학교 및 사회의 실제 간에 불일치는 언제나 발생하므로 부단히 이루어지는 개혁의 과정이다.

이러한 다문화 교육을 통해 다양한 문화 상호 간의 이해와 존중, 대화와 신뢰를 바탕으로 전체를 관통하는 다문화적 정체성을 수립할 필요가 있으며, 다문화 교육 목적은 다음과 같이 여섯 가지로 제시할 수 있다(성낙돈 외, 2015).

첫째, 개인들로 하여금 다른 문화의 관점을 통해 자신의 문화를 바라보게 함으로써 자기이해를 증진시킨다.

둘째, 학생들에게 문화적 · 민족적 · 언어적 대안들을 가르치는 것이다.

셋째, 모든 학생이 자문화, 주류문화, 타문화가 공존하는 다문화사회에서 요구되는 지식과 기능, 태도를 습득하도록 하는 데 있다.

넷째, 소수민족집단이 그들의 인종적, 신체적, 문화적 특성 때문에 겪는 고통과 차별을 감소시키는 데 있다.

다섯째, 학생들이 전 지구적(global)이고 테크놀로지 사회에서 필요한 읽기, 쓰기, 수리적 능력을 습득하도록 돕는 것이다.

여섯째, 다양한 문화적 배경의 학생들이 자신의 문화공동체와 국가, 지역, 세계공동체의 시민으로 살아갈 수 있는 지식과 기술, 가치를 가르치는 것이다.

다문화 교육에서 중요한 내용은 타자의 문화에 대한 '합의'와 '이해'도 중요하지만, 타자의 문화에 대한 '인정'이다. 있는 그대로의 차이를 인정하고 이해하는 허용적이고 관용적인 시각이 필요하다. 이러한 태도는 새로운 문화에 대한 포용력과 친밀감을 높일 수 있을 것이다.

이러한 측면에서 다문화 교육은 문화에 대한 다양성과 이해, 편견이나 고정관념의 극복, 정체성 형성 및 협동의 능력에 관한 수용이 주된 과제가 되어야 한다. 이를 위해 학생 간의 상호작용을 도모하는 협동적 학습 방법 등을 활용하는 것이 바람직하다.

다문화 교육에 있어 교사의 역할은 매우 중요하다. 최일선 등(2008)은 교사의 역할을 ① 교사는 아동을 위한 모델이므로, 모든 사람들을 존중하고 배려, ② 교사는 아동들이 자신의 가치를 발달시켜 나갈 수 있도록 경험 제공, ③ 교사는 아동들이 탐색을 하고 소극적인 학습보다는 적극적인 학습자가 될 수 있도록 격려, ④ 교사는 아동의 학습에 적극적으로 참여, ⑤ 교사는 의식적이던 무의식적이던 자신의 가치와 태도를 전달해야 한다고 하였다.

정리하면 교사의 역할은 학습자에게 지식을 전달하고 주도하는 입장이 아닌 학생들이 주도적으로 소통하고 경험하며 활동할 수 있도록 도와주는 보조자 역할이어야 한다. 특히 교사는 다문화 교육을 진행할 때 자신과 타인에 대한 감정, 지식, 태도에 대해 점검하고, 정확하고 편견 없는 정보를 제공하는 것이 성공적인 다문화 교육의 핵심적인 요소라 할 수 있다.

2) 한국의 다문화가정의 교육 현황

다문화가정은 국제결혼이나 입양 등에 의해서 가족구성원들 간 여러 문화가 존재하는 것을 의미한다. 즉, 다른 민족 또는 문화적 배경을 가진 사람들로 구성된 가정을 통칭하고 있다.

다문화가정의 개념을 범주화하면 다음과 같이 크게 세 집단으로 나눌 수 있다(서혁, 2007). 첫째, 국제결혼 가정 및 자녀이다. ① 한국인 남성과 외국인 여성의 결혼으로 이루어진 가정 및 자녀, ② 한국인 여성과 외국인 남성의 결혼으로 이루어진 가정 및 자녀를 의미한다. 둘째, 외국인 근로자 가정 및 자녀이다. ① 외국인 근로자인 남성과 여성이 한국에서 결혼하여 이루어진 가정 및 자녀, ② 외국인 남성과 여성이 그들의 자국에서 결혼 후 한국에 이주한 가정 및 자녀, ③ 외국인 근로자로서 결혼하지 않고 단독으로 또는 동료와 함께 생활하는 가정이다. 셋째, 새터민 가정 및 자녀이다. ① 탈북자출신의 남성과 여성의 결합으로 이루어진 가정 및 그 자녀가 한국에 입국한 경우, ② 탈북자출신의 남성 및 여성이 한국에 입국 후 한국의 여성 또는 남성과 결합하여 이룬 가정 및 자녀, ③탈북자출신으로서 결혼하지 않고 단독으로 또는 동료와 함께 생활하는 가정이다.

한국사회에서 다문화가정의 구성원 특히 아이들은 여전히 교육기회 접근과 학교적응 측면에서 열악한 상황이며, 교육의 공공성을 회복하고 다양성이 공존하는 교육환경이 조성이 필요한 현실이다. 한국의 다문화 교육 현황은 다음과 같이 8가지 자료를 통해서 살펴볼 수 있다.

(1) 부모의 출신 국적별 출생

21년 기준 외국 출신 부(父)의 국적은 중국이 6.5%로 가장 높고, 미국(5.8%), 베트남(3.9%) 순으로 나타났다. 외국 출신 모(母)의 국적은 베트남이 35.7%로 가장 높고, 중국(16.8%), 필리핀(5.2%) 순으로 나타났다. 전년 대비 미국, 태국 등의 비중은 증가, 베트남, 중국 등의 비중은 감소하였다. 최근 10년간 부모의 출신 국적별 비중을 보면 한국 아버지의 경우 점차 줄어들고 있지만, 외국인 및 귀화자 어머니의 경우 84~86%의 수준으로 유지되고 있다.

〈표 11-1〉 부모의 출신 국적별 출생

		2012	2013	2014	2015	2016	2017	2018	2019	2020	2021
부(父)	다문화	100.0	100.0	100.0	100.0	100.0	100.0	100.0	100.0	100.0	100.0
	한국	82.9	80.7	78.4	77.1	75.3	74.8	74.5	75.4	76.4	74.3
	외국*	17.1	19.3	21.6	22.9	24.7	25.2	25.5	24.6	23.6	25.7
	중국	5.2	5.7	6.4	6.7	7.9	7.5	7.6	8.0	7.0	6.5
	미국	3.7	4.1	5.0	4.9	5.1	5.5	5.5	4.3	4.8	5.8
	베트남	0.2	0.4	0.8	1.5	1.8	2.8	2.9	3.5	3.6	3.9
	캐나다	1.4	1.5	1.6	1.6	1.8	1.8	1.7	1.4	1.3	1.5
	일본	1.8	2.0	1.9	1.9	1.7	1.5	1.3	1.0	1.0	1.0
	캄보디아	0.0	0.0	0.0	0.1	0.1	0.2	0.3	0.5	0.6	0.7
	영국	0.5	0.5	0.6	0.7	0.6	0.6	0.6	0.6	0.5	0.7
	기타	4.3	5.0	5.3	5.4	5.7	5.3	5.6	5.3	4.9	5.6

		2012	2013	2014	2015	2016	2017	2018	2019	2020	2021
모(母)	다문화	100.0	100.0	100.0	100.0	100.0	100.0	100.0	100.0	100.0	100.0
	한국	13.2	14.4	15.5	15.8	16.2	16.0	15.9	14.0	13.7	16.0
	외국*	86.8	85.6	84.5	84.2	83.8	84.0	84.1	86.0	86.3	84.0
	중국	34.6	33.9	31.9	32.6	32.3	34.7	35.6	38.2	38.8	35.7
	미국	25.6	23.8	24.4	23.6	24.3	22.0	20.8	19.9	17.7	16.8
	베트남	8.0	9.1	8.7	8.4	7.6	7.3	6.9	6.1	6.0	5.2
	캐나다	0.9	0.9	0.9	1.2	1.6	1.8	2.4	3.1	4.2	4.4
	일본	4.0	3.8	4.3	4.0	3.9	3.9	3.8	3.8	4.0	4.2
	캄보디아	5.3	4.8	4.5	4.2	4.0	4.0	4.1	4.1	4.0	4.1
	영국	1.5	1.7	2.0	2.4	2.4	2.2	2.2	2.1	2.2	2.8
	기타	7.0	7.6	7.8	7.7	7.7	8.0	8.1	8.6	9.4	10.8

* 귀화자는 귀화이전 출신 국적, 외국인은 출산 당시 외국국적으로 분류, 국적미상 제외.

출처: 통계청(2022). 2021년 다문화 인구동태 통계. 보도자료.

(2) 다문화 학생 현황

국내 초 · 중 · 고등학교에 다니는 국제결혼 · 외국인 가정 학생은 지속적으로 증가하고 있으며, 2022년 기준 168만 645명(3.2%)으로 나타났다. 이 중 초등학교는 111만 640명(4.2%), 중학교는 39만 714명(2.9%), 고등학교(1.3%)는 16만 744명으로 나타났다.

〈표 11-2〉 학교급별 다문화학생 수와 비율

		2013	2014	2015	2016	2017	2018	2019	2020	2021	2022
전체		55,780	67,806	82,536	99,186	109,387	122,212	137,225	147,378	160,058	168,645
학교급별	초등학교	39,360	48,225	60,162	73,972	82,733	93,027	103,881	107,694	111,371	111,640
	중학교	11,280	12,506	13,827	15,080	15,945	18,068	21,693	26,773	33,950	39,714
	고등학교	4,858	6,734	8,146	9,816	10,334	10,688	11,234	12,478	14,308	16,744
	각종학교	282	341	401	318	375	429	417	433	429	547

〈표 11-3〉 학교급별 다문화학생 비율

		2012	2013	2014	2015	2016	2017	2018	2019	2020	2021	2022
전체		0.7	0.9	1.1	1.4	1.7	1.9	2.2	2.5	2.8	3.0	3.2
학교급별	초등학교	1.1	1.4	1.8	2.2	2.8	3.1	3.4	3.8	4.0	4.2	4.2
	중학교	0.5	0.6	0.7	0.9	1.0	1.2	1.4	1.7	2.0	2.5	2.9
	고등학교	0.2	0.3	0.4	0.5	0.6	0.6	0.7	0.8	0.9	1.1	1.3
	각종학교	1.9	3.6	4.1	4.7	3.9	4.8	5.0	4.7	4.8	4.8	6.0

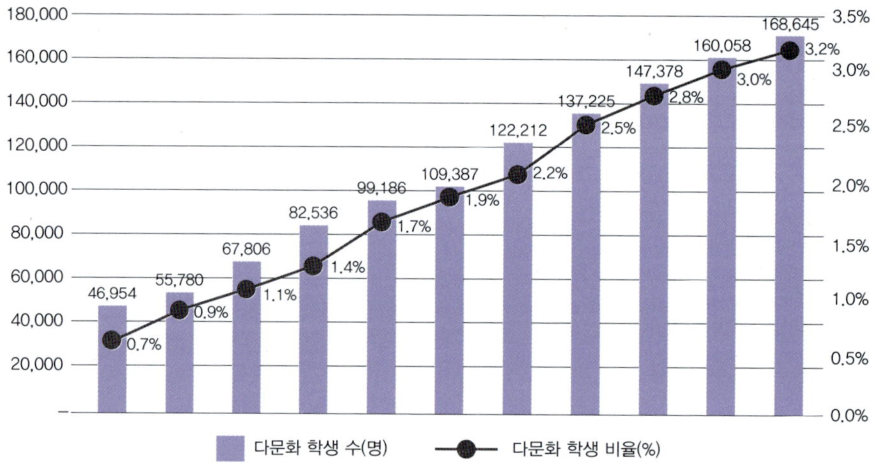

[그림 11-1] 다문화 학생 현황

출처: 한국교육개발원 교육통계 (2022).

(3) 다문화 학생 현황과 부모출신국별 다문화 학생 비율 변화 추이

최근 5년간 유형별, 부모 출신국별 다문화학생수 변화 추이를 살펴보면, 국내출생(국제결혼가정)이 차지하는 비율은 2017년 89,314명(85.3%)에서 2021년 122,093명(76.3%)로 점차 감소하고 있다. 그러나 중도입국 및 외국인학생이 차지하는 비율이 상대적으로 증가하는 추세를 보이고 있다. 특히, 외국인 학생의 비율은 2021년 17.8%(28,536명)를 차지해 2017년 대비 6.6%p 증가한 것으로 나타났다. 다음으로 부모출신국별 다문화 학생 비율 변화 추이를 살펴보면, 가장 높은 비율을 차지하는 국가는 베트남으로 2017년 26.5%에서 2021년 32.2%로 지속적으로 그 비율이 증가하였다. 다음으로 중국(한국계 제외), 필리핀, 중국(한국계) 순으로 높은 비율을 차지하였다. 한편, 일본 부모출신 다문화학생의 비율은 2017년 10.5%에서 2021년 5.2%로 급감하여 가장 낮은 비율로 나타났다.

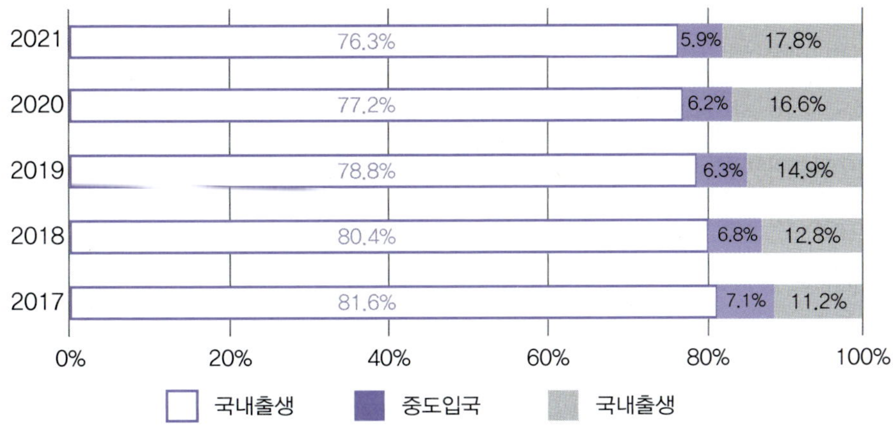

[그림 11-2] 다문화 학생의 현황

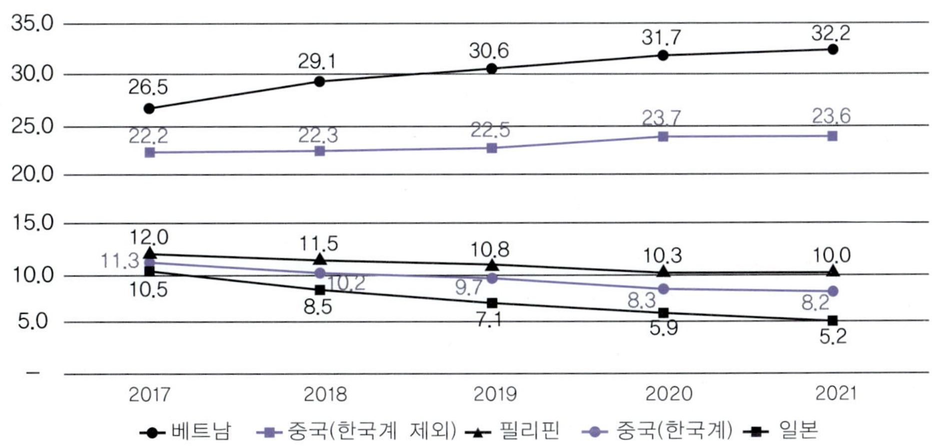

[그림 11-3] 부모출신국별 다문화 학생 비율 변화 추이

출처: 김나영(2021). 다문화 교육의 현황 및 실태.

(4) 한국생활이 어려운 이유

다문화가정에서 느끼는 한국생활이 어려운 이유에 대해 언어문제(22.9%), 경제적어려움(21.0%), 외로움(19.6%), 자녀양육 및 교육(16.5%), 생활방식 등 문화차이(15.3%) 등 순으로 높게 나타났다.

〈표 11-4〉 한국생활이 어려운 이유(21년 기준)

외로움 (%)	가족 간의 갈등 (%)	자녀 양육 및 교육 (%)	공공기관 (주민센터, 행정복지 센터 등) 이나 은행 이용 (%)	경제적 어려움 (%)	언어 문제 (%)	생활방식, 관습, 음식등 문화차이 (%)	편견과 차별 (%)	친구 · 이웃 사귀기 (%)	기타 (%)
19.6	6.5	16.5	6.1	21.0	22.9	15.3	4.5	7.6	1.5

출처: 한국교육개발원 교육통계 (2022).

(5) 부모님과의 관계 만족도

자녀가 인식하는 부모님과의 만족도를 살펴보면 모든 문항에서 어머니가 아버지보다 높게 나타났다. 자녀들은 부모님과 사이가 좋고, 많은 시간을 함께 보내려고 노력하고, 서로를 잘 이해하고, 어떤 문제든지 잘 이야기하는 순으로 높게 나타났다.

〈표 11-5〉 자녀가 인식하는 부모님과의 관계 만족도(5점만점, 21년 기준)

연번	문항	아버지	어머니
1	나와 사이가 좋은 편이다	3.71	3.97
2	나와 많은 시간을 함께 보내려고 노력하는 편이다	3.40	3.69
3	나는 서로를 잘 이해하는 편이다	3.36	3.71
4	나는 어떤 문제든지 이야기할 수 있다	3.29	3.55

출처: 한국교육개발원 교육통계 (2022).

(6) 부모님과의 대화시간

21년 기준 부모님과의 대화시간은 '18년 대비 감소하였는데, 이 중 어머니와 관계 만족도는 3.75점, 아버지는 3.50점으로 '18년(어머니 3.82점, 아버지 3.59점) 대비 하락했다. 또한 아버지와 '전혀 대화하지 않는' 자녀는 10.5%로 지속적으로 증가('15년 7.0%→'18년 8.6%)했으며, 어머니와 대화시간도 전반적으로 감소하는 경향이 나타났다.

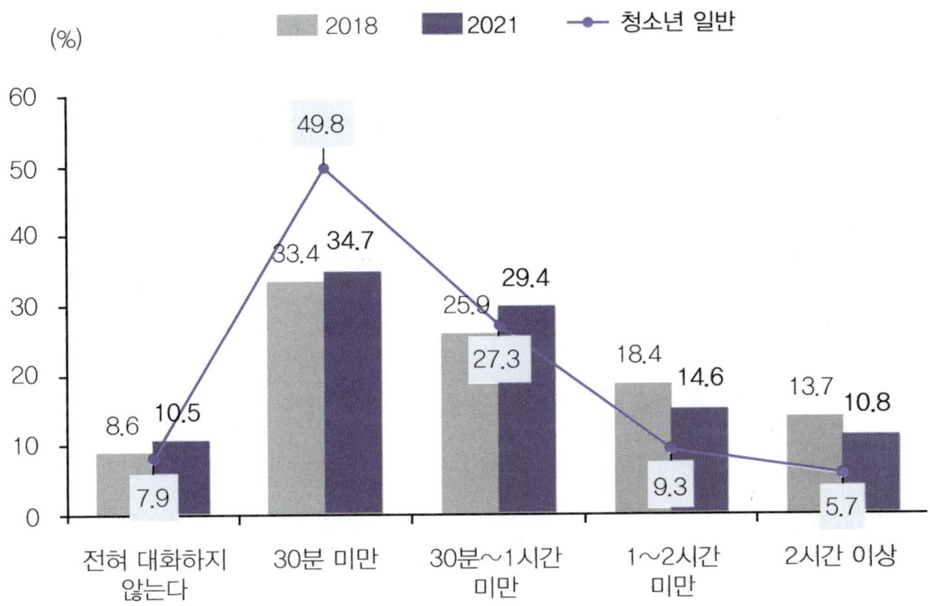

[그림 11-4] 아버지와의 대화시간

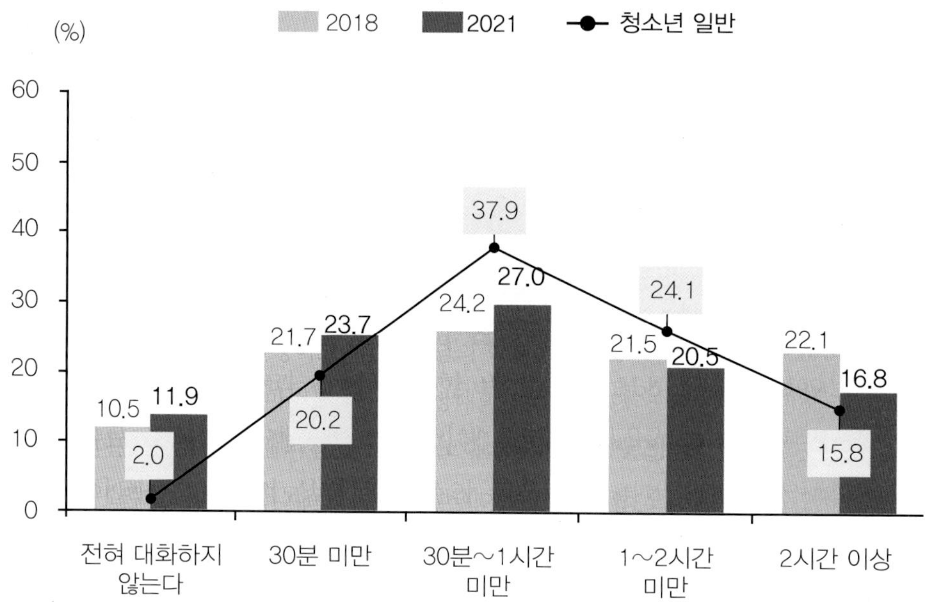

[그림 11-5] 어머니와의 대화시간

출처: 여성가족부(2022). 2021년 전국 다문화가족 실태조사.

(7) 가구 월평균 소득과 소득별 다문화 영유아의 기관 이용 현황

가구 월평균 소득이 100만 원 미만, 10.2%, 100~200만 원 미만 14.3%, 200~300만 원 미만 24.7%, 300~400만 원미만 22.7%,400~500만 원 미만 15.3%, 500~600만 원 미만 7.2%, 600만 원 이상은 5.5%로 나타났다. 가구 월평균 소득이 300만 원 미만의 가구비율은 49.2%로 전체의 절반을 차지한다. 이는 우리나라 전국 1인 이상 가구의 가구당 월평균 소득은 486만 9,000원에 비하면 상대적으로 낮은 소득이라 할 수 있다.

〈표 11-6〉 가구 월평균 소득 (21년 기준)

100만원 미만 (%)	100-200만원 미만 (%)	200-300만원 미만 (%)	300-400만원 미만 (%)	400-500만원 미만 (%)	500-600만원 미만 (%)	600-700만원 미만 (%)	700-800만원 미만 (%)	800만원 이상 (%)
10.2	14.3	24.7	22.7	15.3	7.2	2.3	1.4	1.8

출처: 한국교육개발원 교육통계 (2022).

초등학교 취학 전 만 5세 이하 다문화자녀의 기관 이용 현황을 살펴보면, 가구소득이 월 300만 원~600만원 미만인 다문화가정에서 어린이집 및 유치원을 이용하는 비율이 상대적으로 높게 나타났다. 한편, 가구소득이 월 300만 원 이하의 저소득 다문화가정에서 어린이집이나 유치원에 보내지 않고 양육수당을 지급받는 비율이 상대적으로 높게 나타났다.

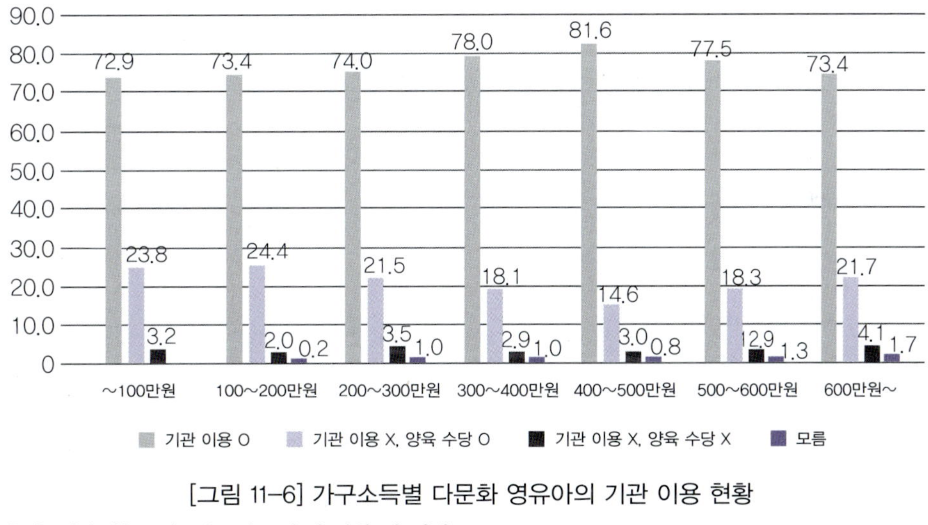

[그림 11-6] 가구소득별 다문화 영유아의 기관 이용 현황

출처: 김나영(2021). 다문화 교육의 현황 및 실태.

(8) 만6세 이상 자녀 양육 시 어려운 부분

만 6세(초등학교) 이상 자녀 양육이 어렵다고 응답한 비율은 88.1%로 5세 이하보다 높았고, 학습지도/학업관리(50.4%)에 가장 큰 어려움을 겪고 있었다. 그 밖에도 '진학/진로 등에 관한 정보 부족', '비용부담', '게임, 스마트폰/인터넷 사용' 등이 높게 나타났다.

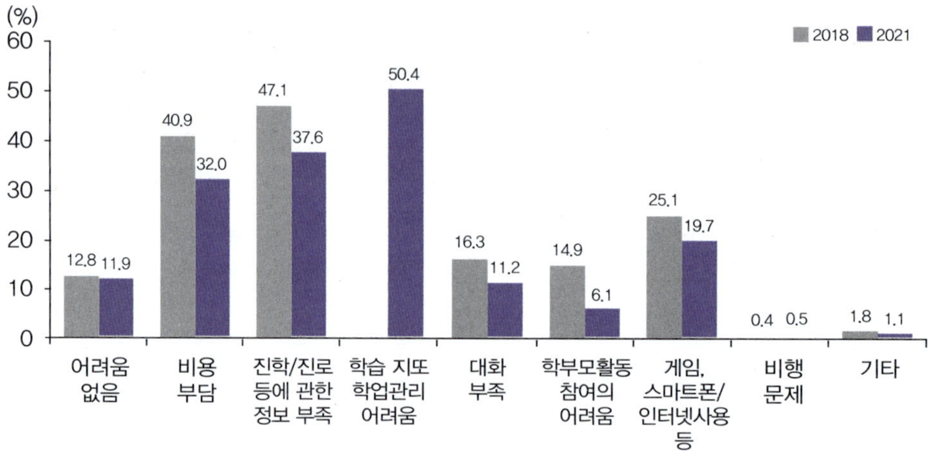

[그림 11-7] 만 6세 이상 자녀 양육 시 어려움(복수응답)

출처: 여성가족부(2022). 2021년 전국 다문화가족 실태조사.

(9) 다문화 학생의 학업중단율

다문화 학생의 학업중단율 추이를 살펴보면 다문화 학생 학업중단율은 약 1% 전후 수준으로 나타났으며, 18년 기준으로 전년 대비 낮게 나타났다. 다만 학교급별로 살펴볼 때, 다문화 학생의 학업중단율은 중학교와 고등학교가 초등학교보다 높게 나타나고 있다. 다문화 학생들의 학업중단 사유는 "그냥 다니기 싫어서(46.2%)", "친구 또는 선생님과의 관계 때문에(23.4%)", "편 · 입학 및 유학준비(14.1%)", "학비문제 등 학교 다닐 형편이 안 돼서(12.9%)", "학교생활, 문화가 달라서(9.1%)", "학교 공부가 어려워서(8.4%)"등으로 나타났다(최윤정 외, 2019). 또한 고등교육기관에 취학하는 비율은 전체 국민 71.5%, 다문화가족 자녀 40.5%로 나타났으며, 다문화가족 자녀의 취학률은 우리나라 학교급별 전체 국민에 비해 모두 낮은 수준이고, 고등교육기관 취학률 격차는 31.0%p로 매우 크다(여성가족부, 2022).

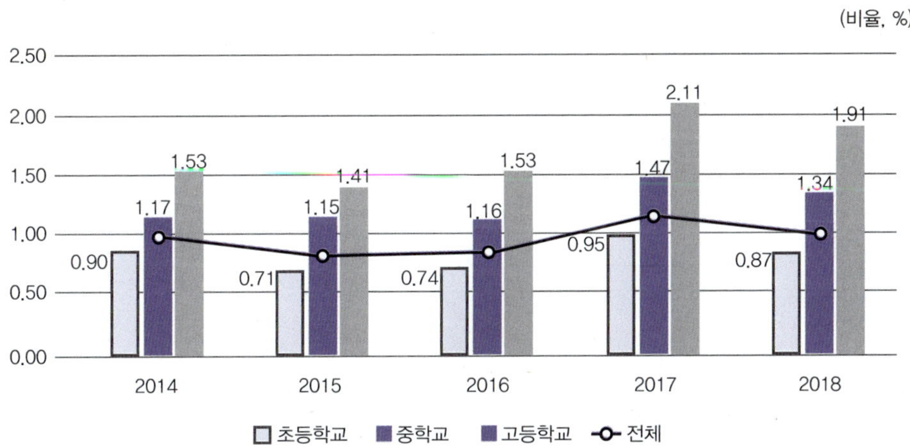

[그림 2-8] 다문화 학생의 학업중단율 변화 추이

출처: 김나영(2021). 다문화 교육의 현황 및 실태.

(10) 다문화 학생의 학교폭력 피해 경험

다문화 학생들의 학교폭력 피해경험을 살펴보았다. 다문화가정 학생들의 학교폭력 피해율은 2018년 기준으로 8.2%로 동일 연도 전체 학생들의 학교폭력 피해 경험 비율이 1.3%(교육부, 2019)인 점을 감안할 때 상대적으로 매우 높은 수준으로 나타났다. 다문화 학생들의 학교폭력 피해유형은 '말로 하는 협박이나 욕설', '집단 따돌림' 등이 높게 나타났다. 특히, '인터넷 채팅, 이메일, 휴대전화를 통한 욕설과 비방' 같은 사이버 폭력의 비율은 높아지고 있다.

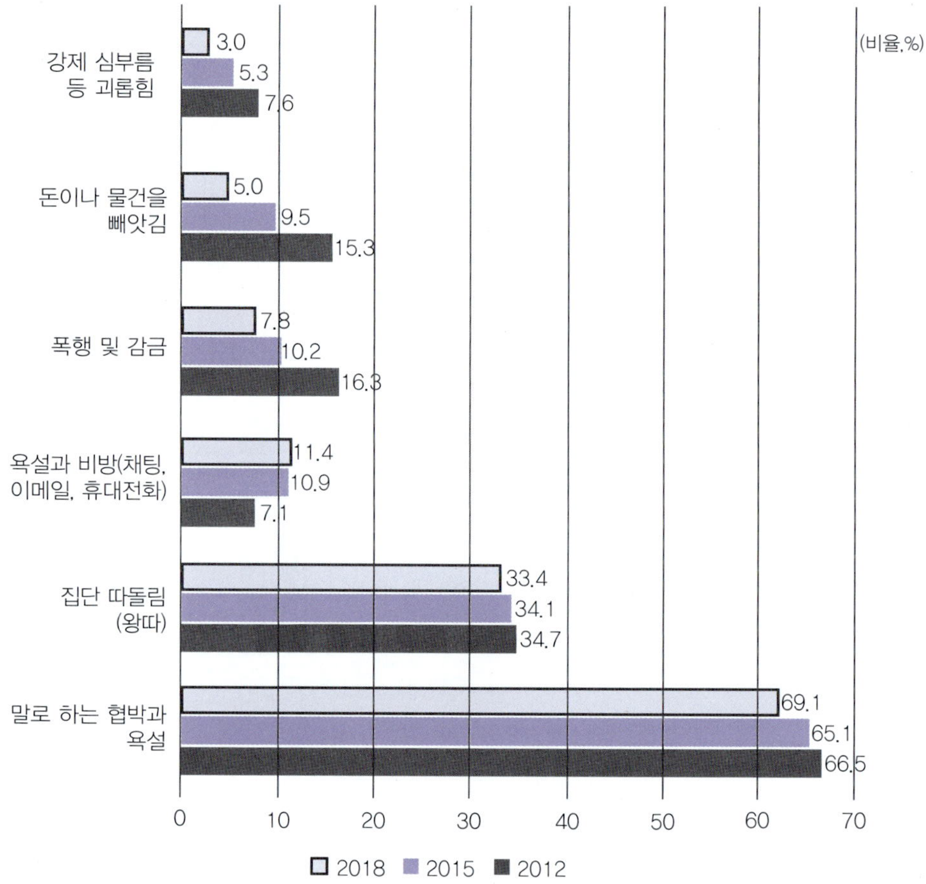

[그림 11-9] 다문화학생의 학교폭력 피해 경험

(11) 한국생활의 어려움과 차별 경험

한국생활의 어려움과 차별경험이 감소하고, 사회적 관계는 확대되는 등 한국생활 적응도가 높아진 것으로 나타났다. 한국생활에 어려움이 없다는 비율(37.9%)은 '18년(29.9%) 보다 8.0%p 증가했으며, 주된 어려움은 언어문제(22.9%) · 경제적 어려움(21.0%) · 외로움(19.6%) 순이었다. 전반적으로 차별경험은 2.1%로 '18년(9.2%)보다 7.1%p 감소하였지만, 선생님, 친구, 모르는 사람으로 인한 차별비율은 증가하였다.

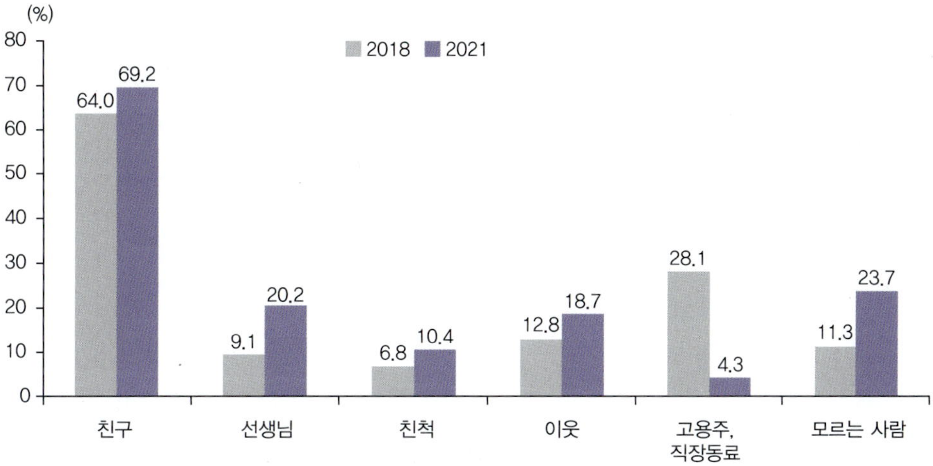

[그림 11-10] 다문화가족 자녀를 차별한 사람

출처: 여성가족부(2022). 2021년 전국 다문화가족 실태조사.

3. 다문화가정에 대한 지원방안

위에서 기술한 것처럼 우리나라는 매년 다문화가정과 학생들이 증가하고 있으며, 이에 따른 다양한 사회적. 교육적 문제들이 발생하고 있다. 다문화가정이 겪고 있는 많은 어려움 중에서 언어 및 문화적 문제, 경제적 문제, 자녀양육 및 교육문제, 외로움과 사회적 차별 문제 등이 대표적이다. 이를 해결하기 위해서는 언어 및 문화교육 확대, 경제적 지원 확대, 자녀양육 및 교육지원 개선, 사회적 인식 개선 등이 요구된다.

첫째, 다문화가정을 위한 언어 및 문화교육이 확대되어야 한다. 22년에 조사한 교육통계에 따르면 다문화가정에서 느끼는 한국생활이 어려운 이유에 대하여 언어와 문화갈등 문제가 상대적으로 높게 나타났다. 언어는 해당 사회의 일원으로 살아가는 데 가장 필요한 기초능력을 습득하는 것이다. 또한 문화는 사회 구성원들이 공유하는 행동양식의 집합체로, 서로의 행동을 이해하고 해석하는 방법을 포함하는 매우 중요한 요소라 할 수 있다. 최근 10년간 부모의 출신 국적별 출생에 따르면 한국인 아버지의 비율은 감소한 반면, 외국인 어머니의 비율은 꾸준히 높은 상황이다. 의사소통이 원활하지 못한 경우 부부관계 및 다양한 사회생활에 있어 갈등, 오해, 그리고 차별이 발생할 수 있다. 또한 아이들의 언어발달, 정체성, 자아존중감 및 교육적인 측면에도 부정적인 영향을 줄 수 있다. 이를 해결하기 위하여 다문화가족을 위한 언어 및 문화 교육을 적극적으로 지원할 필요가 있다.

둘째, 다문화가정을 위한 경제적 지원이 확대되어야 한다. 22년에 조사한 교육통계에 따르면 다문화가정에서 느끼는 한국생활이 어려운 이유로 경제적 어려움을 호소하고 있으며, 한국 국적이 없는 외국인 배우자들은 경제활동에서도 많은 차별을 받고 있다. 최근 2021년 기준 실제 다문화 가정의 월평균 소득은 우리나라 전체 가구의 월평균 소득보다 낮게 나타나고 있는데, 상대적으로 열악한 가정환경과 사회적 편견으로 다문화가정의 아이들은 학교와 사회로부터 소외당할 수 있으며, 이는 빈곤이 대물림되고 재생산되어 새로운 사회문제와 갈등을 야기할 수 있다. 이를 해결하기 위해 다문화가정을 위한 다양한 경제적 지원이 요구된다.

셋째, 자녀양육 및 교육지원이 개선되어야 한다. 22년에 조사한 교육통계에 따르면 다문화가정에서 느끼는 한국생활이 어려운 이유 중에 자녀양육 및 교육문제로 나타났다. 특히 초등학교를 입학하면서부터 자녀 양육에 대한 어려움을 겪고 있으며, '학습지도/학업관리 어려움', '진학/진로 등에 관한 정보 부족' 등이 대표적인 어려움으로 나타났다. 이를 반영하듯 다문화가족 자녀의 취학률은 우리나라 학교급별 전체 국민에 비해 모두 낮은 수준이고, 고등교육기관 취학률 격차는 31.0%p로 매우 크다(여성가족부, 2022). 또한 초등학교, 중학교, 고등학교 올라갈수록 학업 중단율이 높아지는 실정이다. 다문화가정의 자녀들, 특히 어린 시절에 한국말이

서투른 부모님 교육하에 성장하기 때문에 상대적으로 언어발달이 늦어지고 의사소통에 제한을 받을 수 있다. 언어능력의 부족은 결국 학습부족으로 이어지는 경우가 대부분이기 때문에 유아기때부터 다문화 가정에 대한 체계적이고 지속적인 자녀양육과 교육지원이 절실히 요구된다. 또한 현장에서는 다문화가정 자녀의 다문화 교육을 위해서 아이들의 문화적 · 언어적 특성을 고려하는 개별화 수업활동이 필요하다.

넷째, 다문화가정에 대한 사회적 인식 개선이 필요하다. 한국은 역사적으로 단일민족국가를 이루며 살아왔으며, 한국 사회에 많은 외국인들이 함께 살아가기 시작한 것도 최근의 일이다. 그러나 다문화가정의 구성원들은 한국보다 가난한 국가에서 왔다는 이유로 사회와 학교에서 편견과 차별을 경험한다. 21년 기준 다문화가정 자녀의 차별경험은 '18년보다 전반적으로는 감소하였지만, 친구, 선생님, 모르는 사람 등으로 인한 차별비율은 증가하고 있다. 다문화가정 학생들의 학교폭력 피해도 일반 학생들에 의해 높은 수준으로 나타났으며, 특히 '말로 하는 협박이나 욕설', '집단 따돌림' 등이 높게 나타났다. 그러나 오늘날 국가 간 국제화, 개방화되면서 인적 교류가 빈번하게 이루어짐으로써, 다민족, 다인종, 다문화 사회를 이루고 있다. 한국 사회도 예외는 아니며 이제는 이러한 추세에 맞추어 다른 문화를 가진 사람들의 언어적 · 문화적 정체성을 인정하고 사회통합을 위한 노력이 필요하다. 학교 교육을 통해 부모, 학생들을 대상으로 다양한 다문화 교육을 확대하여 진행하고, 더 나아가 국가 및 지방자치단체가 적극적으로 나서 다문화 관련 공익광고 및 다양한 다문화 교육 프로그램, 행사 등을 함께 진행하여 학교 안팎에서 다문화가정에 대한 사회적 인식 개선을 위한 노력이 요구된다.

풀어보기

1. (　　　　　)은 소수의 비주류 문화를 주류 문화로 편입하여 문화와 종교 사회적 질서와 가치, 언어 등을 받아들이는 것을 의미한다. 이는 기존 문화에 다양한 문화권에서 온 이민자들은 융화하거나 흡수하는 것이다.

2. (　　　　　)은 다문화주의를 몇몇 인접 소수집단의 문화가 주류사회의 문화를 배경으로 점점이 박혀 있는 모자이크가 아닌 다양한 사회구성원이 상호 공존하며 각각의 색깔과 향기를 지니고 조화로운 통합을 이루는 것을 의미한다.

3. (　　　　　　)은 피차별자가 현실적으로 경쟁하는 데 불리하다는 것을 전제로 하며, 소수자의 교육이나 취업을 촉진하기 위해 적극적으로 지원하고 공적 생활영역에서도 다언어 방송, 다문화 교육 등을 진행한다.

4. 우리나라 다문화가정의 현황을 제시하고, 교육적 관점에서 이를 해결하기 위한 방안을 제시하시오

READ 생각해보기

다문화 가정이 증가하고 있는 요즘 교육방식에도 변화가 필요하다.

(EPN. 왕보경 기자 입력 2021.11.01. 15:36)

https://www.edupolnews.com/news/articleView.html?idxno=13953

2021년 기준, 한국에는 총 160,056명의 다문화 학생이 거주 중이다. 이 중 국내 출생 자녀 122,093명과 중도 입국한 9,427명을 합쳐 총 131,520명이 국제결혼 가정 자녀이고, 28,536명이 외국인 가정의 자녀이다. 지난 2012년과 2020년을 비교하면, 다문화 학생 수가 214% 증가했다. 2012년, 약 4만 7천명이었던 다문화 학생 수가 14만 7천 명으로 큰 상승을 보였다.

지난 2020년 기준, 다문화 학생이 전체 학생 중 2.7%의 비율을 차지했다. 그중 초등학생이 비율이 가장 높았다. 전체 학생 중 다문화 학생이 4%를 차지했고, 중학교가 2%, 고등학교가 0.9%였다. 최근 10년간, 증가한 동남아 지역 결혼 이주여성의 자녀 출산으로 인해, 고등학생보다 초등학교의 다문화 비율이 높은 것으로 보인다.

교실 내의 따돌림이나 차별 등도 여전히 존재한다. 사실 다문화 가족의 학생들을 '다문화 학생'이라고 구분 짓는 것 또한 다문화 감수성이 부재한 태도이다. 학생들을 특정 짓거나 특별 대우하는 것보다는 동등한 존재로 바라보며 융화해 나가는 과정이 필요하다.

작은 도시나 시골로 갈수록 차별은 더욱 심화된다. 부모의 경제력과 교육 수준이 낮을수록 심해지기도 한다. 학생들이 학업을 중단할 확률도 높아진다. 이를 예방하기 위해, 적극적인 교육을 지원해야 한다.

다문화 교육에는 네 가지 영역이 있다. 첫째로 소수자 적응 교육이다. 한국어와 한국 문화를 소수자인 다문화 학생들에게 교육하는 것이다. 둘째로 소수자 정체성 교육이다. 자신이 속한 문화와 집단에 대해 긍정적 태도를 갖게 하는 것이 목적이다. 셋째, 소수자 공동체 교육이다. 소수집단 간 (동일한 소수집단 내) 편견, 고정 관념과 갈등을 해소하기 위함이다. 마지막은 다수자 대상의 소수자 이해 교육이다.

차별과 편견을 없애기 위해 다수자들의 인식을 바꾸는 교육이다.

현재까지, 우리 사회에서는 첫 번째 영역에 치중하여 교육을 해왔다. 즉, 다문화 아동들을 한국화하기 위해 힘썼다. 다수의 아동들의 소수자를 이해하는 교육이나 인식 개선, 태도 개선을 위한 노력에는 비교적 소홀한 다문화 교육을 해왔다. 정부 측에서는 다문화 학생들을 위한 정책뿐만 아니라, 학생 전체, 사회 전체적인 인식 개선과 분위기를 바꾸는 운동이 필요하다.

다문화 학생들이 사회로 진출했을 때의 어려움을 선제적으로 고려해야 한다. 학생 때부터 미리 다문화 학생들을 사회 구성원으로서 받아들이는 교육이 진행되지 않을 경우 큰 사회적 갈등과 문제가 발생할 것이다.

어린 학생들은 특정 가치관을 미리 주입시키거나 교육하지 않는다면, 문화적 정체성이 다르다는 이유만으로 다른 아이들을 거부하지 않는다. 아동기부터 다른 문화권의 아동을 구분 짓거나 배척하지 않도록 적극적으로 감수성을 배양해야 한다.

노동력과 인구 감소로 인해 우리 사회는 이주민을 구성원으로 받아들일 수밖에 없다. 이미 진행 중이기도 하다. 결론적으로 이들을 포용하고 함께 살아가는 사회가 되어야 한다. 배척, 차별적 시선은 또 다른 사회적 비용을 치러야만 할 것이다.

이주 배경 청소년들의 규모와 비중은 급격히 확대되고 있다. 이들이 사회적 격차와 편견 없이 공정한 환경에 건강하게 성장할 수 있도록 지원이 필요하다..

▶ 위 기사를 읽고 다음의 문제에 대해 생각해 봅시다.

1. 다문화 교육의 네 가지 영역은 무엇인가? 그 이유는 무엇인가?
2. 교사로서 어떻게 다문화 교육을 진행할 것인가?

CHAPTER 12

청소년 비행과 교육

학습목표

1. 청소년 비행의 개념을 설명할 수 있다.
2. 청소년 비행에 대한 이론을 설명할 수 있다
3. 청소년 비행의 현황과 해결방안을 제시할 수 있다.

청소년이란 사회에 따라, 학문 분야에 따라, 법규에 따라 다르게 규정하고 있지만, 일반적으로 청소년은 10~20세 사이의 연령층으로 이해된다. 이러한 청소년기에는 다른 시기에 비해 정서적으로 불안하고, 자아개념과 가치관을 재구성하는 시기로, 아동기와 성인기에 비해 많은 다양한 문제가 발생하기도 한다. 최근 들어 청소년 비행은 지능화, 저연령화, 조직화, 흉포화되면서 중요한 사회적 문제로 대두되고 있다. 이러한 상황에서 청소년 비행에 대한 개념, 이론, 현황 그리고 교육의 문제를 해결하고 나아가야 할 방향에 대해 살펴보고자 한다.

1. 청소년 비행의 개념과 원인

1) 청소년 비행의 개념

일반적으로 청소년은 10~20세 사이의 연령층으로 이해되며 관련법에 따라 그 기준은 조금씩 다르게 규정하고 있다. 청소년기본법에서는 만 19세 미만으로 규정하고 있으며, 민법과 소년법에서는 20세 미만으로, 아동복지법과 근로기준법에서는 18세 미만으로, 청소년기본법에서는 9~24세로 규정하고 있다(장주식, 2000). 또한 학자별로는 정범모(1972)는 12~14세부터 결혼 및 직업을 책임을 성취할 때까지, 버기스와 로쓰(Bergis & Roth)는 12~20세, 세스키(Schelsky)는 14~15세까지를 청소년기로 규정하고 있다(김경식 외, 2009). 청소년이란 사회에 따라, 학문 분야에 따라, 법규에 따라 다르게 규정하고 있지만, 아동기와 성인기 사이의 과도기로 신체적, 정신적으로 급격한 변화가 일어나며 자아 정체감과 독립성을 획득하는 시기라 할 수 있다.

청소년 시기는 상대적으로 미성숙한 상태에서 성숙한 상태로 변화하는 과도기적 과정이며, 지적, 정서적, 신체적인 측면에서 올바르게 성장하고 적응하는 시기이다. 그러나 일부 청소년들은 부적응 상태를 경험하며 이는 문제행동으로 표출되기도 한다. 부적응 행동(maladjustment behavior)은 주어진 문제상황이나 사회적 조건에 적절하게 대처하지 못해 나타나는 이상 반응 또는 적응 장애를 의미한다(한상철, 1998b). 부적응 행동은 청소년의 정서 장애를 초래하며, 이는 불안, 우울, 낮은 자존감 충동성 장애 등을 강화한다. 부적응 청소년들은 개인적 그리고 사회적 장애를 경험하며, 이는 친구, 가족 등 대인관계의 악화와 사회적응의 실패를 가져온다.

청소년 비행(juvenile delinquency)이란 형법을 위반한 행위뿐만 아니라, 사회의 규범을 위반하여 향후 법을 위반할 우려가 있는 모든 행위를 포함한다. 청소년 비행은 가출, 음주, 흡연 등의 불량행위, 그리고 약물남용, 성폭력, 금품갈취, 강도 등과 관련이 있으며, 이러한 행위를 범하는 청소년을 불량청소년으로 규정하고 있다. 비행의 개념은 성인 또는 사회의 영향력 있는 집단이 청소년들의 행위에 대하여 사회적 법이나 관습, 가치관 등을 위배하는 규정적 개념으로, 다분히 성인 중심의 개념이며, 또한 사회의 안정과 질서를 중시하는 개념이라 할 수 있다(한상철, 1998a).

특히, 청소년 비행은 학업 중단과 매우 밀접한 관련을 맺고 있는데, 학업 중단의 주요 요인은 다음과 같이 네 가지로 구분된다(김경식, 1997). 첫째, 가정적 요인으로 결손가정, 낮은 사회계층, 학교성적에 관한 부모들의 무관심, 격려와 지원의 부족, 낮은 교육기대 수준, 가족과의 대화부족 등은 자녀들의 학업중단에 영향을 준다. 둘째, 학교관련 요인으로 학업에 대한 중압감은 학교공부에 대한 스트레스를 유발하며, 학교로부터 벗어나고자 하는 행동들은 그들만의 새로운 공간을 통해 비행적 활동을 유발하며 결국 학교를 그만두게 된다. 셋째, 교우관계 요인으로 중퇴생이나 학교생활에 불만을 갖고 있는 소외된 학생들과 교우관계를 맺음으로써 비행적 가치를 용이하게 습득하여 문제행동을 보이며 결국 학업중단 및 중퇴로 연결되게 한다. 넷째, 공간적 요인으로 건전한 놀이공간과 문화의 부재는 학생들이 비행적 가치를 쉽게 접할 수 있는 외부적 공간으로 이어지게 한다. 또한 그러한 공간에서의 아르바이트 경험은 노동가치의 소중함보다는 쾌락 문화에 빠져 문제행동과 함께 중퇴 행동으로 이어진다.

우리나라 법령상 분류기준으로 볼 때, 비행 청소년은 소년법 제4조에 의해서 우범소년, 촉법소년, 범죄소년으로 구분할 수 있다. 만 19세 미만의 청소년들이 범죄를 저질렀을 경우, 소년법에 적용을 받으며 구체적인 내용은 다음과 같다. 우범소년은 10세 미만으로 형사 미성년자에 해당되며 보호처분과 형사처벌을 받지 않는다. 촉법소년은 10세 이상 ~ 14세 미만으로 형사 미성년자에 해당되며 보호처분[1]만 가능하고 형사처벌은 받지 않는다. 그리고 보호처분만을 받기 때문에 전과기록은 남지 않는다. 범죄소년은 14세 이상~19세 미만으로 보호처분과 형사처벌이 모두 가능하나, 형사처벌의 경우 소년법에 적용을 받아 최대 15년까지 구형이 가능하다. 검찰이 기소하여 형사법원에서 유죄판결시 소년교도소에 복역하면 전과기록이 남지만, 검찰이 송치하여 법원소년부에서 보호처분을 받게 되면 전과기록은 남지 않는다.

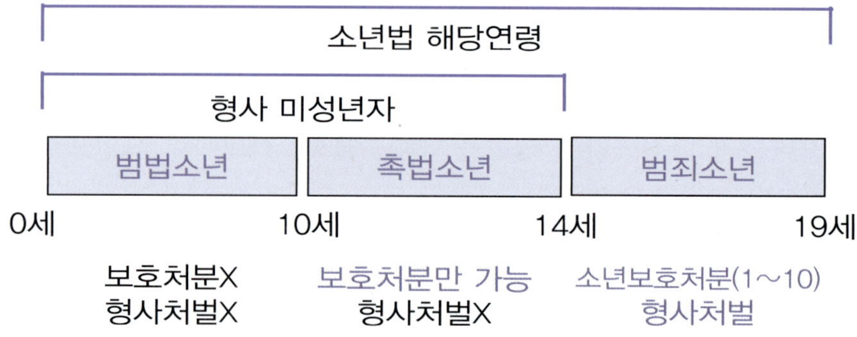

[그림 12-1] 소년법에 따른 해당 연령 구분

1) 보호처분: 보호자 혹은 보호자를 대신해서 청소년을 보호할 수 있는 이에게 감호를 위탁, 수강명령, 사회봉사명령, 보호관찰의 단기 및 장기 보호관찰, 단기 및 장기 소년원 송치 등이 해당됨.

UN 아동권리협약에서는 아동의 4대 권리인 생존권, 발달권, 참여권, 보호권이 있으며, 범죄나 전쟁, 사고로부터 아이들을 보호해야 한다고 명시하고 있다. 우리나라의 소년법은 청소년들의 보호처분 등의 필요한 조치를 하고 형사처분에 관한 특별조치를 함으로써 소년이 건전하게 성장하도록 돕는 것을 목적으로 하고 있다. 현재 우리나라에서는 형사처벌을 받지 않는 촉법소년의 연령 기준을 만 14세 미만으로 설정하고 있는데, 오히려 이를 악용하는 많은 청소년들의 비행과 범죄로 인하여 연령 기준을 하향해야 한다는 필요성이 인식되고 있다. 다른 나라들의 연령 기준을 살펴보면 덴마크, 핀란드, 스웨덴은 만 15세 미만, 한국, 일본, 독일은 만 14세 미만, 프랑스는 만 13세 미만, 캐나다와 네덜란드는 만 12세 미만, 호주와 영국은 만 10세 미만으로 설정하고 있다. 학생들의 비행과 범죄는 생물학적 요인, 개인적 요인, 가정적 요인, 학교적 요인 등과 밀접한 관련이 있다는 점으로 고려할 때 신중한 접근이 필요하다.

2) 청소년 비행의 발생원인

청소년 비행은 가정, 학교, 사회의 영역에서 발생하고 있다. 비행의 원인은 다양한 이유가 있겠지만, 비행의 기저(基底)에는 부적응이 중요한 요소로, 이러한 상태가 발전되고 악순환이 반복되어 청소년 비행 및 범죄가 나타난다고 할 수 있다 부적응의 원인으로는 다음과 같이 생물학적 요인, 욕구좌절이나 갈등 요인, 가정 요인, 학교조건 요인, 사회구조적 요인으로 나누어 살펴볼 수 있다(성낙돈 외 2015).

첫째, 생물학적 요인이다. 청소년 문제의 원인이 사람의 유전인자나 신체적 모습과 관련이 있다. 질병, 체질, 기질, 신경, 지능, 염색체 등 유전적으로 전달되는 생물학적 요인의 영향에 의해 유발되는 경우가 이에 해당된다.

둘째, 욕구의 좌절이나 갈등요인이다. 인간의 욕구와 충동이 만족스럽게 이루어지면 건전한 적응 상태를 유지할 수 있지만, 장애물 때문에 욕구가 좌절될 경우 부적응 상태가 발생하여 긴장이 유발되고 공격적인 반응을 하게 된다는 것이다.

셋째, 가정조건 요인이다. 부모의 양육 태도, 편모 및 편부 등의 가정결손, 부모의 이혼 등으로 인해 만족스러운 상태가 되지 못하는 경우이다. 핵가족화, 가정의 빈곤과 불화, 부모의 교육적 무관심과 잘못된 훈육, 자녀와의 대화 부족 등으로부터 유발되는 경우가 이에 해당된다.

넷째, 학교조건 요인이다. 학교 교육은 상대적으로 학업이 우수하거나 보통 이상 학생들에게 많은 관심을 갖고 운영되고 있다. 이로 인해 소수의 하위권 학생들은 선별적인 사회화 과정을 통해 소외됨으로써 심한 열등의식을 갖게 된다. 특히 학교교육이 갖고 있는 입시위주의 교육제도, 획일화된 교육과정 및 성적평가, 비인간적인 교육풍토 등은 청소년들을 공부에 대한 압박과 스트레스로 병들게 할 뿐 아니라 청소년들에게 개인주의, 요령주의, 출세주의 등 바람직하지 못한 가치관을 심어주어 결국 이러한 복합적인 요소들이 청소년 비행을 유발하는 하나의 원인이 된다.

다섯째, 사회구조적 요인이다. 비행의 원인은 개인이 처해 있는 사회의 구조, 상황, 환경 등에 의해 문제행동이 발생한다는 것이다. 어른들의 무관심, 차등적인 배분으로 인한 비합적적인 기회, 출세지향적인 맹목성의 만연, 유흥업소의 무책임하고 무분별한 영업행각, 부모의 사회경제적지위 조건에 의한 박탈감 등이 해당된다.

레빈과 해비거스트(Levine & Havighurst, 1992)는 청소년 비행과 관련하여 다음과 같이 12가지를 제시하고 있다.

① 폭력적 비행은 중류계급보다 노동계급의 청소년들 사이에서 보통 더 많이 일어난다.
② 범죄의 많은 비율은 25세 이하 청소년들에 의해 일어난다.
③ 폭력적 비행은 폭력적인 하위문화에 참여함으로써 일어날 수 있다.
④ 청소년 범죄와 비고용 간에는 관계가 있다. 빈곤과 돈을 위한 욕구는 금전을 추구하려는 형태의 범죄와 결합하게 된다.
⑤ 비행의 심각성을 예측할 수 있는 가장 중요한 요인은 비행 또래집단과 관련되어 있느냐 하는 것이다.
⑥ 높은 경제적 목표와 낮은 교육성취도 간의 차이가 있는 청소년들이 비행에 많이 빠지는 경향이 있다.
⑦ 비행의 효율은 소년들보다 소녀들에게 있어서 더 빠르게 증가하며, 여성에 의해서 폭력이 동반된 비행은 1980년대에 급속히 증가하고 있다.
⑧ 비행집단에의 참여는 긍정적 태도와 관계를 형성하기 위한 가족의 노력이 부족한 가정환경에서 성장하는 것과 관련되어 있다.
⑨ 초등학교의 첫해에 공격적이며 반사회적인 소년들은 10대 비행과 약물사용자가 될 가능성이 많다.
⑩ 대중매체에서 표현된 폭력과 범죄는 청소년 비행을 자극하고 증대시킬 수 있다.
⑪ 많은 비행은 가족 문제와 관련이 있으며, 가족에서의 폭력이 비행집단에 참여하게 하는 가장 중요한 요인이다.
⑫ 급속한 사회변화, 가정붕괴, 폭력 등으로 인하여, 청소년들은 과거 부모들이 청소년기에 겪었던 것보다 더 많은 스트레스를 경험하고 있으며, 질병보다는 살인, 교통사고, 자살 등으로 인하여 죽고 있다.

2. 청소년 비행화 과정

청소년 비행화 과정은 가정의 비행가능 환경조성, 비행성향의 형성기, 비행세계 맛보기, 공식적 사건, 비행의 고착기 등 5단계로 이루어진다(성낙돈 외, 2015).

첫째, 가정의 비행가능 환경조성이다. 가족구조의 결손, 가족구성원의 관계상의 문제, 잘못된 훈육 방식, 위기적 사건 경험 등은 청소년 비행에 영향을 미친다.

① 가족구조 결손 : 부모의 사망, 부모의 이혼, 별거, 계부 또는 계모 등

② 가족 구성원 간의 관계상 문제 : 부모의 불화, 가정폭력, 부모의 심한 편애, 부모의 권위적이고 위압적인 태도, 대화가 없고 무관심한 가족

③ 잘못된 훈육방식 : 무조건 야단치는 경우, 부와 모의 훈육방식 불일치, 부모로부터의 폭력, 학대, 구타, 부적절한 용돈

④ 위기적 사건 경험 : 부모의 갑작스런 사업실패, 이혼, 이사나 전학 등

둘째, 비행성향의 형성기이다. 가정에서의 갈등, 학대, 방임, 무관심 등으로부터 탈피하고자 하며, 좀도둑질, 무단결석, 술과 담배 등 일탈행위를 시도하며 주로 초등학교 초기에서 후기에 나타난다.

셋째, 비행세계 맛보기이다. 비행 친구들과 친해지며 공부에 흥미를 잃고 무단결석이 잦아지며, 가출, 음주와 흡연, 본드나 부탄가스 흡입, 패싸움, 범죄 등 집단비행이 이루어진다.

넷째, 공식적 비행 청소년이 되는 결정적 사건이다. 공식적 비행 청소년이 되는 것은 비행행동으로 인한 반응들이다. 경찰서에 다녀오거나, 비행으로 인한 학교중퇴는 매우 중요한 시점이된다. 청소년들의 학교중퇴는 비행청소년이라는 낙인과 함께 이후 생활이 범죄화에 영향을 미치기도 한다.

다섯째, 비행의 고착으로 인한 범죄청소년이다. 여러 번 비행 행동을 반복함에 따라, 더욱 그 행동의 강도가 강화되면서 그것으로부터 빠져나오기 어려운 비행 청소년이나 범죄청소년의 역할을 수행하는 단계이다.

3. 청소년 비행에 관한 이론

청소년 비행에 관한 이론은 생물학적 이론, 심리학적 이론, 그리고 사회학적 이론으로 나누어 볼 수 있다(김경식 외, 2009; 김진화 외, 2002; 성낙돈 외 2005).

1) 생물학적 이론

청소년의 문제행동이 인지, 지능, 기질, 염색체 등 유전인자에 영향을 받는다고 보는 관점이다. 유전적 요인으로 인한 유전적 이상이 뇌구조적 결함과 손상 등으로 인해 심리적 장애와 기능에 영향을 준다는 것이다. 예를 들어 롬브로소(Lombroroso)는 범죄자 골상연구를 통해 범죄가 출생 시부터 가지고 나오는 생물학적인 특징으로부터 일어난다고 주장하였다. 또한 쉘던(W. H. Sheldon)도 근육이 강하고 활동적인 사람들이 왕상한 활동력으로 인해 비행자가 되기 쉽다고 주장하였다. 또한 미야구치 코지(2002)는 의료 소년원에서 폭행 및 상해죄로 입소한 아이들을 대상으로 연구한 결과 인지 기능이 부족한 아이의 특징은 보고 듣고 상상하는 힘이 약하고 감정 제어 능력이 부족하여 청소년 비행의 원인일 수 있다고 주장하였다.

2) 심리학적 이론

심리학적 이론은 비행의 원인을 개인의 심리학적 특성에 두고 있다. 욕구불만, 정서불안, 긴장, 부정적 자아인식, 충동성, 공격성 등이 비행에 영향을 줄 수 있다.

(1) 좌절-공격이론

사람들은 자신이 갖고 있는 욕구가 다른 장애물로 인해 저지되는 경우, 본능적으로 욕구를 방해하고 있는 대상에 대해 공격적인 행동을 취한다는 이론이다. 즉, 자신의 욕구가 좌절되고 불만이 축적되면 생리적이고 심리적인 긴장과 갈등이 일어난다. 이때 좌절과 공격을 통해 이것을 완화하고 제거하기 위한 반응을 진행한다고 설명한다.

(2) 정신분석이론

프로이트(S. Freud)는 인간의 성격구조를 원초아(id), 자아(ego), 초자아(superego)로 구성되었다고 본다. 원초아는 '쾌락의 원리'로 태어날 때 가장 본능적인 욕구로 자기보존 본능에 따라 배고픔, 수면, 배설, 성 충동 등 동물적이고, 비윤리적, 비도덕적, 쾌락을 추구한다. 자아는 '현실의 원리'로 자기 자신을 타인과의 관계에서 이해하는 능력으로 현실적이고 이성적이며 합리적이다. 원초아의 본능과 초자아의 이상을 중재하는 역할을 하며, 객관적인 외부세계와 접촉하여 현실원칙에 따른다. 초자아는 '도덕의 원리'로도 불리며 인간의 도덕성, 양심, 규범 등과 관련되는 정신기능의 하나로 사회의 가치와 이상의 내적 표현이다. 이러한 가정하에 프로이트는 어린 시절 성장 과정에서 본능을 통제할 수 있는 자아나 초자아가 적절하게 발달하지 못하면 비행이 발생할 수 있다는 입장이다. 즉 본능적인 욕구, 충동성과 공격성 등에 의한 행동과 잘못된 사회적 규범 및 도덕성 인식으로 인해 사회화 과정에 실패하여 비행을 저지를 확률이 높다는 것이다.

3) 사회학적 이론

사회학적 이론은 비행의 원인을 사회조직 간의 관계에서 발생하는 현상에 대하여 분석하고 있다. 사회학적 이론은 크게 두 가지 관점으로 나누어 볼 수 있다. 첫째 사회구조적 접근으로 비행이 사회구조나 조직 특성에 의해 발생하며 아노미 이론, 하위문화이론이 해당된다. 둘째, 사회과정적 접근으로 비행이 이루어지는 과정이나 상황에 초점을 두는 차별적 접촉이론, 낙인이론, 사회통제이론이 있다.

(1) 아노미이론(anomie theory)

아노미 이론은 사회구조적 이론에 근거를 둔 것으로 머튼(R. K. Merton, 1968)이 뒤르켐(E. Durkheim)의 이론을 발전시켜 정립한 이론이다. 사회통합은 사회구조와 문화 간의 균형을 통해 유지되는데, 사회구조가 급격하게 변화함에 따라 집단규범이 모호해져 초래된 '무규범상태(아노미, anomie)'에 빠지면 개인은 어떤 안정된 제도에도 소속감을 느끼지 못하고 정신적으로 불안한 상태에 이르게 된다. 이때 개인은 문화적으로 정의된 목적과 그 목적을 성취할 수 있는 수단 간의 관계가 불일치한 상태에 놓이며, 도덕적인 판단이 불가하고 극단적인 행동을 하게 된다는 것이다.

머튼(R. K. Merton, 1968)은 비행소년과 정상소년 간에 근본적으로 차이가 있다고 가정하고 그 차이를 설명하고자 하였다. 하류계층 사람들이 범죄의 유혹에 쉽게 빠져드는지를 사회구조적인 맥락에서 밝히고자 하였다. 문제행동의 원인이 사회구조적 측면에 있으며, 성공과 행복이라는 삶의 목표를 합법적으로 달성할 수 있는 제도화된 수단과 개인이 서로 모순되거나 불일치될 때, 이와 같은 모순과 괴리감이 사회적 비행을 저지르게 하는 압력으로 작용한다는 것이다.

(2) 하위문화이론(subculture theory)

하위문화이론은 비행의 원인을 어떠한 특정한 하위문화로 인해 발생한다는 이론이다. 하위문화이론은 비행하위문화이론(delinquent subculture theory)과 하층계급문화이론(lower class cultural theory)으로 나눌 수 있다.

첫째, 비행하위문화이론(delinquent subculture theory)은 코헨(A.K. Cohen)

에 의해서 주장되었으며, 비행하위문화를 중산층 일반문화의 기준에 대항하는 하류층 아동의 대응적 문화, 즉 반대문화로 이해하는 입장이다. 가난한 지역의 학생들은 중산층의 문화가 지배적인 미국사회에서 자신들의 지위를 획득하기가 어려워 자기들에게 유리한 비행하위문화를 형성하였으며, 중산층의 가치와는 대립적인 부정성, 비공리성, 악의성, 단기쾌락주의 등이 있다.

둘째, 하층계급문화이론(lower class cultural theory)은 밀러(W. B. Miller)에 의해 주장되었으며, 비행이 하류계층의 생활에서 오랫동안 지속되어 온 문화적 산물로 본다. 비행문화는 하류계층 사회자체의 고유한 문화체계로서 오랫동안 존속하고 유형화된 전통을 갖고 있다는 것이다. 즉 하류층의 비행행위는 중산층 일반문화에 대한 거부나 대항이 아니라, 자신들이 하류층 문화를 수용한 결과라는 것이다.

(3) 차등적 접촉이론(differential association theory)

차등적 접촉이론은 서덜랜드(E. Sutherland, 1949)에 의해 주장되었으며, 가난한 지역에는 범죄를 조장하는 문화가 있다는 가정에서 출발하여 "가난=범죄"의 관계를 문화적인 맥락에서 접근하였다. 인간의 행동은 정상적 혹은 비정상적 행동 모두 학습되는데, 학습은 주로 친밀한 사람들과의 상호작용을 통해 일어난다는 것이다. 비행이나 범죄행위에 대하여 아이들은 지역에 따라 '차등적인 접촉'을 통해 우호적인 태도와 비우호적인 태도를 배운다는 것이다. 가난한 지역의 아동들은 범죄에 대해 우호적인 가난한 지역의 문화와 접촉하여 일탈 행동을 학습하게 되고, 이로 인해 비행을 저지르게 된다.

(4) 낙인이론(labelling theory)

낙인이론은 베커(H. Becker, 1963)에 의해 주장되었으며, 개인의 자아는 다른 사람들과의 상호작용속에서 형성되는 상징적 상호작용이론을 일탈 행위에 적용한 이론이라 할 수 있다. 비행행위보다는 범죄자로 낙인되는 과정과 결과에 더 많은 관심을 갖는다. 사회 집단은 개인 또는 집단이 어떤 것을 위반하면 일탈자가 되게 낙인을 찍어 버리면 이러한 낙인을 받은 개인이나 집단은 비행자나 범죄자로 발전된다는 것이다. 범죄자는 대표 지위를 갖게 되면 처음에는 인정하지 않지만, 계속적인 사회적 낙인으로 인해 스스로 범죄자라는 자아개념을 갖게 되면 2차 범죄를 저지르게 된다. 낙인은 하나의 사회적 지위 같은 역할을 하게 되고, 이것은 2차적 범죄(secondary deviance)의 가장 중요한 원인이 된다.

(5) 사회통제(유대) 이론(social bonding theory)

사회통제이론은 허쉬(Hirschi, 1969)에 의해 주장되었으며, 비행이나 범죄는 사회통제력이 약화됨에 따라 발생한다는 이론이다. 사회의 집단이 질서를 유지하기 위하여 내적으로 발생하는 일탈행동과 긴장 등을 처리하여 균형을 회복하는 과정을 사회통제라고 한다. 다른 이론과 달리 모든 사람은 범죄를 저지를 수 있는데, 개인들이 범죄를 저지르지 않는 것은 사회적 범죄를 억제하는 사회적 연대(bond)가 있기 때문이다. 모든 사람은 동조행위보다는 일탈행위를 할 가능성이 높으며, 규칙을 어기고 싶은 충동은 항상 있으나 사회통제의 결과로 위반하지 못한다. 즉 개인과 사회 간에 결속이 강할수록 범죄를 저지르지 않게 되며, 반면에 그 결속이 완화될수록 범죄를 저지를 확률은 높다는 것이다.

4. 청소년 비행의 현황[2)]

1) 청소년 삶의 만족도와 사망원인

청소년 비행의 문제들을 살펴보기 전에 우리나라 청소년들이 어떤 상황에 놓여 있는지를 확인하기 위해 청소년들이 자신의 삶에 만족하는지에 대한 삶의 만족도 결과는 다음의 [그림 12-2]와 같다. OECD 국가 중 네덜란드는 91%로 가장 높게 나타났으나, 우리나라는 74%로 가장 낮게 나타났다. 삶의 만족도는 개인이 사회환경적의 요인에 근거하여 주관적으로 느끼는 부분이지만 행복 정도가 낮다는 것에 대해 우리 사회가 고민해 볼 필요가 있다.

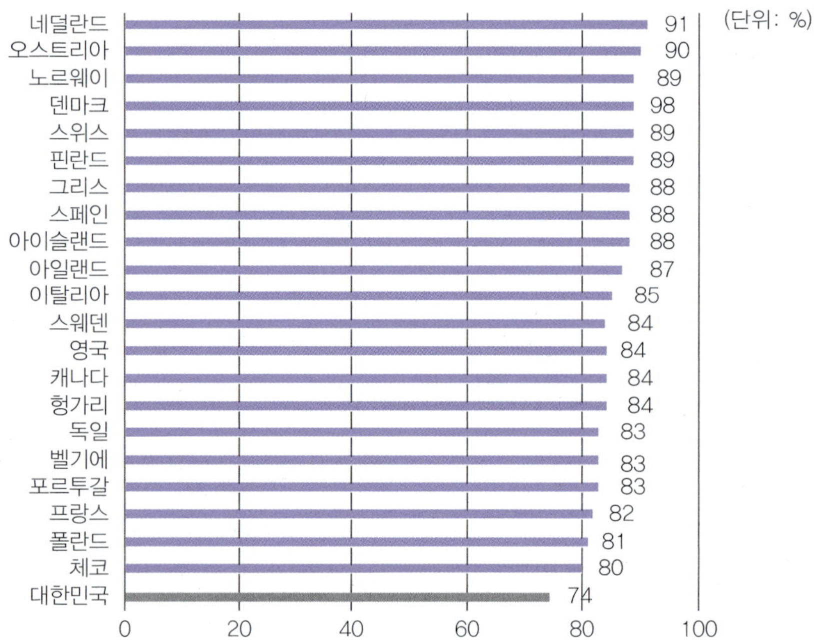

[그림 12-2] 삶의 만족도

출처: 염유식 외(2017: 67)

2) 김현진 외(2018). 청소년 비행 예방 및 위기청소년 지원 종합대책 방안 연구를 재구성하여 제시함.

다음으로 청소년 삶의 단면을 보여 주는 사망원인의 결과는 다음의 [그림 12-3]과 같다. 최근 청소년의 사망원인 중에서 가장 높은 비율은 '자살'이다. 2007년부터 현재까지 청소년 사망원인은 「고의적 자해(자살)」가 가장 많고, 다음은 「운수사고」, 「악성 신생물(암)」순으로 나타났다. 2007년 이후 청소년의 사망원인은 「고의적 자해(자살)」가 가장 많고, 최근에는 감소하는 추세를 보이고 있으나 여전히 다른 원인들에 비하여 높은 비율로 나타나고 있다.

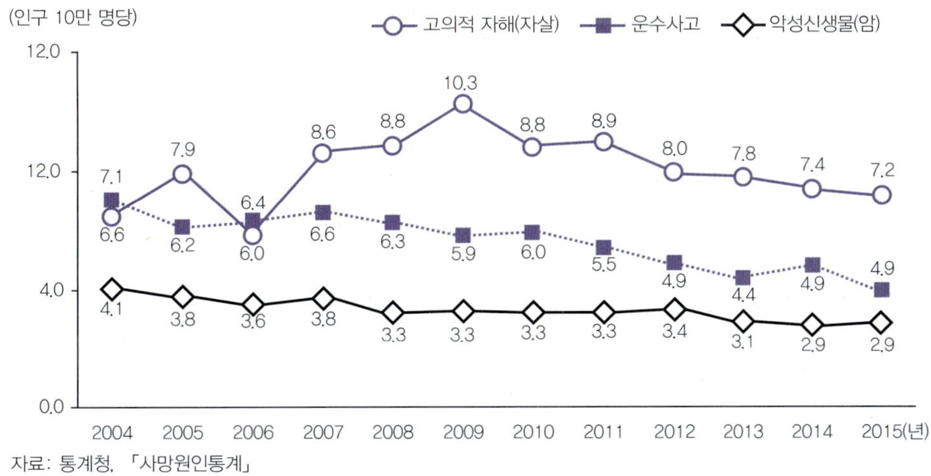

[그림 12-3] 청소년 사망원인

출처: 2017 청소년 통계(통계청 2017A:20)

2) 학교폭력 발생 현황

학교폭력 피해응답 현황의 변화 추이는 다음의 〈표 12-1〉과 같다. 학교폭력 피해를 경험한 학생의 응답비율은 2013년 2.2%(9만 4천 명)에서 꾸준히 감소하여 2015년 이후 1.0%, 2017년에는 0.9%(3만 7천 명)로 나타나고 있다. 이와 같은 결과는 학교폭력에 대한 사회의 노력과 학교폭력에 대한 의식 수준이 향상된 결과라 할 수 있다. 다음으로 학교급별 피해응답률은 다음의 〈표 12-2〉와 같다. 전체 피해응답률과 같이 감소하는 추세이며, 2017년에는 초등학교 2.1%(2만 6천4백 명), 중학교 0.5%(6천3백 명), 고등학교 0.3%(4천5백 명)로 초등학교의 학교폭력 피해응답률이 가장 높은 것으로 확인되었다.

〈표 12-1〉 학교폭력 피해율 추이

구분	'13년	'14년	'15년	'16년	'17년
피해응답률(%)	2.2	1.4	1.0	0.9	0.9
명수(천명)	94	62	44	39	37

출처: 교육부(2017.7). 2017년도 1차 학교폭력 실태조사 결과.

〈표 12-2〉 학교급별 피해응답률 추이

구분	'13년	'14년	'15년	'16년	'17년
초(%)	3.8	2.4	2.0	2.1	2.1
중(%)	2.4	1.3	0.7	0.5	0.5
고(%)	0.9	0.6	0.4	0.3	0.3

출처: 교육부(2017.7). 2017년도 1차 학교폭력 실태조사 결과.

피해유형별 응답 추이는 다음의 〈표 12-3〉과 같다. 학생 1,000명당 피해응답 건수는 2017년에 언어폭력(6.3건), 집단따돌림(3.1건), 스토킹(2.3건), 신체폭행(2.2건) 등의 순으로 나타났으며, 피해유형별 비율도 언어폭력(34.1%), 집단 따돌림(16.6%), 스토킹(12.3%), 신체폭행(11.7%) 등으로 나타났다. 〈표 12-3〉에서 보는 바와 같이, 2013년 학교폭력 실태조사 실시 이후 언어폭력은 매년 가장 높은 비율을 차지하고 있으며, 그다음이 집단 따돌림 순으로 나타나고 있다. 언어폭력이 가장 높게 나타난 것은 학생들이 학교폭력을 행할 경우, 스토킹이나 신체폭행과 함께 언어폭력이 동시에 이루어지기 때문으로 보인다.

〈표 12-3〉 피해유형별 응답 추이

구분	'13년	'14년	'15년	'16년	'17년
언어폭력	13.6	9.4	6.8	6.2	6.3
집단따돌림	6.6	4.6	3.6	3.3	3.1
스토킹	3.7	3.0	2.6	2.0	2.3
신체폭행	4.7	3.1	2.4	2.2	2.2
사이버 괴롭힘	3.6	2.5	1.9	1.7	1.8
금품갈취	4.0	2.2	1.5	1.2	1.2
성희롱 · 성추행	1.3	1.0	0.9	0.8	0.9
강제심부름	2.4	1.3	0.9	0.8	0.7

출처: 교육부(2017.7). 2017년도 1차 학교폭력 실태조사 결과.

피해 학생이 응답한 가해자 유형은 다음의 〈표 12-4〉와 같다. 학교폭력 가해자는 같은 학교 학생(85.4%)이 가장 높게 나타났으며, 타학교 학생(4.1%)이고, 학생 이외는 10.5%로 나타났다. 이러한 결과는 같은 학교폭력 발생은 교내에서 주로 이루어지며, 교내에서 학교폭력 예방 활동을 통해 학교폭력을 감소시킬 수 있다는 사실을 보여주고 있다.

〈표 12-4〉 가해자 유형 추이

구분	'14년	'15년	'16년	'17년
우리학교 같은 학생	68.9	68.5	67.4	76.0
우리학교 같은 학년	8.7	8.5	8.2	9.4
다른 학교 학생	3.6	3.6	3.8	4.1
학교 다니지 않는 학생	2.4	2.2	2.0	–
잘 모르는 사람	–	9.2	9.5	2.7
기타	7.6	8.0	9.2	7.8
잘 모르겠다	8.7	–	–	–

출처: 교육부(2017.7). 2017년도 1차 학교폭력 실태조사 결과.

학교폭력 발생 장소 현황은 다음의 〈표 12-5〉와 같다. 학교폭력은 주로 학교 안에서 발생되며(67.1%), 학교 밖에서도 26.7% 발생하는 것으로 나타났다. 초 · 중 · 고 모두 교실 안과 복도에서 발생되는 '학교 안' 학교폭력이 많았고, 초등학생의 경우에는 운동장에서 발생되는 학교폭력 사건이 많은 것으로 나타났다. 교실과 운동장 등에 대한 학교폭력 예방 관리가 필요하다고 볼 수 있다.

〈표 12-5〉 학교폭력 발생 장소 현황

구분 (%)	학교 안(67.1)								학교 밖(26.7)					
	교실안	복도	운동장	급식실 매점	화장실	특별실	기숙사	놀이터	사이버 공간	학원 주변	학교밖 체험	집	PC방 노래방	기타
전체	28.9	14.1	9.6	8.4	3.5	2.0	0.6	6.9	5.3	5.1	4.5	3.9	1.0	6.2
초	26.7	13.8	11.7	7.1	3.2	2.0	0.2	8.6	3.3	6.4	5	4.8	0.8	6.6
중	33.4	15.6	4.7	10.7	4.3	2.0	0.6	2.8	10.4	2.4	3.5	2.1	2.1	5.3
고	36.0	13.5	4.0	12.8	4.6	2.4	2.6	1.6	10.5	1.1	2.9	1.4	1.3	5.3

출처: 교육부(2017.7). 2017년도 1차 학교폭력 실태조사 결과

학교폭력 발생 시간 현황은 다음의 〈표 12-6〉과 같다. 학교폭력은 주로 쉬는 시간과 점심시간, 하교 시간 이후에 많이 발생하는 것으로 나타났다. 특히, 중학교의 경우, 쉬는 시간에 학교폭력 비율이 다른 학교급에 비해 약간 높았으며(37.3%), 초등학생의 경우에는 '하교 이후'와 '등교 시간'의 학교폭력 발생이 다른 학교급에 비해 약간 높은 것(17.7%)으로 나타나, 등하교 시간에 교사의 지도가 필요한 것으로 보인다.

〈표 12-6〉 학교폭력 발생 시간 현황

구분 (%)	쉬는 시간	점심 시간	하교 이후	수업 시간	하교 시간	학교 밖 체험	등교 시간	방과후 수업	기타
전체	32.8	17.2	15.7	8.0	7.6	4.3	3.6	3.2	7.6
초	31.4	15.7	17.7	6.3	8.9	4.8	4.0	3.7	7.5
중	37.3	20.9	11.7	10.4	5.0	3.3	2.5	1.5	7.3
고	34.9	20.6	9.7	14.5	3.7	2.9	2.7	2.6	8.3

출처: 교육부(2017.7). 2017년도 1차 학교폭력 실태조사 결과

3) 청소년 범죄 현황

최근 청소년 범죄의 경향은 소년범죄 발생은 감소하고 있으나 강도 · 강간 등 강력범죄 점유율은 증가하고 있다. 또한, 재범자 비율이 증가하는 상황이다.

전체범죄인원 중 소년범죄인원 구성비율은 다음의 〈표 12-7〉과 같다. 소년범죄는 2006년부터 2008년까지 증가하였는데, 특히 2008년에는 소년법 개정(만 12세 이상 →만 10세 이상으로 변경, 만 20세 미만→만 19세 미만으로 변경)으로 인해 연령 변화를 겪으면서 소년범죄 대상군이 증가하였다. 소년범죄자가 감소하였다가 2012년도에는 소년범이 전년 대비 29.4% 큰 폭으로 증가하였는데, 이는 학교폭력 대책이 마련되면서 학교폭력 가해 학생에 대한 강력처벌이 이어지면서 학교폭력으로 인한 소년범이 증가하였기 때문인 것으로 분석된다. 2013년 이후에는 청소년 인구 감소와 함께 전반적으로 소년범죄가 감소하는 추세를 보이고 있다. 전체범죄에서 소년범죄가 차지하고 있는 비율은 2013년부터 최근까지 감소 추세를 보이고 있다.

〈표 12-7〉 전체범죄인원 중 소년범죄인원 구성비율

(단위: 명, %)

연도 구분	2007년	2008년	2009년	2010년	2011년	2012년	2013년	2014년	2015년	2016년
전체 범죄자	1,989,862	2,472,897	2,519,237	1,954,331	2,117,737	2,117,737	1,879,548	2,020,731	2,020,731	2,020,196
소년 범죄자	88,104	134,992	113,022	89,776	83,068	107,490	91,633	77,594	71,035	76,000
구성비 (%)	4.4	5.5	4.5	4.6	4.4	5.1	4.3	4.1	3.6	3.8

출처: 대검찰청(2007-2015) 범죄분석: 여성가족부, 2016 청소년백서, P.380 재인용

소년범죄의 유형별 현황은 〈표 12-8〉과 같다. 소년범죄 중 가장 높은 비율을 차지하는 것은 재산범죄와 폭력범죄이다. 절도, 장물, 사기, 횡령, 배임, 손괴 등 재산범죄는 약 60%에 이르는 높은 비율을 차지하고 있다. 폭행, 상해, 협박, 공갈, 약취 · 유인, 체포 · 감금 등 폭력범죄는 전체적으로는 감소하는 추세이다. 전체 소년범죄에서 강력범죄가 차지하는 비중은 낮지만, 성인범죄를 포함한 전체범죄에서 강력범죄가 차지하는 비율을 고려할 때, 소년강력범죄가 차지하는 비율은 상대적으로 높은 상황이며, 최근 들어 소년범죄 중 강력범죄가 차지하고 있는 비율이 증가하고 있다.

〈표 12-8〉 소년범죄의 유형별 현황

(단위: 명)

구분	계	강력범죄(흉악)	폭력범죄	재산범죄	교통사범	위조범죄	명예	기타
2007	88,104	1,928	23,275	33,659	21,891	909	81	6,361
2008	134,992	3,106	34,067	39,687	27,658	1,833	169	28,472
2009	89,776	3,182	29,488	45,774	18,138	1,903	164	14,373
2010	89,776	3,106	23,276	40,478	13,842	2,110	276	6,688
2011	83,060	3,289	22,233	37,978	11,530	1,654	251	6,125
2012	107,490	3,107	32,774	47,605	12,101	2,712	655	8,536
2013	91,633	2,775	22,199	45,735	9,845	2,251	732	8,176
2014	77,594	3,158	19,352	36,271	9,216	1,857	1,352	6,388
2015	71,035	2,713	17,473	32,068	8,567	1,876	1,669	6,669
2016	76,000	3,343	19,476	33,088	9,259	2,112	1,629	7,093

*주: 1) 재산범죄: 절도, 장물, 사기, 횡령, 손괴

2) 강력범죄(흉악): 살인, 강도, 방화, 강간

3) 폭력범죄: 폭행, 상해, 협박, 공갈, 약취와 유인, 체포와 감금, 폭력행위 등(손괴·강요·주거침입 등), 폭력행위 등(단체 등의 구성·활동)

4) 교통사범: 도로교통법, 교통사고처리특례법, 특정범죄 가중처벌법(도주차량)

5) 위조범죄: 통화, 유가증권·인지·우표, 문서, 인장

출처: 대검찰청, 범죄분석

소년범죄의 연령별 현황은 다음의 〈표 12-9〉와 같다. 소년범의 연령별 현황을 보면, 2016년에 18세가 25.5%로 가장 많고, 17세 23.2%, 16세 23.2%, 15세 18.1%, 14세 9.9% 순으로, 14세 이상 청소년에 의해 소년범죄가 이루어지는 것으로 나타났다.

〈표 12-9〉 소년범죄의 연령별 현황

(단위: 명)

연령 연도	계	14세 미만	14세	15세	16세	17세	18세
2010년	89,776 (100)	445 (0.4)	8,870 (9.9)	19,280 (21.5)	21,611 (24.1)	10,637 (21.9)	19,933 (22.2)
2011년	83,068 (100)	360 (0.4)	5,189 (6.2)	17,084 (20.6)	21,815 (26.3)	19,936 (24.0)	18,684 (22.5)
2012년	107,490 (100)	856 (0.8)	12,978 (12.1)	21,009 (19.5)	26,080 (24.3)	23,140 (22.5)	22,427 (20.9)
2013년	91,633 (100)	471 (0.5)	11,338 (12.4)	16,645 (18.2)	20,463 (22.3)	21,208 (23.1)	21,508 (23.5)
2014년	77,594 (100)	37 (0.0)	9,712 (12.5)	14,041 (18.1)	16,940 (21.8)	17,517 (22.6)	19,347 (24.9)
2015년	71,035 (100)	64 (0.1)	7 (0.0)	14,387 (20.2)	17,624 (24.8)	18,231 (25.7)	20,772 (29.0)
2016년	76,000 (100)	84 (0.1)	7,530 (9.9)	13,789 (18.1)	17,589 (23.2)	17,607 (23.2)	19,401 (25.5)

출처: 대검찰청(2010~2015) 범죄분석: 여성가족부, 2016 청소년백서, p.382 재인용.

소년범의 전과 현황과 재범 경력자 비중 증가 추이는 다음의 〈표 12-10〉과 [그림 12-4]와 같다. 소년범의 전과현황을 보면, 2007년 당시 전과가 없는 초범의 비율이 63.0%(55,543명)를 차지하였으나, 2016년에는 54.2%(41,173명)로 8.8% 감소하였고, 1범, 2범, 3범의 비율은 큰 변화가 없었다. 그러나 소년범죄의 재범 비중은 약 40% 전후로, 특히 4범 이상 재범률은 2007년 6.3%에서 지속적으로 증가하여 2016년에 13.6%로 나타났다. 지난 10년 동안 초범의 비율은 줄어드는 반면에 재범자 특히, 4범 이상 범죄자의 비율이 증가하고 있어 상습소년범에 대한 대책 마련이 시급한 상황이다.

〈표 12-10〉 소년범의 전과 현황

(단위: 명)

구분	계	전과 없음	1범	2범	3범	4범 이상	미상
2007	88,104	55,543	11,540	5,332	3,090	5,585	7,014
2008	134,992	79,285	15,476	7,553	4,299	8,086	20,293
2009	113,022	65,990	15,103	7,637	4,799	9,044	10,449
2010	89,776	50,830	12,091	6,546	4,070	8,831	7,408
2011	83,060	45,047	11,391	6,254	3,900	9,066	7,402
2012	107,490	56,527	14,403	7,669	5,001	13,128	10,762
2013	91,633	44,502	12,383	6,782	4,552	14,324	9,085
2014	77,594	40,996	9,853	5,244	3,429	11,126	6,946
2015	71,035	35,650	8,636	4,518	3,110	10,791	8,330
2016	76,000	41,173	8,444	4,493	2,973	10,345	8,572

출처: 대검찰청, 범죄분석.

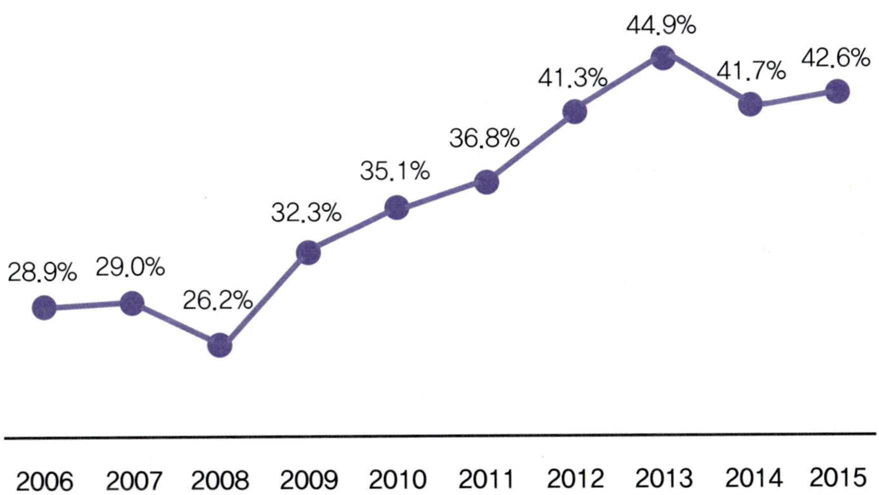

[그림 12-4] 재범 경력자 비중 증가 추이

*주: 검찰에 접수된 전체 소년사범 중에서 이전 사건으로 기소유예, 보호처분, 형사처분 등을 받은 경력자 비율(미상 제외)

출처: 대검찰청, 범죄분석

학교폭력 유형별 검거 현황은 다음의 〈표 12-11〉과 같다. 최근 학교폭력 유형별 검거 현황 및 선도조건부 기소유예 대상 상당수가 '폭행'에 집중되어 있다. 최근 3년간 학교폭력 유형별 검거인원을 보면 폭행이 73.5%로 가장 높은 비율로 나타나고 있어 청소년폭력 예방 및 사후관리 방식의 개선이 필요함을 시사하고 있다.

〈표 12-11〉 학교폭력 유형별 검거 현황

(단위: 명, %)

구분 연도	전체		폭행		금품갈취		성폭력		기타	
	검거	구속	검거	구속	검거	구속	검거	구속	검거	구속
2011년	21,957	103	14,837	28	3,902	24	444	43	2,774	8
2012년	23,877	333	14,637	97	5,912	127	509	67	2,819	42
2013년	17,385	294	11,048	47	2,903	44	1,067	193	2,667	10

*주: 2014년 경찰통계 양식 변경으로 구속현황이 나타나지 않음.

출처: 경찰청(2012~2016) 경찰통계연보: 여성가족부, 2016 청소년백서, p.387~388 재인용.

촉법소년 소년부 송치 현황은 다음의 〈표 12-12〉와 같다. 촉법소년의 발생 추세를 보면, 촉법소년은 양적으로는 규모가 감소하고 있으나, 10~11세의 촉법소년과 성폭력범은 증가하고 있다는 추세다. 촉법소년 범죄에서 10~11세 촉법소년의 증가와 성범죄의 증가 추세는 학교폭력 가해자의 저연령화와 학교폭력 유형상 성폭력 범죄증가 추세와 유사한 경향을 보여준다.

〈표 12-12〉 촉법소년 소년부 송치 현황

(단위: 명)

구분	총계	유형별							연령별			
		살인	강도	성폭력	방화	절도	폭력	기타	10세	11세	12세	13세
'13년	9,928	0	23	330	60	5,249	1,714	2,552	201	490	1,995	7,242
'14년	7,837	1	15	362	60	4,427	1,835	1,137	248	434	1,495	5,660
'15년	6,551	1	5	312	50	3,759	1,399	1,025	269	542	1,317	4,423
'16년	6,576	0	6	391	37	3,665	1,335	1,142	352	678	1,504	4,042
'17년 6월	3,167	0	3	178	28	1,727	711	520	198	315	694	1,958

출처: 경찰청(2018) 내부자료.

학교폭력 가해행동 이유는 다음의 〈표 12-13〉과 같다. 이승현 외(2014)의 연구에 따르면, 학교폭력 가해의 가장 큰 이유에 대해 여학생은 '상대방이 잘못해서'라는 응답이 가장 높게 나타났고, 남학생은 '장난', '화가 나서' 등이 높게 나타났다. 여학생은 남학생에 비해 특정 상대에 대해 명확한 이유를 가지고 폭력이 나타나는 경향을 보였다. 학교폭력 가해행동의 이유로 초등학생의 경우는 화가 나서(30.8%)와 상대방이 잘못해서 (30.8%)가, 중학생의 경우는 화가 나서(23.8%), 고등학생의 경우는 장난으로(28.3%)가 가장 많이 나타나서 학교급에 따라 차이를 보였고, 기타의 경우는 장난으로(33.9%)라는 응답이 가장 많은 것으로 나타났다. 기관별로 살펴보면, Wee센터와 청소년꿈키움센터에서는 '장난으로'와 '화가 나서'가 가장 많이 나타난 반면에, 소년원에서는 '장난(46.4%)'이라는 응답이 절반 가까이 나타나는 차이를 보였다. 전반적으로 볼 때 가해행동에서 장난이 높게 나타났는데 이는 잘못된 놀이 문화로 장난으로 시작된 것이 가해행동 혹은 범죄로 진화하는 모습을 보였다. 예를 들어, 장난으로 시작된 따돌림이나 괴롭힘 행위가 장기간 지속되는 학교폭력으로 변화하거나, 또는 장난으로 시작된 해킹행위가 사이버범죄로 진화하기도 한다.

〈표 12-13〉 학교폭력 가해행동 이유

	장난	오해와 갈등	친구들이나 선배 등이 시켜서	보복	화가 나서	상대방이 잘못해서	스트레스 때문에	이유 없음	χ^2
전체	151(26.3)	96(16.7)	17(3.0)	8(1.4)	138(24.0)	112(19.5)	14(2.4)	38(6.6)	
성별									
남	144(30.8)	74(15.8)	14(3.0)	6(1.3)	107(22.9)	77(16.5)	12(2.6)	33(7.1)	34.910***
여	7(6.5)	22(20.6)	3(2.8)	2(1.9)	37(29.0)	35(32.7)	2(1.9)	5(4.7	
학교급									
초등학생	3(23.1)	17.7	0(0.0)	0(0.0)	4(30.8)	4(30.8)	1(7.7)	0(0.0)	
중학생	63(23.1)	39(14.3)	13(4.8)	7(2.6)	65(23.8)	59(21.6)	9(3.3)	18(6.6)	33.571*
고등학생	64(28.3)	45(19.9)	4(1.8)	1(0.4)	55(24.3)	43(19.0)	3(1.3)	11(4.9)	
기타	21(33.9)	11(17.7)	0(0.0)	0(0.0)	14(22.6)	6(9.7)	1(1.6)	9(14.5)	
기관									
Wee센터	32(26.2)	12(9.8)	1(0.8)	4(3.3)	32(26.2)	24(19.7)	7(5.7)	10(8.2)	
청소년꿈키움센터	106(25.0)	82(19.3)	16(3.8)	4(0.9)	99(23.3)	85(20.0)	7(1.7)	25(5.9)	29.318**
소년원	13(46.4)	2(7.1)	0(0.0)	0(0.0)	7(25.0)	3(10.7)	0(0.0)	3(10.7)	

***P〈.001, **P〈.0.1, *P〈.05

출처: 이승현 외(2014: 226).

가해자 성별에 따른 사이버폭력 가해경험의 온오프라인 전이는 다음의 〈표 12-14〉와 같다. 이승현 외(2015) 연구에 따르면 청소년 범죄의 특성은 온라인과 오프라인(Online to Offline)을 넘나드는 범죄행위가 증가하고 있다는 것이다. 가해자의 약 66%가 현실에서 한 적은 없고 사이버상에서만 했다고 응답했으나, 26.3%는 현실에서 먼저, 7.8%는 사이버상에서 먼저 했다고 응답해 사이버폭력과 학교폭력이 함께 발생한 것으로 응답하였다. 남학생에 비해 여학생의 경우는 '사이버상에서만 했다'는 응답이 상대적으로 낮았고, '현실에서 먼저' 또는 '사이버상에서 먼저 했고 이후 현실에서도 이어졌다'는 응답이 더 많았는데, 이는 여학생의 경우 학교폭력과 사이버 폭력의 연계성이 남학생보다 밀접하기 때문인 것으로 보인다.

〈표 12-14〉 가해자 성별에 따른 사이버폭력 가해경험의 온오프라인 전이

구분		현실에서 먼저 괴롭힘	사이버에서만 함	사이버에서 먼저 하고 현실에서도 괴롭힘
남성	N	231	642	63
	%	24.7%	68.6%	6.7%
여성	N	156	328	52
	%	29.1%	61.2%	9.7%
전체	N	387	970	115
	%	26.3%	65.9%	7.8%
카이제곱		9.217*		

***P〈.001, **P〈.0.1, *P〈.05
출처: 이승현 외(2014: 269).

오프라인에서 학교폭력과 사이버폭력 가·피해 경험여부에 따른 집단 구별은 〈표 12-15〉와 같다. 사이버상이 아닌 현실에서 학교폭력 경험이 없는 학생 48.5%는 사이버상에서도 학교폭력의 경험이 없었다. 반면, 현실 상황에서 학교폭력 가해경험자 20.3%, 피해경험자 18.9%, 가피해경험자 12.2%의 학생만이 사이버상에서 학교폭력 경험이 없었다. 현실에서 학교폭력 가해경험자는 사이버상에서도 같은 일을 한 비율이 27.9%로 나타났다. 반면, 사이버상에서 피해만 당한 비율이 4.3%로 낮게 나타났다. 오프라인 학교폭력에서 가해경험 없이 피해만을 당한 학생들은 사이버폭력에서도 피해만을 당할 확률이 다른 집단에 비해 높게 나타났다.

〈표 12-15〉 오프라인에서 학교폭력과 사이버폭력 가 · 피해 경험여부에 따른 집단구별

구분		사이버폭력			
오프라인 학교폭력		가피해 전혀없음	순수 가해	순수 피해	가피해 중첩
가피해 전혀 없음	N	1549	584	251	812
	%	48.5%	18.3%	7.9%	25.4
순수 가해	N	147	202	31	344
	%	20.3%	27.9%	4.3%	47.5%
순수 피해	N	54	30	74	128
	%	18.9%	10.5%	25.9%	44.8%
가피해 중첩	N	124	100	72	720
	%	12.2%	9.8%	7.1%	70.9%
전체	N	1874	916	428	2004
	%	35.9%	17.5%	8.2%	38.4%
카이제곱		1022.371***			

***P〈.001, **P〈.0.1, *P〈.05

출처: 이승현 외(2014: 282).

5. 청소년 비행에 대한 해결방안

청소년 비행에 대한 다양한 기사와 자료들은 흉포화, 잔인화, 집단화 등으로 인해 많은 국민들에게 걱정을 안겨주고 있지만, 최근 청소년 비행의 추세는 전체적으로는 감소하고 있다.

청소년 비행의 문제를 해결하기 위해서는 우선적으로 정확한 진단을 통해 원인을 밝히는 것이 중요하다. 청소년 비행을 야기시키는 원인은 매우 복합적이지만 일반적으로 신체, 정서, 유전, 성격 등의 개인의 특성을 중시하는 입장과 가정, 학교, 환경 등 사회환경적 요인을 중시하는 입장으로 나누어 볼 수 있다. 청소년들은 이러한 개인적 요인과 사회환경적 요인으로 인해 위기상황에 이르고 다양한 문제행동을 초래하기도 한다. 오

늘날 청소년 보호기능 약화와 결손가정의 증가, 핵가족화, 입시위주 교육에 따른 학교의 위기, 유해환경의 증가, 인터넷과 스마트폰의 발전 등의 우리 사회의 전반적인 변화가 비행 청소년 발생을 가속화하고 있다

청소년 비행의 발생원인은 다양하며, 해결방안 역시 다양할 수밖에 없다. 청소년 비행에 대한 해결방안은 크게 사전예방 차원과 사후처벌(치료 포함)로 나눌 수 있다. "Prevention is Better than cure."라는 말이 있듯이 어떤 문제(병)이 발생한 후에 치료하는 것보다는 문제가 생기는 것을 미리 예방하는 것이 더 좋다는 것이다. 청소년 비행 문제를 접근하는 데 있어 교육적인 사전예방을 강조하는 접근 방식이 미성숙한 청소년들의 건강과 행복을 증진시킬 수 있으며 결국 국가와 사회에도 도움이 될 수 있다. 상주식(2000)은 다음과 같이 가정, 학교, 사회, 국가 차원으로 구분하여 예방 대책을 제시하였다.

〈표 12-16〉 가정, 학교, 사회, 국가 행정적 차원의 예방 대책

차원	예방대책
가정	가정기능의 정상화, 가정교육의 강화
학교	전인교육의 강화, 자율성 신장교육의 강화, 생화지도 및 상담활동의 강화, 학교폭력의 추방, 중퇴 예방지도, 진로지도의 강화, 사회변화에 맞는 환경교육
사회	유해환경의 정화, 청소년 전용 문화공간의 확충, 매스컴의 계도적(啓導的) 기능 강화, 약물오남용 예방교육, 비행 청소년 보호시설 확충, 멀티미디어 및 인터넷 피해방지
국가	청소년 관련 사업의 효율적 제고, 갱생보호제도의 강화, 청소년 위해(危害) 사범의 강력 제재, 범국민적 계몽활동 전개, 획기적인 교육개혁, 대학입시제도의 개선 등

출처: 장주식(2000). 청소년 비행의 실태와 예방대책.

청소년 비행에 대하여 황순길 외(2016)은 비행 청소년 발생원인에 대하여 위험요인과 보호요인을 제시하고 있다. 비행 청소년 발생은 다양한 위

험요인에 노출된 결과로써, 위험요인을 많이 보유할수록 위기 노출 가능성은 증가하는 반면, 보호요인은 위기 노출을 억제하는 효과가 있다는 것이다. 위험(비행)청소년을 발생시키는 위험요인과 이에 따른 위기결과, 위기결과를 억제하는 보호요인을 개인, 가족, 학교, 또래, 학교, 지역사회 수준으로 구분하고 있으며, 각 영역에서 위험요인에 따른 적절한 보호요인이 작동하지 않으면 인터넷 · 스마트폰 중독, 약물, 학교폭력피가해, 비행, 자살, 학교 부적응 등 다양한 위기결과를 초래할 수 있다. 구체적인 내용은 다음의 〈표 3-18〉과 같다.

〈표 12-17〉 위험요인, 보호요인, 위기결과

영역	위험요인	보호요인	위기결과
개인	우울, 불안, 공격성, 충동성, 부주의	자기존중감, 목표의식, 적극적 대처	인터넷 · 스마트폰 중독, 약물, 학교폭력가해, 비행, 학대, 자살, 성 문제, 가출, 학교부적응, 학업중단, 직장생활 부적응
가정	부모와의 갈등관계, 방임, 부모 간 갈등, 문제가족원	가족의 관심과 신뢰	
또래	비행친구	친구관계	
학교	학교생활부적응	교사의 관심과 관계	
지역사회	지역사회 유해환경	지지체계 및 지원 프로그램	

출처: 황순길 외(2016)

우선 개인 영역에서 위험요인은 우울, 불안, 공격성, 충동성, 부주의와 같은 개인적 특성이 해당되며, 이를 억제하기 위한 보호요인은 자기존중감, 목표의식, 적극적 대처의 성격 등이 있다. 학생들의 낮은 자기존중감, 높은 공격성, 미래에 대한 불확실한 목표 등은 위험청소년이 되는 중요한 요인이다. 특히 낮은 자존감을 가지고 있거나 공격적이고 문제행동을 보이는 학생의 경우 학교폭력의 피해 · 가해자가 될 확률이 매우 높으며. 또한 권수진과 유진(2016)에 따르면 소년원 수용생의 25.7%가 정신질환자인 것으로 나타났는데, 정신질환 문제는 우발적 폭력행위를 유발하며 전체 수용사고의 50% 이상을 차지하고 있다.

가정 영역에서 위험요인은 부모와의 갈등관계, 부모의 방임, 부모 간 갈등, 또는 문제의 가족원이 해당되며, 이를 억제하기 위한 보호요인은 가족의 관심과 신뢰를 들 수 있다. 가정 수준에서는 부모의 지원 부족, 잘못된 양육태도, 환경상 문제(부모와의 대화시간, 고민공유 정도, 학업에 대한 억압), 부부싸움 등 가족의 문제가 문제행동으로까지 연관되어 있다. 또한 가정형편이 어려울 경우 학습 지체 발생, 학업부진, 학교생활 부적응의 요인으로 작용하고, 낮은 학업성취도, 학업부적응 등으로 인한 학교생활 부적응은 교과공부보다는 비행에 더 흥미를 느끼게 하는 요소이다(김현진 외, 2016). 과거에는 결손가정의 아이들이 비행 상황에 빠지는 경우가 많았으나, 요즘에는 부모와 함께 생활함에도 불구하고 비행에 빠지는 아이들의 비율이 점차 증가하고 있다. 가정의 교육적 기능 회복이 요구되며, 특히 부모와 자녀가 소통과 대화의 기회를 많이 가질 수 있도록 노력해야 한다.

또래 영역에서 위험요인은 비행친구와 어울리는 정도가 있으며, 이를 억제하기 위한 보호요인은 친구관계를 들 수 있다. 부적절한 또래관계 형성과 또래관계 부적응도 학업중단 및 위기청소년 증가에 영향을 미친다. 청소년 시기는 가치관이나 성격이 충분하게 발달되지 않은 상태로 친구와 또래로부터 많은 긍정적 혹은 부정적 영향을 받는다. 청소년들이 바람직한 친구관계를 정립하는 것이 우선 중요하며, 또래로부터 받을 수 있는 부정적 영향을 거절하고 통제할 수 있는 능력을 가질 수 있도록 도와주는 것이 필요하다.

학교 영역에서 위험요인은 학교생활의 부적응 여부가 해당되며, 이를 억제하기 위한 보호요인은 교사의 관심과 관계가 해당된다. 학교 수준에서 학업, 교칙, 소속감 등 학교생활에 대한 적응은 매우 중요한 요소이다. 입시 위주의 경쟁적 학교 환경에서 성적 · 진학 등 학업에 대한 스트레스도 위기청소년 발생의 주요 사유로 나타나고 있으며, 그 외 획일화된 교육과정 · 평가, 비인간적 교육 풍토 등이 원인으로 파악되었다. 통계청의 2017년 사회조사에 따르면, 청소년(13세~19세)의 자살 충동 이유를 보면 ① 성적 · 진학문제(39.3%) ② 경제적 어려움(19.5%) ③ 가정불화(10.5%) 순으로 나타났다. 학생들의 학교생활 적응과 교사와 학생 간 관계, 학생과 학생 간의 관계 밀접한 상관(김현진 외, 2016)이 있으므로, 이에 대한 많은 관심과 학교교육의 정상화가 절실히 요구된다.

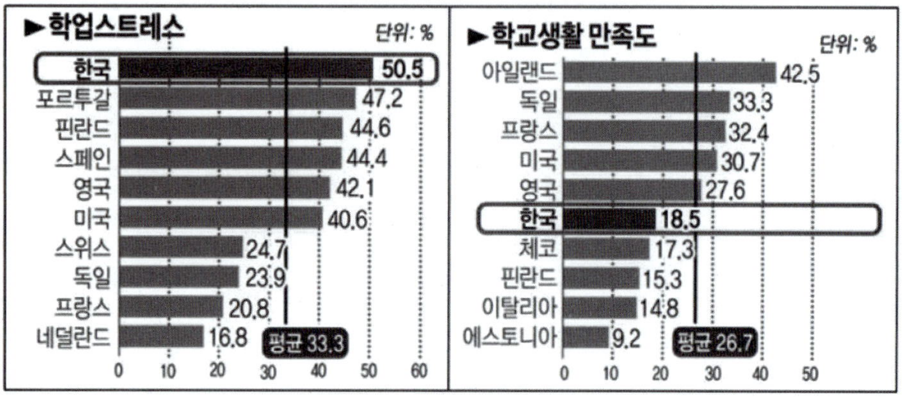

[그림 12-5] 청소년들의 세계 학업스트레스 지수

지역사회 영역에서 위험요인은 각 지역사회의 다양한 유해환경이 있으며, 이를 억제하기 위한 보호요인은 지지체계와 각종 지원 프로그램을 들 수 있다. 지역사회 유해환경은 합법적인 환경(PC방, 노래방, 찜질방)과 불법적인 환경(청소년 유해업소 출입시키거나 고용)으로 구분할 수 있다. 조화태 등(2002)는 청소년들에게 유해한 환경은 다음과 같이 분류하였다.

첫째, 사회의 관행에 의해서 생긴 유해환경이다. 미성년자들에게는 술과 담배를 판매할 수 없지만, 단속이 쉽지 않아 술이나 담배를 판매하는 경우도 있으며, 심지어는 성인들이 일정 부분 대가를 받고 제공하는 경우도 있다. 이러한 환경이 미성년자들의 음주와 흡연을 부추기게 된다. 둘째, 영화 · 만화 · 잡지 · 소설 · 화보 등 매체들로 인한 유해 환경이다. 셋째, 인터넷 등 사이버 공간으로 인한 유해 환경이다. 청소년들에게 유해한 정보를 무제한으로 유통되고 있으며, 이에 대한 차단이나 단속이 다른 매체의 경우보다 어렵다. 넷째 유해업소 난입에 의한 유해환경이다. 미성년자의 출입을 금지하는 업소들이 학교 근처에 존재하며, 성의 상품화, 퇴폐적 성인문화, 유흥업소 영업을 통해 미성년자를 고용하거나 출입시키기도 한다. 지역사회에서 비행문화, 비행윤리 등을 제거하기 위한 노력과 함께 다양한 지원 프로그램을 통해 예방에 힘써야 한다.

청소년 문제는 특정 영역의 요인만으로 발생하거나 해결할 수 있는 것은 아니다. 가정, 학교, 지역사회 등을 포함한 전 사회적 차원에서 건강한 청소년들을 기르기 위해 장기적인 시각에서 많은 관심을 갖고 지속적인 지원이 필요하다.

풀어보기

1. (　　　　　)은 10세 이상 ~ 14세 미만으로 형사 미성년자에 해당되며 보호처분[1]만 가능하고 형사처벌은 받지 않는다.

2. 청소년 비행의 발생 원인은 (　　　　　), (　　　　　), (　　　　　), (　　　　　), (　　　　　)이 있다.

3. 청소년 비행화 과정은 (　　　　　), (　　　　　), (　　　　　), (　　　　　), (　　　　　)순으로 이루어진다.

4. (　　　　　)은 서덜랜드(E. Sutherland, 1949)에 의해 주장되었으며, 가난한 지역에는 범죄를 조장하는 문화가 있다는 가정에서 출발하여 청소년 비행에 대하여 설명하였다.

5. 우리나라 청소년 비행의 현황을 제시하고, 교육적 관점에서 이를 해결하기 위한 방안을 제시하시오.

1) 보호자 혹은 보호자를 대신해서 청소년을 보호할 수 있는 이에게 감호를 위탁, 수강명령, 사회봉사명령, 보호관찰의 단기 및 장기 보호관찰, 단기 및 장기 소년원 송치 등이 해당됨.

READ 생각해보기

소년법 악용하는 상습 범죄소년, 어떡해야 할까요

[소년원 이야기 ⑫] 수용시설에서 인권적 처우를 강조하는 것이 시대적 요구라고 하는데…

21.01.11 17:04 **최종 업데이트** 21.01.11 18:191 **최원훈**(wildapple)

소년원 처분을 받은 학생 중 상당수는 소년법에 따른 보호처분의 재사회화 과정을 통해 가정과 학교로 돌아가 건전한 청소년으로 살아갑니다. 그러나 거듭나겠다는 의지 없이 재범을 저지르며 비행성이 심화된 소년들은 소년원을 제집처럼 드나드는 상습 범죄소년이 됩니다. 이들 상습 범죄소년이 소년법을 악용하는 것입니다. 소년원에 2회 이상 입원한 상습 범죄소년들에게서 피해자에 대한 죄책감이나 반성하는 태도는 찾아보기 어렵습니다. 이들은 어떻게 하면 동료학생들과 교사의 인권을 침해하며 소년원 생활을 편하게 할까만 생각하고, 실천에 옮깁니다.

2020년, OO소년원 생활관에서 있었던 일입니다. 소년은 생활관 심리상담실에서 오전 수업을 마치고 의무과에서 진료를 받고 있었습니다. 소년은 자신의 앞을 지나가는 교사에 눈을 부라리며 말했습니다.

"오늘 오후 처우심사회의에 들어가게 해주십시오."

교사가 현재 소년이 징계 중이기 때문에 처우심사에 갈 이유가 없다고 하자, 처우심사에 꼭 가서 원장을 의자로 내리치겠다며 교사를 협박해 주의를 주었습니다. 소년은 자신이 원하는 소년원으로 징계 이송을 가기 위해 교사를 협박한 것입니다. 소년은 같은 호실에서 생활하는 동료 학생들에게 고참행위를 하며 지속적으로 욕설, 갈취, 협박, 폭행 등을 일삼아 징계를 받은 학생입니다. 소년은 오후 일과 종료 후 생활관에 들어서자 계속해서 고성을 질렀습니다. 소년은 지도교사들에게 욕설을 하고 물건을 마구 집어 던지며, 소년원의 안전과 질서를 해치는 난동행위를 했습니다.

소년에게 조용히 할 것을 지시하였음에도 계속해서 "씨X, 소년원 재미있네, 이런 게 공권력이지!"라고 교사들을 비웃으며 주변의 학생들을 선동하기까지 했습니다.

소년에게 난동행위를 하지 말 것을 거듭 지시하였지만, 원장이 자기를 만나주지 않는다고 하면서 기물을 파손하며 난동을 부렸습니다. 그러나 소년은 교사들을 비웃으며 마치 교사들이 흥분하기를 유도하는 행위를 지속했습니다. 호실로 들어간 소년은 휴지통과 물통을 집어 던지는 등의 소란을 피우며 출입문을 박차고 복도로 뛰쳐나와 생활지도 계장에게 고성을 지르는 등 소란행위를 하였습니다. 교사와 감호 실무관은 말로 타이르며 소란행위를 제지하였지만, 소년은 계속해서 욕설을 하며 소란행위를 지속하였습니다.

고성을 지르던 소년은 복도에 드러누워 자신의 머리를 바닥에 찧는 자해를 하였고, 교사와 감호 실무관은 즉시 소년을 제지하였습니다. 계속적으로 고성과 욕설을 하는 소년에게 교사는 보호장비 사용을 소년에게 고지한 후, 규정에 따라 보호장비를 사용하여 수갑과 포승을 실시하였습니다. 소년은 분을 이기지 못하고 자해를 시작했고, 교사는 머리 보호대를 소년에게 착용시켰습니다. 보호장비를 사용했음에도, 소년은 계속적으로 고성을 지르고 욕설을 하는 행위를 하여 지도 교사들이 소년을 생활지도계 사무실로 데리고 들어갔습니다. 사무실에 와서도 소년이 계속하여 기물을 파손하고 난동을 부리며 욕설을 하여 교사가 순간적으로 수건으로 입을 막아서 제지했습니다. 소년은 법무부 인권국에 자신이 인권침해를 당했다고 진정서를 제출했습니다.

그리고 다른 소년원으로 이송을 갔습니다. 사실상 아무런 처벌도 받지 않은 것입니다. 소년에게 괴롭힘을 당한 피해 학생들, 협박과 욕설 등의 인권침해를 당한 교사들은 트라우마로 인해 고통을 겪고 있습니다. 더군다나 법무부는 진정을 당한 교사에 대한 징계 수위를 심의하고 있습니다. 교사들이 폭행과 난동을 제지하는 과정에서 소년과의 신체접촉이 있을 경우, 과잉진압이나 인권침해로 징계를 받는 것입니다.

소년은 특수절도를 10회 이상 저질러 타인에게 정신적 · 물질적 피해를 입히고 소년원 처분을 2회 받았습니다. 하지만 자신의 범죄에 대한 반성은커녕, 교사를 협박하고 욕설을 하며 난동을 부려 소년원의 안전과 질서를 해치는 행위를 반복했습니다. 자신의 비행을 반성하고 소년원 교사의 지도에 순응하며 규정을 준수하는 대다수 학생을 선동하고 학생들을 괴롭혀서 인권을 침해했습니다. 소년원 학생에 의한 교사 폭행 또한 지속적으로 발생하고 있습니다. 소화기로 머리나 허리를 맞아 십수 년을 고생하는 직원들, 얼굴을 맞아 안와골절이 된 직원 등 사례는 많습니다.

가해 학생에 대해 형사처벌은 하지 않습니다. 다른 소년원으로 이송을 가거나, 가해 학생이 9호 처분인 경우 10호로 처분 변경하고, 10호 학생은 재 10호 처분을 해서 다른 소년원으로 이송을 보냅니다. 일종의 '폭탄 돌리기'입니다. 이들은 이송을 가서 자신이 교사를 폭행한 것을 자랑스럽게 얘기하며 소년원을 활보합니다. 가해 학생들은 범죄를 저지르고 국가기관에 수용되어 지도교사를 폭행해도, 처벌을 받지 않는다는 것을 학습합니다. 이들에게서 교화와 개선, 재범 방지를 기대할 수는 없습니다. 따라서 상습 범죄소년이 저지를 범죄로 인한 피해는 국민들에게 고스란히 돌아갈 것입니다. 수용시설에서 인권적 처우를 강조하는 것이 시대적 요구라고 합니다. 일반 국민의 시각에서 바라본 인권적 처우가 중요하니, 소년원생에 대한 인권침해를 근절해야 한다는 지시 공문이 내려옵니다.

국민들에게 묻고 싶습니다. 지금까지 서술한 사례는 누가 누구의 인권을 침해한 것인가요? 다수의 피해 학생과 교사의 인권을 보호하기 위해, 소년범죄의 재범을 방지하고 미래의 강력범죄로 인한 막대한 사회적 비용을 절감하기 위해, 국민의 생명과 재산을 보호하기 위해, 이 소년에 대해 어떤 처우를 하는 것이 적절한지, 누구를 위한 인권인지, 묻고 싶습니다.

[보호처분]

1호. 보호자 또는 보호자를 대신하여 소년을 보호할 수 있는 자에게 감호 위탁

2호. 수강명령

3호. 사회봉사명령

4호. 단기 보호관찰

5호. 장기 보호관찰

6호. 〈아동복지법〉에 따른 아동복지시설이나 그 밖의 소년보호시설에 위탁 (6개월)

7호. 병원, 요양소 또는 소년의료보호시설에 위탁

8호. 1개월 이내의 소년원 송치

9호. 단기 소년원 송치 (6개월)

10호. 장기 소년원 송치 (2년)

▶ 위 기사를 읽고 다음의 문제에 대해 생각해 봅시다.

1. 소년법 논쟁! 천종호 판사는 소년법 폐지 어떠신가요?.

https://www.youtube.com/watch?v=z5M3-H2U6pQ

2. 소년 범죄의 책임은 누구에게 있는가? 개인 VS 환경

참고문헌

참고문헌

강상철, 임선희, 성용구, 한상훈(1994). 교육사회, 서울: 동문사.

________________________(1997). 교육사회, 서울: 동문사.

강재태, 신재영, 송장섭, 제종준, 김영숙, 정병호(2008). 교육사회학. 서울: 교육과학사.

구분옥(1996). 초등학교 도덕 교과서에 나타남 성차의 특성과 문제점. 석사학위논문. 경북대 교육대학원.

권건일, 송경애(2006). 교육학개론. 서울: 양서원.

권수진, 유진(2016). 정신질환 소년원생의 효과적인 처우방안, 한국형사정책연구원.

김경동(1995). 현대의 사회학–사회학적 관심. 서울: 박영사.

김경식 외(2005). 교육사회학의 연구동향 분석. 중등교육연구, 53(3), pp. 89–114.

김경식(1997). 중•고교 중퇴생 문제의 고찰. 교육사회학연구, 7(1). 1–24

김경식, 안상헌, 윤주국, 이병환, 장홍재(2009). 교육사회학. 서울: 교육과학사.

김경식, 안우환(2003). 한국교육사회학의 연구동향 분석. 교육사회학연구, 13(2). pp..21–46.

김나영(2021). 다문화교육의 현황 및 실태. .2021년 12월 이슈통계. 한국교육개발원.

김병성(1990). 교육사회학 관련이론. 서울: 양서원.

김병성(1990). 교육사회학 신강. 서울: 학지사.

김신일(1994). 교육사회학. 서울: 교유과학사.

김신일(2006). 교육사회학 제3판. 서울:교육과학사.

김진화 외(2002). 청소년 문제행동론. 서울: 학지사.

김현진 외(2018). 청소년 비행 예방 및 위기청소년 지원 종합대책 방안 연구. 경제·인문사회연구회.

김홍규(1998). 최신 교육사회학. 서울: 형설출판사.

미야구치 코지(2002). 케이크를 자르지 못하는 아이들. 부윤아 역/박찬선 감수. 서울:인플로엔셜.

서혁(2007). 다문화가정 현황 및 한국어교육 지원방안. 인간연구, 12. 가톨릭대학교 인간학연구소.

석태종(1996). 교육사회학(수정판). 서울:교육과학사

성낙돈, 안병환, 가영희, 노재화(2015). 교육사회학. 서울: 동문사.

송병순 외 (2002). 교육사회학. 서울: 문음사.

안병환(1990). 학교교육과 사회적 재생산-사회과 교과서 분석- 박사위논문. 영남대학교 대학원.

여성가족부(2016). 청소년백서. 서울: 여성가족부.

여성가족부(2022). 2021년 전국 다문화가족 실태조사. 청소년가족정책관실 다문화가족과

유영미(2004). 과학교과서에 내재된 성별 지배이데올로기 분석. 교육사회학연구, 14(1), 39-76.

이승현·강지현·이원상(2015). 청소년사이버폭력의 유형분석 및 대응방안. 한국형사정책연구원.

이승현·정제영·강태훈·김무영(2014). 학교폭력 가해학생 관련정책의 효과성 분석 연구. 한국형사정책연구원.

이종각(1994). 교육학 논쟁. 서울: 하우.

이종각(1998). 교육사회학총론. 서울:동문사

이종각(2000). 교육사회학신강. 서울: 동문사.

이종각(2005). 새로운 교육사회학총론. 서울: 동문사.

이현청(1994). 교육사회학. 서울: 양서원

장주식(2000). 청소년 비행의 실태와 예방대책, 경북대학교 교육대원원 석사학위논문.

정범모(1972). 교육과 교육학. 서울: 배영사

정우현(1994). 교육사회학연구. 서울: 박영사.

조정남(2001). 현대국가와다문화주의. 민족연구, 6, 8-10.

조화태, 김계현, 전용오(2002). 인간과 교육. 한국방송통신대학교 출판부.

차경수, 최중옥, 이미나(1997). 교육사회학의 이해. 서울:양서원.

최윤정·김이선·선보영·동제연·정해숙·양계민·이은아·황정미(2019). 2018년 전국다문화가족 실태조사 연구. 여성가족부

최일선 등 (2008). 국제결혼 가정 자녀를 위한 교육멘토링. 경기: 교육과학사.

통계청(2022). 2021년 다문화 인구동태 통계. 보도자료

한국교육개발원 교육통계 (2022)

한상철(1998a). 청소년학개론. 서울: 중앙적성출판사.

한상철(1998b). "청소년기의 위험행동: 교육관계 및 가족역할 변화와의 관계". 청소년학연구, 5(3). 45-62.

한준상, 고형일, 조용환 외(1996). 신교육사회학. 서울: 학지사.

황순길·김동민·강태훈·손재환·김화연·김지혜(2016). 2016년 전국 청소년 위기 실태조사. 한국청소년상담복지개발원.

Ballantine, J. H. (2001). *Sociology of Education* (5th ed.). NJ:Prentice Hall(김경식, 이병환 역, 교육사회학, 서울 교육과학사, 2005)

Banks, C. A. (Eds.). *Multicultural education: Issues and perspectives*. 7th edition, 3-32.

Banks, J. A. (2008). *An Introduction to Multicultural Education*(4th ed.), Boston: Pearson.

Banks, J. A. (2010). *Multicultural education: Characteristics and goals*. Banks, J. A. &

Banks, O. (1977). *The sociology of education*. London: B. T. Batsforf. Ltd.

Becker, H. (1963). *Outsiders: Studies in the Sociology of Deviance*. NY: Th Free Press.

Bernstein, B(1975). *Class, Codes and control (Vol. 3): Towards a Theory of Educational Transmission*. London: Routledge & Kegan Paul.

Bouchard, T. J., MacGue, M.(1981). *Familial Studies of Intelligence: a review.* Science, 212. 1055-1059.

Bowles, S., & Gintis, H. 1976). *Schooling in Capitalist America: Educational Reform and the Contradictions of Economic Life*. NY: Basic Books.

Brookover, W. (1957). *The Cociology of Educaion*. NY: American Book Company.

Cohen, A.(1955). *Delinquent Boys: The Culture of the Gang*. NY: Free Press.

Coleman J. S. et al.(1966). *Equality of educational opportunity*. Washington D. C.: US Office of Education.

Dreeben, R. (1977). "The Contribution of Schooling to the Leaerning of Norms", *Harvard Educational Review, 37*(2), 211-237.

Durkheim, E. (1951). *Suicide*. Glencoe, IL: Free Press (Original work published 1897).

Galton, F.(1869). *Hereditary Genius*. London: Macmillan

Hargreaves, D. (1972). *Interpersonal Relations and Education*. London: Routledge Kegan Paul.

Hirschi, T. (1969). *The Causes of Delinquency*. Berkeley: University of California Press.

Hobeken, Nj: John Wiley & Sons.

Kamin, L.(1981). Mz and Dz Twins. In Eysenck, H. J. & Kamin, L., *The Intelligence Controversy*. New York: Wiley.

Keddie, N.(1971). *"Classroom Knowledge"*. In M. F. D. Young(ed.). Knowledge and Control. 133–160.

Levine, D. U., & Havighurst, R. G.(1992). *Society and Education*(8ht ed). Boston: Allyn amd Bacon.

Linton, R. (1936). *The Study of Man: An Introsuction*. NY: Appleton.

Marx, K.(1859). *A Contribution to the Critique of Polotical Economiy*. Progress Publishers. Moscow.

Nieto, S. (1992). *Affirming Diversity: the Sociopolitical Context of Muticultural Education*. NY: Longman.

Prichard, K. W., & Buxton, T, H, (1973). *Concepts and Theories in Sociology of Education*. Lincoln, Neb.: Professional Educators Publications. Inc.

Riessman, F.(1962). *The Culturally Deprived Child*. NY: Harper.

Simmel. G.(2009). *Sociology: Inquries Into the Construction of Social Forms*. Trans. and edited by A. J. Blasi, A. K. Jacobs, M. Kanjirathinkal. NY: Koninklijke Brill.

Sutherland, E. (1949). *White Collar Crime*. NY: Holt, Rinehart and Winson.

Sutherland, R. L., & Woodward, J. L. (1937). *Introductory Sociology*. Philadelphia.

Turner, J. H. & Mitchell D. E.(1977). *"Contemporary sociological theories of education"*. In Lawrence J. Saha(ed.). International encyclopedia of the sociology of education. Peramon, 21–31.

Tylor, E. B12

(1871). *Primitive Culture*. Researches into the Development of Mythology, Philosophy, Religion, Art, and Custom. Cambridge University Press.

Steven, V. (1996). *Multiculturalism, Culturalism and Public Incorporation*. Ethnic and Racial Studies.

Warshay, L. H. (1975). *The current state of sociological theory*. David McKay.

Weber, M. (1947). *The Theory of Social and Economoc Organization*. NY: Free Press.

Willis, P.(1990). *Common culture: symbolic work at play in the everyday cultures of the young*. Milton Keynes: Open Univ. Press.

Young, M. F. D.(1972). On the Politics of Educational Knowledge. *Economy and Society, 1*, 193–215.

Zacco, R.(1960). *Le Jumeaux: Le couple et la personne*. Paris.

강문종 한국학중앙연구원 책임연구원 (2017. 8. 28). [조선의 잡史]과거시험 답지 대필… 일부 부정행위도. 동아일보. Retrieved from https://www.donga.com/news/Culture/article/all/20170828/86032348/1

이재윤 (2023. 3. 7). [그래픽] 초중고 사교육비 현황. 연합뉴스. Retrieved from https://www.yna.co.kr/view/GYH20230307000400044

저자소개

정 철 민

성균관대학교 대학원 교육학 박사
경인여자대학교 유아교육과 교수

황 청 일

연세대학교 대학원 교육학 박사
연성대학교 유아교육과 교수

교육사회학

초판 1쇄 인쇄 2023년 8월 11일
초판 1쇄 발행 2023년 8월 18일

지 은 이 | 정철민 · 황청일
펴 낸 이 | 김기섭
책임편집 | 오선율
펴 낸 곳 | www.changjisa.com
08589 서울시 금천구 가산디지털 1로 83 파트너스타워 1차 9층
전화 (02) 719-2211~3
팩스 (02) 701-9386
등　록 | 1977년 4월 28일 · 제1-421호

ISBN 978-89-426-1828-6 (93370)

값 18,000원